ro
ro
ro

Ursula Richter, geboren in Rosenburg, damals Oberschlesien, lebt seit vielen Jahren in Hamburg. Die ehemalige *NDR*-Redakteurin gibt seit zwanzig Jahren die *Weihnachtsgeschichten am Kamin* im Rowohlt Taschenbuch Verlag heraus, deren Gesamtauflage bei über einer Million Exemplaren liegt.

Angelika Gardiner, geboren 1941 in München, Journalistin. Nach Stationen beim *Münchner Merkur* und dem *Bayerischen Rundfunk* ging sie nach Hamburg, wo sie 22 Jahre lang Reportagen für die *Brigitte* schrieb. Seit 2001 freie Autorin. Sie arbeitet in mehreren Bürgerinitiativen mit, engagiert sich im Landesvorstand von *Mehr Demokratie e. V.* und ist Stiftungsratvorsitzende der *Norddeutschen Stiftung für Umwelt und Entwicklung*.

Weihnachtliche Hotelgeschichten

Gesammelt von Ursula Richter
und Angelika Gardiner

Rowohlt Taschenbuch Verlag

Originalausgabe
Veröffentlicht im Rowohlt Taschenbuch Verlag,
Reinbek bei Hamburg, November 2006

Umschlaggestaltung any.way, Andreas Pufal
(Foto: bildagenturhuber/simeone)
Satz Walbaum PostScript bei
Pinkuin Satz und Datentechnik, Berlin
Druck und Bindung Druckerei C. H. Beck, Nördlingen
Printed in Germany
ISBN 13: 978 3 499 24299 1
ISBN 10: 3 499 24299 0

Inhalt

Vorwort

Ganz, ganz anders als zu Hause ...

Als es mich vor Jahren in der Vorweihnachtszeit einmal dienstlich nach Singapur verschlug, war ich nachhaltig irritiert. «Have a White Christmas!» stand in riesigen Lettern auf Plakatwänden an den Einkaufszentren der fernöstlichen Millionenstadt. Was sollte das heißen, in dieser tropischen Gegend? Beim Anblick hübscher junger Asiatinnen, die als Nikolaus verkleidet in klimatisierten Warenhäusern die Kunden zum Kauf von Kameras oder Küchengeräten animierten, bekam ich auf der Stelle Heimweh. Heimweh nach Christstollen, verschneiten Waldwegen und heimeligen Abenden am Kamin. Warum eigentlich? Wieso hatte ich derart festgezurrte Ansichten darüber, was zu einem «richtigen» Weihnachten gehört?

Zugegeben: Weihnachten im Hotel ist nicht jedermanns Sache. Aber es ist auch keine kleine Minderheit mehr, die das Fest des Jahres weit weg von zu Hause verbringt. Manche Leute buchen aus freien Stücken ein Hotelzimmer für die Festtage, anderen bleibt von Berufs wegen keine Wahl. Von klein auf leben wir ja mit diesem ganzen Katalog an überlieferten Vorstellungen, wie das Fest aller Feste abzulaufen habe. Doch auch in Deutschland liegt eher selten an Weihnachten genug Schnee, um ein richtig romantisches weißes Weihnachtsfest feiern zu können. Aber im Kreis der Familie soll es schon sein, strahlende Kinderaugen gehören dazu und ebenso innig wie falsch gesungene Lieder, von «Kling, Glöckchen, klingelingeling» bis «Ihr Kinderlein, kommet». Und dann natürlich der Lichterbaum, in den allermeisten Wohnungen also eine prächtig aufgeputzte Nordmanntanne mit möglichst vielen Kugeln und Kerzen, die heute allein schon aus brandschutztechnischen Gründen immer häufiger elektrisch angeknipst werden. Es gibt Menschen, die mir gesagt haben: «Ich würde krank werden, wenn ich Weihnachten nicht zu Hause feiern könnte.» Allein schon das Essen ist alle Jahre wieder ein Hauptthema: Am Heiligen Abend lieber Gans oder Karpfen blau, leichte Küche oder deftig wie bei Muttern? Oder doch bloß Kartoffelsalat und Wiener Würstchen, damit Mama nicht wieder stundenlang in der Küche steht?

Der feierliche Gottesdienst um Mitternacht oder am darauf folgenden Morgen ist allerdings längst nicht mehr ein so unabdingbarer Bestandteil des Festes wie noch vor einigen Jahrzehnten. Weihnachten hat sich für viele Menschen weitgehend von seinem christlichen Ursprung gelöst. Umfragen zufolge haben dreißig Prozent der Deutschen keine Ahnung, warum wir Ostern feiern. Für Weihnachten dürften die Zahlen kaum besser sein. Die kirchlichen Rituale rund um die Geburt Jesu haben einem karnevalsähnlichen Rummel Platz gemacht, der sich manchmal schon Ende Oktober aufdringlich bemerkbar macht. Noch dazu mit immer seltsameren Symbolen. Mir jedenfalls ist der Zusammenhang zwischen einem Rentierschlitten und der Krippe im Stall zu Bethlehem bis heute schleierhaft geblieben. Auch will es mir nicht gelingen, den weißbärtigen Kerl, der im roten Outfit durch Schornsteine kriecht, irgendwie in die christliche Überlieferung einzuordnen. Oder gar vollbusige Titelblattmädchen, mit nichts anderem bekleidet als einer roten Zipfelmütze.

Der Bedeutungswandel des christlichsten aller Feste hat auch viele Erwartungen an die Weihnachtstage selbst verändert. Noch stärker als in früheren Zeiten soll allenthalben Liebe herrschen, die Feiertage sollen arm an Spannungen und reich an Geschenken, sie sollen friedlich, erholsam und genussreich sein.

Weihnachten im Hotel kann ein Albtraum sein – muss aber nicht. Es kann unendlich romantisch sein oder sehr ernüchternd, voller Missverständnisse und unfreiwilliger Komik oder so unkompliziert und fröhlich wie ein Strandurlaub. Wir haben Geschichten zusammengestellt, in denen all das vorkommt, was ein weihnachtlicher Aufenthalt im Hotel sein kann: ein durchs Wetter erzwungener Notstopp von unerwartetem Zauber, eine herzergreifende Liebesgeschichte, eine missglückte Reise in den Winter, eine entspannte Wellness-Kur für Leib und Seele oder aber eine prächtige Idee für künftige Weihnachtsurlaube. Weihnachten im Hotel, das zeigen unsere Geschichten, ist das, was man draus macht. Und auf jeden Fall ist es ganz, ganz anders als zu Hause unterm Lichterbaum.

Angelika Gardiner

Renate Herzog

Paris gehört jetzt uns

Liebe Freundin, wie wir in Zürich Weihnachten verbracht haben? Ich will es Dir berichten: Wir waren gar nicht dort. In unserer Sippe will es der Brauch, dass die ganze verzweigte Familie den Heiligen Abend zusammen feiert, mit dem regelmäßigen Erfolg, dass alle am Ende erschöpft, verarmt oder verärgert sind. Das haben wir lange mitgemacht. Warum eigentlich? Irgendwann haben mein Mann und ich beschlossen, das nächste Mal unter uns zu bleiben. Du weißt ja, es gibt auch in der Schweiz keine verbindlichen Verhaltensvorschriften für das Fest. Man darf auch das Land verlassen. Nicht-Schweizer wie Du würden vielleicht annehmen, dass der Eidgenosse als solcher in kritischen Fällen die Bergeinsamkeit sucht, die er direkt vor der Tür hat, zumal sie gastronomisch gut bestückt ist. Uns war mehr nach Extravaganz. Wir hatten genug Zeit, nach einem tauglichen Ziel zu suchen, wo weder Weihnachtsflüchter mit Nikolausmütze am Strand spazieren gehen noch Weihnachten im Hawaiian-Stil schrill praktiziert wird. Wir kamen auf die Idee, einmal das Fest in Paris zu verbringen – probehalber wenigstens –, denn wir hatten keine Ahnung, wie das ablaufen würde. Wir sind große Paris-Fans, waren aber nie im Winter dort. So naiv sind wir natürlich nicht, uns die Stadt um diese Zeit menschenleer vorzustellen. Aber man wundert sich doch, wie viele Franzosen dort in der kalten Jahreszeit wohnen oder sich vorübergehend aufhalten. Die Stadt strahlt, und die Straßen sind voller Menschen, alle damit beschäftigt, sich und zahlreiche Lieben mit Delikatessen und Geschenken zu versorgen. Das Gedränge auf den großen Boulevards der Innenstadt haben wir gemieden, wenn mir das – ich muss es zugeben – manchmal auch nicht ganz leicht gefallen ist. Aber es bleibt noch viel Paris übrig, und das ist, wenn man sich mit Hilfe eines METRO-Abos ein wenig vom Zentrum entfernt, voller Merkwürdigkeiten, die nicht im Buch stehen. Aus dem ersten Paris-Weihnachten, das uns zwar finanziell ruinierte, aber wunderbar exklusiv vorkam, wurde eine Gewohnheit. Jahrelang blieben wir der Stadt als Weihnachtstouristen treu. Das Ritual spielte sich immer ähnlich ab: Wenn es die Kassenlage erlaubte, buchten wir Wochen vorher unser Lieblingshotel in Saint-Germain-des-Prés, welches Pilgern außerhalb jeder Saison, wie wir das waren, preislich entgegenkam. Das machen wahrscheinlich viele Hotels. Für die Restaurants dagegen zieht jetzt an Weihnachten das Hoch des Jahres auf, und das heißt «Reveillon». Du musst dafür lange im Voraus einen Tisch im Restaurant Deines Vertrauens reservieren lassen. Denn für die Franzosen ist Weihnachten ein Fest, dessen Höhepunkt in einer ungeheuren, lauten, vielgängigen Völlerei mit Verwandten und Freunden gipfelt. Dieses abendliche Festmahl heißt «Reveillon».

In der sonst touristenarmen Zeit sind Touristen wie wir, die alle Jahre wiederkehren, herzlich willkommen und genießen Privilegien. Schon im Hotel gab's ein großes Hallo, eine Begrüßung, wie sie sonst nur neuem Wein zuteil wird. «Les Suisses sont arrivés!» Die Schweizer sind gekommen. Es kann also losgehen. In den kleinen Restaurants ringsum, die uns im Laufe der Zeit lieb geworden sind, werden wir als Stammgäste begrüßt, und schon ehe wir uns niederlassen, steht ein Glas Champagner auf dem Tisch. Wir fühlen uns wie wichtige weihnachtliche Staatsgäste in unserem Quartier. Mit Glück können wir «upgraden» in ein größeres, feineres Zimmer mit großem Bad, wo schon ein Begrüßungsdrink auf uns wartet und abends ein sehr nobel gestyltes Stück Designer-Schokolade auf dem Kopfkissen liegt, schwarze Schokolade natürlich, die geradezu ein «muss» ist. Der Nachteil des Upgradens ist, dass die größeren Zimmer meist auch kühler sind. Die Preisdifferenz scheint an der Heizung eingespart zu werden. Aber wir sind viel unterwegs und dann so müde, dass wir schnell unter die Bettdecken schlüpfen und uns dort erst einmal von den festgezurrten Laken frei strampeln, zwischen denen man sonst eingeklemmt liegt.

Wir nehmen uns immer einige Tage Zeit, um auf Forschungswanderungen zu gehen, Neues zu entdecken oder um uns schon bekannten Orten einen Besuch abzustatten. Dazu gehört zum Beispiel die erste Arbeitersiedlung im Quartier Amérique, die Napoleon III. errichten ließ. Ein mehrteiliger Komplex aus kleinen Häusern, glasüberdachten Treppenaufgängen und Gärtchen, die einen imposanten Innenhof umschließen. Ein Stück Landleben mitten in Paris, versteckt hinter großen prächtigen Häusern.

Oder jener kitschige kleine Parc des Buttes (= Hügel) Chaumont, der seit 1867 mit Teich, Brücken und Brückchen, Grotten und einem erhöhten Tempelchen einen Kontrast bildete zu den großen Avenues und Boulevards, die im 19. Jahrhundert nach der radikalen Modernisierung von Paris durch den Baron Georges Eugène Haussmann entstanden sind. In diesem Idyll besteht die «Einrichtung», wenn man sie so nennen kann, aus armiertem Beton mit Baumrindenstruktur – was mir sehr gefällt. Vor dieser Kulisse schniefen und triefen die Jogger, eilen Walker querbeet, als müssten sie die Neuzeit einholen, und man sieht Schattenboxer bei ihrem eigenartigen Tun. Die zahlreichen Hunde machen, was sie überall tun, wo es Bäume gibt. Apropos: In einem städtischen Architekturforum fand sich unter anderen folgende Statistik: Auf 50 Pariser kommen 5 Hunde, 4 Bäume, 2 Tauben, 50 Ratten und 13 Autos. Glaubst Du das mit den Tauben? Die sind ja auch schwer zu zählen. Und im Verkehr habe ich eher den Eindruck, dass 13 Autos auf einen Pariser treffen.

Am 24. Dezember pflegen wir unsere toten Freunde auf dem morbiden alten Friedhof Père Lachaise zu besuchen, um festzustellen, dass der eine oder andere namhafte Grabstein nun endlich ganz umgekippt ist und dass Marie Trintignant noch immer neben Gilbert Bécaud ruht. Dann wandern wir hotelwärts, denn es gilt Weihnachten zu feiern.

Unser Lieblingshotel ist eins der feineren Häuser am Boulevard Raspail. Es ist das älteste Art-déco-Hotel, im Inneren nobel restauriert. Versteht sich, dass sich ein Nobelhotel nicht mit all dem Glanz und Glitzer schmückt wie ein Kaufhaus. Die weihnachtliche Dekoration ist sehr dezent bis nicht vorhanden. Nur vor dem Hotel stehen mit Kunstschnee überhäufte Bäume in Reih und Glied und tragen riesige rote Schleifen. Lichterketten zaubern einen festlichen Schimmer. Das gleiche Baum-Modell in Groß füllt – wenig beachtet – die riesige Halle aus. Restaurant, Salons und Bar sind zum Fest geschlossen.

Wir haben uns einen immensen Hunger angelaufen und eilen mit Vorfreude auf unsere «Reveillon» einem kleinen gemütlichen alten Restaurant entgegen, dessen Küche wir hinlänglich erprobt und für ausgezeichnet befunden haben. Etwa um 22 Uhr, die Zeit, zu der sich die Bewohner der Stadt zu Tisch setzen, passiert etwas Unglaubliches: Wie ein Schleier senken sich Ruhe und Stille über die Stadt unter dem festlich strahlenden Himmel, so, als hielte Paris den Atem an, als habe sich der ganze übliche Lärm in die Häuser zurückgezogen. Das ist sehr eindrucksvoll, und Du spürst: Jetzt ist Weihnachten.

Wenn wir am Ende sehr, sehr satt hotelwärts gehen, dann begleitet uns Glockengeläut, und der Eiffelturm strahlt wie ein Weihnachtsbaum. Paris gehört jetzt uns. Das ist eines der exklusivsten Gefühle, die die Welt kurzzeitig zu verleihen hat.

Auch im Hotel ist die große Ruhe eingekehrt. Restaurants und Bar sind geschlossen. Aber auf uns wartet noch ein kleines Highlight. Der Barmann hinterlegt für uns Jahr um Jahr eine Flasche Champagner. Die trinken wir beide gemütlich in der leeren Bar und lassen uns nicht stören durch die fragenden Blicke heimkehrender Gäste. Wo wir die Flasche herhaben, bleibt unser Geheimnis. Bon Noël! Liebe Freundin, leider muss am Ende gesagt werden, dass inzwischen auch reiche Russen und Südamerikaner auf die Idee gekommen sind, Weihnachten in Paris zu verbringen. Bis uns etwas Neues einfällt, bleiben wir nächstes Mal doch wieder in Zürich.

Deine V. M

Patricia Tiedtke

... und was kleines Rotes: Natale a Venezia

Es war das zweite Weihnachtsfest seit unserer Begegnung. Im ersten Jahr hatten wir uns am 23. Dezember am Hamburger Hauptbahnhof verabschiedet, Micha fuhr nach Heidelberg zu seiner Familie, ich zu meinen Eltern nach Kiel. Blass und erschöpft war er am zweiten Weihnachtstag zurück in unsere Wohnung gekehrt, legte sich mit 40 Grad Fieber ins Bett, und unsere Festtags-Scampi aß ich abends allein vorm Fernseher. Dieses Jahr sollte alles romantischer werden. Wir wollten gemeinsam feiern, ohne die Eltern, am besten weit weg fahren – nur wir zwei. Er sagte: «Lass dich überraschen und pack deine Sachen: etwas Schickes, etwas Warmes und was kleines Rotes ...!»

Pünktlich am 23. nach meiner letzten Vorstellung stand er vorm Theater, um mich zu entführen. Mit verbundenen Augen stieg ich ins Auto und überließ mich der Ungewissheit. Den Geräuschen zufolge näherten wir uns dem Flughafen. Zum Glück sah ich nicht die Gesichter der Leute, die einer groß gewachsenen jungen Frau mit einem schwarzen Tuch um die Augen, geführt von einem kleineren, eleganten, dunkelhäutigen Mann nachstarrten. Die Zollbeamten unterbrachen das Spiel natürlich, aber später, im Flugzeug, wurden mir auch noch Ohrstöpsel verpasst. Wieder auf dem Boden der Tatsachen gelandet, durfte ich meine Sinne öffnen und raten, wo wir gelandet waren. Italien? Sì. Venedig? ... Wie herrlich, zum ersten Mal in meinem Leben in der Traumstadt, und das an Weihnachten. Mit dem Taxi fuhren wir an den Stadtrand, von dort aus zogen wir unsere Koffer durch die verwinkelten Gassen zu unserem Hotel.

Es lag versteckt zwischen rot und gelb getünchten Palazzi an einem winzigen Kanal. Im ersten Stock wurde uns ein enges dunkles Zimmer mit Blick auf den Hinterhof aufgeschlossen. Micha bemerkte lächelnd in haarsträubendem Italienisch, dass dies ein Missverständnis sein müsse, wir seien das Paar auf «Luna di Miele», in den Flitterwochen. Das half. Kurz darauf fanden wir uns im Hochzeitszimmer wieder, verwinkelt, aber mit Blick auf den Kanal, kalt gestelltem Champagner und einer silbernen Schale, üppig gefüllt mit Weintrauben. Wir stellten unsere Koffer in den antiken Holzschrank, öffneten die Fenster, sogen die frische Winterluft ein und ließen uns auf das breite Bett plumpsen, das mit bestickten Decken und Kissen überladen war. Wir hatten zwar das Thema Ehe bisher noch nicht ernsthaft in Erwägung gezogen, aber eine Hochzeitsreise erschien uns gerade passend. «Was machen wir Heiligabend?», fragte ich. «Sorpresa», bekam ich als Antwort. «Nein, kommt nicht infrage, durch Venedig wirst du mich nicht mit verbundenen Augen führen.» Außerdem wollte ich wissen, ob ich mich warm oder schick anziehen sollte.

«Also gut, Signorina, Signora, wie Sie wünschen. Vormittag: Ausflug mit dem Boot über San Michele, die Friedhofsinsel, nach Murano, wo der Weihnachtsmann uns einen handgefertigten Leuchter für unser Esszimmer schenkt. Nachmittags ein Abstecher auf den Lido. Dort warten Kaffee und Kuchen im legendären Hotel aus der Verfilmung von Thomas Manns «Tod in Venedig» im Salon mit Blick auf die Piazza San Marco. Abends gibt's ein fünfgängiges Weihnachtsmenü im *Hotel Danieli*, dem historischen Nobelhotel neben dem Markusdom im verglasten Restaurant im sechsten Stock. D'accordo, Signora?» Statt zu antworten, vergoss ich erst mal ein paar Freudentränen, diese Reise übertraf alle meine Erwartungen.

Wir hatten noch einen Tag Zeit, um uns auszuruhen, durch die Stadt zu schlendern und wohl duftende Leckereien und dunkle Weinflaschen als Geschenke für unsere Lieben daheim auszusuchen. Venedig präsentierte sich in leichtem Nebel über den Kanälen, prächtigen Häuserfassaden in allen möglichen Pastelltönen, und es flanierten fast ausschließlich Italiener durch die Gassen.

Weihnachten in Venedig zu verbringen war also ein echter Geheimtipp, fanden wir und entdeckten ungestört die Geheimnisse der berühmten Stadt. In einer weiß getünchten Trattoria mit dunklen Deckenbalken bestellten wir die Spezialität des Tages «Trippa alla Trevisiana» – es war köstlich. (Erst später erfuhr ich von meiner italienischen Freundin, dass es sich dabei um gekochte Kutteln handelt.) Dazu tranken wir einen kräftigen Rotwein de la Casa, umringt von Italienern, die laut lachten und scherzten. Langsam, aber sicher tauchten wir ein in diese fremde Welt. Auf dem Heimweg verliefen wir uns unzählige Male, was uns gefiel. Dabei entdeckten wir zauberhafte Innenhöfe, versteckte Kirchen und Brunnen. Irgendwann schien es uns, als tauche in der Dunkelheit der Zipfel eines roten Mäntelchens auf, der gleich darauf wieder verschwand, wie in dem Film «Wenn die Gondeln Trauer tragen». Ich klammerte mich fest an Michas Arm und war heilfroh, als wir unsere Albergo schließlich kurz vor Mitternacht wiederfanden. Nun erinnerte ich mich daran, dass es in dem Film neben dem Grauen auch eine der schönsten Liebesszenen der Filmgeschichte gibt. Venedig inspirierte uns auf allen Ebenen.

Das Erwachen am Weihnachtsmorgen war zunächst etwas ernüchternd. Der kleine Heizkörper unter dem Fenster hatte seinen Geist aufgegeben, und bei minus 9 Grad Außentemperatur war der winzige Raum durch und durch ausgekühlt. Auch die Dusche gab nur eisiges Wasser von sich. Im eng umgeschlungenen Badehandtuch stapfte Micha fluchend zur Rezeption. Dass es kein Zimmertelefon gab, hatten wir bis dahin als Vorteil gewertet.

Schließlich zog ich ungeduscht alle meine Kleider übereinander, um nicht mit den Zähnen zu klappern. Beim Frühstück versprach man uns, den Schaden naturalmente so schnell wie möglich ... und so weiter. Si si, grazie. Dann beginnen wir eben den Tag auf dem Schiff zu den Inseln. Mit einer Gondel ließen wir uns zum Anleger fahren, nahmen als einzige Passagiere auf dem Motorbötchen Platz und glitten mit summendem Motor übers Wasser. Die Kulisse der Stadt entfernte sich im strahlenden Sonnenschein. San Michele wurde nicht angesteuert, aber auch von Ferne beeindruckten uns die vielen weißen Marmorgräber, die still und mächtig auf dem runden Fleckchen Erde, umgeben vom Wasser, der Ewigkeit standhielten. Dahinter tauchte die winzige und leuchtende Silhouette von Murano auf. Friedlich schaukelten wir der alten Glasbläserinsel entgegen und genossen es, in absoluter Ruhe dort anzukommen. Das Schiffchen drehte bei, der Kapitän hob kurz die Hand, und wir waren allein. Wir hatten nicht damit gerechnet, dass wir es auch bleiben würden. Alle Geschäfte, mit den herrlichsten Leuchtern und Gläsern in den Auslagen, waren geschlossen. Aber auch die zwei Cafés und der Kiosk hatten die Schotten dicht gemacht. Es schien so, als ob niemand hier lebte und keiner außer uns auf die Idee gekommen wäre, hier aufzutauchen. Micha durchzuckte es, und blitzschnell rannte er zum Anleger zurück. Er sah auf eine kleine Tafel und wirkte erleichtert. Es fährt heute noch ein Schiff zurück. Um 15 Uhr. Fieberhaft überlegte ich, wie wir in dieser gottverlassenen Einsamkeit, noch dazu im Winter, dreieinhalb Stunden verbringen sollten. Die Sonne war gnädig. Sie beschien uns unermüdlich, wir lagen gegen eine kleine Mauer gelehnt auf dem Holzponton und lauschten dem Plätschern des Wassers. So wird Zeit plötzlich leibhaftig spürbar. Irgendwann wurde mein Hals trocken, mein Magen begann zu knurren. Micha machte mir die heiße Schokolade und die sagenhaften Obsttorten à la «Tod in Venedig» ausgiebig schmackhaft. Das

Wasser, das mir im Munde zusammenlief, tat mir wohl. Dank der Macht der Phantasie verging auch diese kleine Ewigkeit, und irgendwann tauchten das Schiffchen und der Kapitän wieder auf. Er grinste und brachte uns netterweise direkt zum Anleger der Fähren, die zum Lido pendelten. Wir freuten uns auf die Reise in die Filmgeschichte. Doch wer jemals auf dem Lido ankam und nicht mit einer Limousine zu den Filmfestspielen gebracht wurde, weiß, wie schlicht und uncharmant die nähere Umgebung ist. Da es auch hier vergleichsweise unbelebt war, kein Taxi weit und breit, machten wir uns zu Fuß auf die Suche nach dem Hotel, das ja direkt am Strand liegen musste.

Es wurde ein langer Marsch, denn das Hotel befindet sich nicht auf der Venedig zugewandten Seite, sondern auf der zum offenen Meer. Es steht dort aber auch nicht am Strand, sondern an einer vierspurigen Schnellstraße. Die farbenprächtigen Bilder des Films zerbröckelten vor unseren Augen in triste Realität, denn das Gebäude war von einem Zaun umgeben und wegen Grundsanierung geschlossen. Ich war den Tränen nahe.

Hunger, Durst und kalte Füße hatten meinen Geduldsfaden überspannt. In einer neonbeleuchteten Pizzeria aßen wir eine Salamipizza und tranken Cola, sozusagen als «amuse gueule», als Appetitanreger, für das Festmenü im *Hotel Danieli*, das uns bevorstand. In 90 Minuten sollte es beginnen, also hatten wir keine Zeit mehr, in unser Hotel zurückzukehren, um uns umzuziehen. So gut es ging, übermalte ich meine roten Augen im engen Bagno der Pizzeria. Mein Kleid hatte ich ja sowieso unter die drei Schichten angezogen, es war azurblau im modischen Knitterlook. Also, tutto perfetto. Pünktlich angekommen im Danieli, gaben wir die oberen Schichten dem erstaunten Garderobier. Micha zupfte seine Krawatte, die er glücklicherweise in der Manteltasche hatte, zurecht und lächelte souverän, als wir wie ein etwas zerknautschtes Fellini-Paar in den Lift stiegen und gen Himmel fuhren. Dort verging selbst ihm das Lächeln bald wieder. Der Herr im Smoking konnte unsere Namen auf der Gästeliste nicht finden. Auch nicht, als Micha mit einem Schein winkte. Scusi, mi dispiace, Signore … an der Bar in der prunkvollen Empfangshalle dieses Palazzo aus dem 14. Jahrhundert wurde uns ein Drink auf das Haus offeriert. Uns fehlten nicht nur die italienischen Worte, um diese Situation vielleicht noch zu retten. Ungläubig saßen wir im festlichen Strahlen der tausend Kronleuchter, die die Fresken an den Wänden, Skulpturen und handgewebte Teppiche erleuchten ließen. Was für ein Geist wollte uns mit aller Macht unser venezianisches Weihnachtsfest verderben? Wir nahmen noch zwei Drinks und wären wohl um Mitternacht auf dem kostbaren Teppich davongetaumelt, hätte nicht ein ohrenbetäubendes Läuten eingesetzt. Micha zog mich vom Hocker. Schnell verließen wir den Palast, um dem Ruf der Glocken in die Basilica di San Marco zu folgen. Obwohl ich kein Wort verstand, habe ich nie einen schöneren Weihnachtsgottesdienst erlebt. Ich betrachtete die farbige Kuppel, deren Mosaiken im Schein der unzähligen Kerzen funkelten. Hier wohnt also Santo Spirito, ich glaubte es sofort. Mit einem Strom von italienischen Familien, die ihre Kinder und Großeltern an den Händen und Babys in den Armen hielten, verließen wir das Gotteshaus. Da standen wir stumm und staunend auf der Piazza San Marco am 24. Dezember um 22 Uhr und sahen uns an. Wohin nun? Glücklicherweise war ich nicht im neunten Monat schwanger, und wir mussten auch nicht im Stall nächtigen. Gegen einen Esel hätte ich jetzt allerdings nichts einzuwenden gehabt. Diesmal fanden wir den Weg zu unserer Herberge auf Anhieb.

Und als wir die Zimmertür aufschlossen, strömte uns sogar warme Luft entgegen. Die Heizung funktionierte wieder. Und das zu Weihnachten in Italien!! Die heiße Dusche wirkte Wunder. Im Bademantel (darunter das «kleine Rote») kam ich aus dem Bad und staunte nicht schlecht, denn auf dem Bett waren lauter Köstlichkeiten ausgebreitet. Ein paar hübsch verpackte kleine Geschenke lagen dazwischen, der Rotwein stand schon in Champagnergläsern bereit. Was für ein köstliches Weihnachtsmahl: Salcicca, Edelsalami, mit Fenchel und Knoblauch, dazu herrliche grüne Oliven, ein kräftiger Chianti und als Dolce: Pandoro, italienischer Weihnachtskuchen. Ein wahres Fest der Liebe für alle Sinne!

Weihnachts-Vorspeise aus dem *Hotel Danieli* in Venedig:

Hummersalat mit Orangenspalten

(Insalata di aragosta con spicchi di arancio all'aceto balsamico)

3 frische Hummerschwänze, 1 Orange, geschält und in Spalten geteilt, 3 Esslöffel Olivenöl extra vergine, 1 Esslöffel Balsamico-Essig, 1 Teelöffelspitze weißer Pfeffer, 4 Tassen Frisee-Salatblätter, 1 Teelöffel Schnittlauchröllchen

Hummerschwänze in kochendem Wasser 6–8 Minuten kochen. Mit kaltem Wasser spülen, aufbrechen und säubern. Hummerfleisch in Scheiben schneiden. Friseeblätter auf Serviertellern arrangieren, darauf Hummer und Orangenspalten hübsch anrichten.
In einer kleinen Schüssel Olivenöl, Essig und Pfeffer mit Gabel oder Schneebesen kräftig rühren, bis sie gut vermischt sind.
Jede Portion mit der Vinaigrette beträufeln, mit Schnittlauchröllchen garnieren. Nach Belieben mit dünnen Locken aus Orangenschale dekorieren.

ANDREA TAPPER

36 Grad und kein Schatten

Afrikanische Weihnacht am Strand von Mombasa

Jesus hat Sand in den Haaren. Er liegt in einer Krippe in der Hotellobby des *Leopard Beach Hotel.* Wir befinden uns 3° südlich des Äquators. Die heilige Muttergottes, alias Lina, 11, aus Düsseldorf, und Joseph, alias Timothy, 12, aus Oxford, rennen ständig vom Strand ins Hotelinnere, schnurstracks an die himmlische Wiege, mit nassen Badesachen, ohne Schuhe, die Füße voller Sand und braunem Seetang. Kein Wunder, dass das Christkind da in Mitleidenschaft gezogen wird. Es muss noch fleißig geübt werden fürs Krippenspiel. Massai Tom, als Animateur verpflichtet, hat ein Dutzend Gästekinder eingeteilt: Engelflügel sind zu basteln, der Heilige-Drei-Könige-Perlenschmuck aus Muscheln ist zu knüpfen, und zwei lebendige Ziegen, mbuzi auf Kiswahili, sollen angepflockt werden – in der Krippe, im Hotel, in Kenia.

36 Grad und kein Schatten. Weihnachten am Äquator.

«Weihnachten in Afrika? Das wär' nichts für mich. Weihnachten soll's doch kalt sein und gemütlich. Weiße Weihnachten eben.» Meine Mutter mochte sich nie mit der Vorstellung anfreunden, das wichtigste abendländische Fest unter Palmen zu verbringen. Nicht zu frieren am Heiligabend auf dem Weg in die Christ-Mette, sondern im kleinen Schwarzen mit Spaghettiträgern auf dem Sprung in die X-Mas-Disco zu sein – für sie ein schrecklicher Gedanke.

Weiße Weihnacht? Aber natürlich gibt es weiße Weihnacht in Afrika! Am Diani-Strand südlich von Mombasa glitzert auf acht Kilometer Länge der feinpulvrige Sand so hell und gleißend-weiß in der Sonne, dass wir um 12 Uhr mittags davon geblendet werden wie vom frischen Pulverschnee auf einer Abfahrt in St. Moritz. Gar nicht daran zu denken, ohne Sonnenbrille ins Freie zu gehen! Macht ein unvorsichtiger Tourist das doch und tritt heraus aus der dunklen, strohgedeckten Hotellobby hinunter an den Strand, wird er augenblicklich wie von einem Blitzlicht getroffen, ist für einen Moment sicht- und damit wehrlos, und schon stürzen sich – wie Paparazzi auf einen lange erwarteten Superstar – die «Riff-Tour-Verkäufer» und die «You want nice African statue»-Anbieter auf den ahnungslosen Reisenden, der nicht wusste, in welches Haifischbecken er nur einen Meter vom Hotel entfernt fallen würde.

Auf einer umgestürzten Palme neben dem Hotel sitzen zwei Rasta. Auch sie tragen große dunkle Sonnenbrillen. Die Rasta stürzen sich nie auf Touristen. Cool taxieren sie hinter ihren dunklen Brillen das Kommen und Gehen. Und manchmal, je nach Uhrzeit und Blickwinkel, wirken sie fast ein wenig furchteinflößend.

Wir haben Glück: Vollmond zu Weihnachten. Der Sand schimmert selbst im Mondschein noch taghell und knirscht wie Neuschnee unter den Füßen, wenn wir von unserem Hotel am Strand entlang zum nächsten Restaurant gehen (was man nur ohne Geld in der Tasche oder überhaupt am besten ohne Tasche machen sollte!). Es ist Weihnachten – und überall ist die Hölle los: Discjockeys bauen ihre Anlagen für den Abend auf, und indische Großfamilien testen mit kritischem Blick, wie das indische Essen «Chicken Curry mit chapati» in einem westlichen Hotel schmeckt. Englische Teenies flirten mit afrikanischen Teenies, deutsche mit italienischen, und unsere Kinder Rozalla, zweieinhalb, und Sidney, 10, spielen mit Lina und Timothy, den heiligen Eltern aus dem Krippenspiel.

Dunkelhäutige Politikerkinder und bleiche Urlauberkinder quietschen und paddeln von morgens bis abends im Pool. Die einen werden mit Engelsgeduld von ihren schwarzen Nannys, die hier Aya heißen, beobachtet, während die anderen an den Nerven ihrer doppelt belasteten weißen Mütter zerren, die ihre Kinder immer wieder zur Ruhe mahnen. Wir haben genügend Zeit, um eine neue Theorie aufzustellen: Sind unsere Kinder, wie man leider feststellen muss, durchweg ungezogener, weil wir gestresster sind? Die schwarzen Kids schütteln das Wasser aus ihren Locken, wenn sie sich zum Aufwärmen bäuchlings auf die sonnenerhitzten Steine der Poolumrandung legen, die Nannys halten die Badetücher bereit, und die großen Geschwister kommen in ihren bauchfreien Jeans kurz aus dem Hotelzimmer herunter, um nach dem Rechten zu sehen. Die afrikanischen Mütter sind beim Friseur, wo sonst, schließlich stehen Feiertage ins Haus.

Weihnachten heißt Party in Afrika. Weihnachten ist Hochsaison.

Zwei Tage vor Heiligabend sind wir mit dem Zug aus Nairobi angekommen, eine rollende Institution, von den Engländern vor mehr als hundert Jahren erschaffen. Während wir im kolonialen Zugrestaurant mit schwerem Silberbesteck ein koloniales Drei-Gänge-Menü verspeisen, schwappt dem aus seiner Uniform platzenden Kellner bei jeder Schwelle die Tomatensuppe aus der Terrine, plopp, aufs handgeflickte weiße Tischtuch. Und während wir in einem holzgetäfelten kolonialen Schlafabteil sanft einschlummern, ruckelt die Bahn zehn, zwölf Stunden lang von der kühlen Hochebene Nairobis in das schwüle Mombasa direkt ans Meer. «Wenn du am Morgen die ersten Palmen siehst, bist du da», wissen Reisende. Als Urlauber aus Europa wären wir direkt auf dem Flughafen der islamisch geprägten Hafenstadt gelandet, deren Geschichte bis ins 12. Jahrhundert zurückdatiert ist. Leider ist Mombasa, ein auf einer Halbinsel entstandenes Juwel mit altem arabischen und afrikanischem Erbe, im Zerfall begriffen. Aus dem eher hässlichen Sechziger-Jahre-Stadtkern führt eine Straße mit tiefen Schlaglöchern zur Fähre an die dreißig Kilometer entfernten Südstrände und eine immerhin moderne Brücke an den näher gelegenen Bamburi-Strand im Norden.

Die «Likoni Ferry» ist voll und heiß. Zunächst fahren die Autos aufs offene Boot, dann ergießt sich ein Strom von Hunderten von Fußgängern auf die Seitenkorridore, bepackt mit Marktkörben voller Früchte, mit Kleinkindern an der Hand und ihre Fahrräder schiebend. Marktjungen verkaufen frisch geröstete Erdnüsse in Tüten für einen Schilling, umgerechnet etwa zehn Cent. Sie reichen die «Daily Nation» und «The Standard», Kenias meistgelesene Tageszeitungen, durch das Autofenster. Wollen wir ein kaltes «Soda», wie hier von Coca-Cola bis zur Fanta alle Softdrinks heißen? Oder ein gekochtes Ei mit einer extra in einem Zeitungsschnipsel beigelegten Prise Salz? Wenn es eine Weltskala der servicefreundlichsten Länder gäbe, gebührte Kenia ohne Zweifel der erste Platz. Hier wird alles geliefert, alles besorgt, alles getan, immer freundlich, niemals zickig, ohne zu hinterfragen, allerdings – wen wundert's bei 36 Grad im Schatten – gern im Zeitlupentempo.

Es ist der Zenit des Sommers, die heißeste und trockenste Jahreszeit. Hotels, die jetzt nicht ausgebucht sind, werden es nimmermehr. Die kenianischen Schulen sind geschlossen, vier lange Wochen. Und so ist genug Zeit für Stadtfamilien, ob stinkreich oder bettelarm, nach Hause zu fahren, auf die Farm der Vorfahren, etwa nach Nanyuki im Kikuyuland oder nach Kisumu am Victoriasee, der Heimat der Luos. Wie überall auf der Welt ist Weihnachten auch in Kenia Familienzeit, ja hier sogar noch mehr, wo die Familie hochgehalten wird als einziges soziales und gesellschaftliches Auffangnetz. Und da die Familien groß sind, clangroß, ist ganz Kenia unterwegs, mit den rasenden Überlandbussen der «Coastline» oder in überfüllten matatu-Minibussen, abenteuerlich beladen mit viel zu vielen Menschen und viel zu viel Gepäck, mit Plastikschüsseln, die als Koffer benutzt werden, zusammengerollten Matratzen und lebenden Hühnern. Die Frauen tragen ihre besten Polyesterkleider, ein kleines weißes Taschentuch in der Hand und Babys, die ihr erstes Weihnachten erleben, in einem kanga-Wickeltuch auf dem Rücken.

Wer irgend kann, begibt sich aus den Arbeitsstädten hinaus in die ländliche Heimatregion, an die Küste in ein Cottage zu Verwandten oder ins Hotel. Die werden nämlich nicht nur von europäischen Touristen, sondern auch von besser verdienenden Ansässigen frequentiert. Wer das Geld nicht hat, im *Baobab, Leopard, Diani Reef* oder *Turtle Bay* zu übernachten, kommt zumindest mit Kind und Kegel, feiertagsfein ausstaffiert in rosa Spitzenkleidchen zum Christmas-Lunch vorbei. Der Indische Ozean ist badewannenwarm, die Inderinnen stürzen sich im Sari und afrikanische Teenager mit Radlerhosen unterm Bikini in die ruhigen Fluten. Alles ist ein wenig aufgeregter als normal. Der Weihnachts-Countdown läuft.

Ein Tag vor Heiligabend. Unser Hotel am Diani-Strand hat sich fürs Fest geschmückt. Zu den Rasta auf der Palme haben sich zwei Massai gesellt. Mit ihren roten Umhängen, erdrot gefärbten Zöpfchen und Gummisandalen aus Autoreifen sehen sie supercool aus – auch ohne Sonnenbrillen. Die Rasta tragen die ihren wie Jagdtrophäen. Und irgendwie sind sie das ja auch: Erbeutet in friedlicher Übernahme von Urlaubsbekanntschaften, die ihnen ihre Raybans beim Abschied im Tausch gegen einen geschnitzten Elefanten überließen. Fair trade, der alle glücklich macht: Denn die angeblichen Ebenholz-Elefanten haben nur mit Hilfe schwarzer Schuhpolitur ihre dunkle Färbung angenommen, und die Brillen sind nur Karstadt-Kopien.

In der afrikanischen Lobby unter einem kirchenhohen Makuti-Dach – der landestypischen Version eines Strohdachs, geknüpft aus Palmwedeln – sind Girlanden aus grünem, rotem und goldenem Glitzerpapier gespannt, die getrost bis Karneval hängen bleiben können. Mittendrin thront eine eher lichte, dafür aber 4,20 Meter hohe Kiefer, die unter großem Tohuwabohu vom Bademeister-, Gärtner- und Kellnerpersonal in ein mit Aluküchenfolie verkleidetes Benzinfass gezwängt wurde. Alles in Handarbeit, aber das Ding steht wie eine Eins. Die Lichterkette im Baum blinkt abwechselnd giftgrün und rosa im Turbo-Programm. Unsere englischen Freunde im Hotel sind begeistert. Gärtner Kamau hat zwanzig Schubkarrenfuhren Sand in die Lobby gekippt, und zwei junge Massai haben aus Ästen, Zweigen und Palmwedeln in null Komma nichts die besagte lebensgroße Krippe gebastelt. Nomaden sind und bleiben eben Baumeister, auch wenn diese hier der Steppe aus verdiensttechnischen Gründen mittelfristig den Rücken gekehrt haben und sich als Tanz-Truppen am Strand ein Zubrot verdienen.

Ich habe sieben Jahre als Korrespondentin in Kenia gelebt und dort einige der schönsten Weihnachtsfeste meines Lebens verbracht – kitschig, ja, bunt bis zum Abwinken, das auch; laut und lustig, aber auch immer irgendwie herzerwärmend. Wenn Nat King Coles «traditional English Christmas Pie», eine gute Prise Bollywood und ein Hauch von 1001er Nacht aufeinandertreffen, dann ist Weihnachten an Kenias Küste. Kenias Mittelklasse-Inder, vom Kühlschrankhändler bis zum Immobilienmogul, feiern trotz Hindu-Glauben ebenso begeistert mit wie die an der Küste nach Jahrhunderten arabischen Handels stark vertretenen Muslime. In letzter Zeit hat sich zwar die Lage ein wenig zugespitzt, und in Mombasas verwinkelter Altstadt vor dem Fort Jesus werden inmitten friedliebender Swahili-Bevölkerung sogar Al-Quaida-Zellen vermutet; außerdem hat Kenia bereits zwei fürchterliche Terroranschläge erleiden müssen. Doch Weihnachten schwebt immer noch über den Dingen. Fast religionsungebunden scheint die Weihnachtseuphorie hier zu sein, und das dürfte neben der Hitze mit ein Grund dafür sein, warum das Fest hier weniger besinnlich als ausgelassen begangen wird.

Ab Anfang Dezember flackern die Lämpchen und Birnchen in den ohnehin von chinesischem Plastikspielzeug und Dubai-Elektroware nur so strotzenden Spielzeugläden und Supermärkten noch heftiger, glänzen die Lippen der mysteriös unter ihren schwarzen Bui-Bui-Umhängen versteckten Muslim-Frauen noch einige Töne röter, schimmern die mit Pomade küstenwindfest geglätteten Haare der Inder noch ein paar Nuancen schwärzer. «Yes, it's Christmas» – im Zeichen der Globalisierung selbstverständlich auch hier Jahr um Jahr von George Michael besungen: «Last Christmas, I gave you my heart ...»

Die weihnachtliche Nachrichtenlage indes ist verworren – wie jedes Jahr: «Famine blamed on state laxity», frei übersetzt: «Unsere Hungersnot ist hausgemacht», analysiert die «Daily Nation» in ihrer Titelzeile den Hunger im Norden Kenias, der bereits zwanzig Tote gefordert hat und 2,5 Millionen Nomaden betrifft. Deren Herden sind in Gefahr zu verhungern, viele Kinder befinden sich bereits in lebensbedrohlichem Zustrand. «Wie kann es angehen», fragt sich nicht nur der Nation-Reporter Peter Kamini, dass die Hotelbüfetts an den Küsten überquellen, während in anderen Landesteilen die Menschen darben? Kann die Regierung der Tatsache, dass der Regen nicht nur in diesem Jahr, sondern immer häufiger ausfällt, nicht durch gezielte landwirtschaftliche Planung oder zumindest Vorratshaltung für Notzeiten entgegentreten?

Auf der Straße nach Kitui hat sich ein Matatu-Minibus überschlagen; in dem für zwölf Fahrgäste zugelassenen Vehikel starben 5 Personen, 17 wurden teils schwer verletzt. Der Kenya High Court, das oberste Gericht des Landes, stoppt einen umstrittenen Wildlife-Export in den Chiang Mai Night Safari Zoo von Bangkok aufgrund der Eingaben zweier kenianischer Naturschutzgruppen. Die Umweltminister Kenias und Thailands hätten den Tiertransport vereinbart, heißt es. Eine nicht weiter spezifizierte Anzahl von Büffeln, Giraffen, Nilpferden, Flamingos, Zebras, Antilopen und sogar Warzenschweine und Hyänen sollte von Afrika nach Asien geschifft werden.

Was die Tierschützer auf die Palme und vors Gericht brachte, waren jedoch nicht nur die Tierverschiffungspläne selbst, sondern deren Umstände. «Ein Geschenk an Thailand zwecks Aufrechterhaltung der guten bilateralen Beziehungen», nannte ein Regierungssprecher den Deal. «Da hat doch jemand mit unserem Tierbestand Geld gemacht», mutmaßen dagegen die Kritiker. Wo schlechte Politik und Korruption so allgegenwärtig seien wie in Kenia, wäre es fürwahr ein Weihnachtsmärchen, hätte die Bürokratie auch nur eine Hyäne zu verschenken, sagt lachend unser Nachbar an der Leopard Beachbar zu den Vorkommnissen. Jerry Okunu ist Schiffsmanager aus Kisumu und lädt uns zu einem «White Cap» ein, Kenias hausgebrautem Spitzenbier.

Je dreister die Politiker, umso feinsinniger sind die Zeitungskommentare der örtlichen Presse und uns ein willkommener Beweis, dass wir nicht auf einem verrohten Kontinent, sondern auf einem wunderbaren Kontinent mit verrohten Regierungen Urlaub machen. Kolumnistin Carol Mandi etwa wundert sich im «Lifestyle»-Magazin der Nation mit der gleichen Ratlosigkeit über den Moralverlust in Europa, mit der wir die Zustände in Afrika beklagen: «Im Westen wogt eine Debatte über die Abschaffung des Tannenbaums auf öffentlichen Plätzen, die nicht etwa von Andersgläubigen, sondern von Christen selbst in Gang gebracht wurde», teilt Mandi ihren erstaunten kenianischen Lesern mit. Ob das Ende dieser Bewegung wohl sein werde, dass Europa «auf dem Altar eines konsumfreudigen, selbsterfüllten Lebens seine Babys der Kredit-Karte opfern» werde, fragt sich Carol Mandi in weiser Voraussicht – da war die Debatte um «Deutschland stirbt aus» noch nicht mal eröffnet.

Kulturübergreifend versöhnlich dagegen stimmt uns unsere neue Beachbar-Bekanntschaft und eine Reportage auf den Seiten Vermischtes: Im Haller Park, einem beispielhaft wiederaufgeforsteten Zementwerk an Kenias Küste, habe ein Nilpferdbaby eine Schildkröte als Ersatzmutter akzeptiert. Das Nilpferdwaisenkind war von Fischern an einer Flussmündung aus dem Meer gefischt und in den Naturschutzpark gebracht worden. Schrecklich einsam fühlte es sich, bis die Riesenschildkröte, in Größe und Farbe dem Nilpferdbaby ähnlich, ein Einsehen hatte und den Newcomer an ihrem Panzer kuscheln ließ.

HEILIGABEND, 17 UHR. Die Hitze macht schläfrig. Zärtlich streichelt der warme Küsten-Monsunwind die Haut. Wir dösen am Strand unter Palmen. DJ Toni schraubt noch an seinem Plattenspieler herum. Der kräftigere der beiden Rasta spricht mit zwei Somalis, die ihre von Mücken umschwirrten Kamele für Touristenausritte am Strand spazieren führen, und deutet in unsere Richtung ... Heiligabend? Das schert hier niemand. Wie für die Engländer, deren Kolonie sie bis 1963 waren, beginnt auch für die Kenianer das wahre Weihnachten erst am ersten Weihnachtstag. Wir jedoch sind fest entschlossen, unsere Bescherung wie immer schon heute, am 24., vorzunehmen, auf unserem Zimmer mit Blick auf das Meer und das Riff, das fast vor der gesamten 480 Kilometer langen kenianischen Küste vorgelagert liegt.

Ganz weit nach hinten zurückgezogen hat sich die See, als wolle sie Luft schnappen für die Flut. Wo eben noch Wasser war, glänzt eine Trockenlandschaft algenbeschichteter Steine und kleiner warmer Sand-Pools mit Krebsen und gefährlich großen Seeigeln. In ihren Auslegerbooten bringen Fischer Touristen zu dem zweihundert Meter entfernten Riff, an dem sich machtvoll die Wellen brechen. Aus dem weit geöffneten Balkonfenster unseres Zimmers sehen wir sie mit Gummisandalen auf den Spitzen des Korallenriffs balancieren und mit Schnorchel und Taucherbrille auf Unterwasserjagd gehen, wo Schwärme schwarz-weiß gestreifter Preußenfische und dunkelgelb schillernder Drückerfische zwischen den Seegräsern aufblitzen, fast wie Christkugeln im Baum.

Der Weihnachtsmann hat für Rozalla, unsere Tochter, passend zum Weihnachtsurlaub eine Play-Mobil-Safariausstattung gebracht, komplett mit Jeep und Fernrohr. Unser Sohn Sidney freut sich über Flossen und einen i-Pod. Ein tiefer Schatten hat sich inzwischen über den Strand gelegt. Die Ostküste Afrikas wird morgens von der Sonne wachgeküsst, doch abends versinkt sie strandabseits hinter dem Hotel, 365 Tage im Jahr um die gleiche Zeit, 18.50 Uhr, im äquatorialen Zeitraffer. Wir könnten die Uhr danach stellen. Wenn wir auf dem Korridor im dritten Stock stehen, sehen wir sie blutrot hinter dem unendlichen Wald aus Palmen und der Silhouette der Hügelkette der Shimba-Hills abtauchen, wo die wilden Elefanten grasen. Die Palmenwipfel sind im Abenddunst von einem milchigen Schimmer weich gezeichnet. Stimmengewirr und schwarzer Radio-Soul klingen aus den servants' quarters, den Quartieren der Angestellten. Das Hotel, unser kleiner Außenposten der Zivilisation, erscheint uns in der Unendlichkeit Afrikas plötzlich wie eine Station von einem anderen Stern geduldet, aber immer auch in Gefahr, vom großen, grünen, gefräßigen Nichts wieder verschluckt zu werden. Wie besitzergreifend die Tropen sind, haben wir selbst erlebt, als wir mal einen winzigen Klecks Marmelade auf dem Frühstückstisch unserer Terrasse zurückgelassen hatten und Minuten später bereits eine gigantische Ameisenstraße darüber herzog.

Bewaffnet mit Playmobil-Station und Flossen, schreiten wir zum Dinner, wo unsere Kinder wie gestern schon Pommes mit Melone und gefüllte Samosas-Teigtaschen vom Büfett holen und die Kellner sie zu dieser ausgezeichneten Zusammenstellung beglückwünschen. «Lovely kids», sagen sie, selbst wenn wir gar nicht zuhören, «so sind Kinder eben», heißt es, wenn Rozalla den Ketchup verschüttet und «Let me help you, Darling», wenn die Zweijährige vom englischen Nachbartisch sich in Tobsuchtsanfällen auf dem Boden windet.

Bei den kenianischen, den indischen und den küstenmuslimischen Großfamilien herrscht weniger Tischetikette in unserem Sinne – man isst gern mit der Hand und krümelfreudig –, dafür aber strikte Hierarchie am Tisch: Die Mädchen in ihren neuen weißen Lackschuhen und Feiertagskleidchen und die Jungs im globalen Nike & Schlabberjeans-Look – perfekt gewaschen und gebügelt – dürfen untereinander dezent herumalbern, aber niemals den Erwachsenen ins Wort fallen. Wer eine Weile in Kenia verbracht hat, weiß, warum es hier so viele und in Deutschland nur noch so wenige Kinder gibt – und das hat nicht allein mit Versorgungsdenken zu tun.

Unser Hotel zählt rund 120 Zimmer, verteilt auf weitläufige Trakte in einem zehn Hektar großen mit weiß, rot und lila leuchtenden Bougainvillea, roten Jacaranda und Kokosnuss-Palmen bestückten tropischen Garten. Es ist ausgebucht. Nachdem der Tourismus an Kenias Küste in den achtziger Jahren richtig loslegte und in den neunziger Jahren aufgrund politischer und wirtschaftlicher Probleme praktisch versiegte, erlebt er seit 2005 ein Comeback. Das freut nicht nur die Kellner, Souvenirhändler und Taxifahrer, die hier vom Tourismus leben, sondern auch den Reisenden selbst: Erstens war es kein Vergnügen mehr, an einem Strand Urlaub zu machen, wo jedes zweite Hotel geschlossen, dem Verfall preisgegeben oder – siehe oben – vom Busch wieder vereinnahmt und von Äffchen bewohnt war. Nein, es hatten sich auch bedenkliche Unsitten der ansonsten durchweg grundguten Kenianer bemächtigt: Taxifahrer verlangten das Doppelte und Dreifache des üblichen Tarifs, wenn es etwa zum Nachbardorf Ukunda oder nach Mombasa ging, nach dem Motto: Wenn schon nur wenige Touristen hier sind, müssen wir die wenigstens richtig ausnehmen. Auch die Überfälle nahmen zu; heute kümmert sich eine Touristenpolizei um die Sicherheit.

Was uns morgen am ersten Weihnachtstag erwartet, ist am schwarzen Brett vor dem Hotel-Restaurant angeschlagen:

CHRISTMAS DAY, 25th Dec. «Dear Children», steht da: «It's a busy day today. Santa Claus pays us a visit at 11am und he comes by camel! So make sure you are on the beach, when Santa distributes presents.» ‹Kids Lunch Picnic› werde um 12 in Tarzan's Baumhaus serviert. Um 15 Uhr starte die Kinder-Party im Bahari Konferenzzimmer. «Um 16 Uhr gibt's Mince-Pies am Pool, aber esst nicht zu viele davon, denn wir haben ein wunderbares X-Mas-Dinner für Euch vorbereitet, mit Christmas Crackern. Also setzt alle Eure bunten Christmas-Hütchen auf, wenn die Weihnachtslieder während des Dinners erklingen, und danach zeigt Ihr Euren Eltern und den anderen Erwachsenen das Krippenspiel, und am zweiten Weihnachtstag führt Ihr es noch einmal auf. Und dann dürfen die Großen noch aufbleiben zur X-Mas-Tanzparty mit der Gogo Simu Band …»

Es ist zu schön, um wahr zu sein: Das Hotel nimmt uns die Kinder den gesamten Weihnachtstag ab!

Ein einsamer Massai steht am Strand und sieht weise aus wie ein Medizinmann. Er hat den Speer vor sich in den Sand gesteckt. Ist es nicht derselbe, der gestern bei den Rasta saß? Nicht wenige Urlauberinnen – das weiß man, seitdem sie Bestseller darüber schreiben – machen sich ernsthaft Gedanken, was Jungs wie er wohl denken, wenn sie so aufs Meer starren. Sie vermuten die große Weisheit Mama Afrikas hinter den stolzen Gesichtern oder, schlimmer gar, Seelenverwandtschaft! Dabei ist es – wie uns Massai-Animateur Tom in intimer Kenntnis seiner Stammeskumpel glaubhaft versichert – ganz simpel: Ein Massai, der gedankenverloren ins Nichts guckt, denke meistens an genau das: an nichts. Aber das ist ja auch schon eine Kunst!

Wir dinieren unter Millionen Sternen und einem beschwipst auf dem Bauch liegenden Mond. Der Himmel Afrikas wölbt sich im 180-Grad-Halbrund wie eine beschützende Madonna über uns. Wir schlemmen Spargelsuppe und afrikanische Samosa-Teigtaschen, traditional English turkey und arabischen Reis-Pilau, einen halben Lobster und Baby-Prawns, Avocado-Salat und frischen Lachs, mandazi-Küchlein und mbaazi-Bohnen in Kokosnussmilch, Mangocreme und Tamarind-Chutney. «Your children are fine», sagt Tom, als er auf dem Weg vom Tarzan-Baumhaus zum Hütchen-Dinner an unserem Tisch vorbei kommt.

Am Morgen in der Dorfkirche von Ukunda haben wir geweint und Geld in den Klingelbeutel geworfen. Auf dem Rückweg am menschenleeren Strand trage ich Handtasche, Briefbörse und Kamera bei mir, als mich plötzlich ganz unvermittelt von hinten der Rasta anquatscht: «Hey you», sagt er, und ich denke «Das-kann-doch-nicht-wahr-sein: Stress-an-Weihnachten!», da nimmt er langsam seine dunkle Brille ab, zum ersten Mal sehe ich, dass er nicht älter als sechzehn sein kann, und er lacht: «Merry Christmas!»

Wir haben uns vorgenommen, uns beim Krippenspiel zu beherrschen. In der afrikanisch-adaptierten Fassung halten unsere Tochter Rozalla als Schildkröte – die Haller-Park-Saga! – und Sidney als Elefant zusammen mit den Drei Königen Einzug. Timothy-Joseph zischt deutlich hörbar «Don't fucking stand on my feet», die Frau des afrikanischen Politikers hinter uns sagt «lovely kids» – und alle unsere guten Vorsätze sind dahin.

INGRID M. SCHÄFER

Nussküsschen

Der Adventstee, den das *Schlösschen am Park* in der Vorweihnachtszeit anbot, hatte sich als Renner der Saison erwiesen. Die Nachfrage nach diesem stilvollen Fünf-Uhr-Tee war trotz des hohen Preises so lebhaft, dass nicht alle Reservierungen angenommen werden konnten.

Hendrik, der Konditor des *Schlösschens*, setzte die hohe Etagère mit den hausgemachten Schokoladentrüffeln vorsichtig auf dem Büfett ab und blickte zufrieden in die Runde. Der dezent geschmückte Jugendstil-Saal des Hotels war nicht sehr groß, aber bis auf den letzten Tisch besetzt. Der Duft von Tee, Tannenzweigen und Bienenwachskerzen verquirlte sich im Raum mit den Aromen, die von Hendriks Büfett aufstiegen, und untermalte das Stimmengewirr der Gäste. Ein kleines Salonorchester (Studentinnen der hiesigen Musikhochschule) spielte in dezenter Weise weihnachtliche Melodien und ließ die Atmosphäre des Raums noch festlicher wirken.

Es war Hendrik gewesen, der der Direktion den Vorschlag gemacht hatte, einen Adventstee in dieser Form anzubieten. Das *Schlösschen am Park* hatte sich in den letzten Jahren zu einer sehr feinen Adresse gemausert, was man auch an den bekannten Persönlichkeiten sehen konnte, die immer häufiger hier abstiegen.

Deshalb wunderte Hendrik sich nicht, als er den Hotel-Chef mit jenem nervösen Augenzwinkern herbeisausen sah, das ihn immer befiel, wenn sich Großes anbahnte.

«Grigorij Semjonov hat sich angekündigt. Er bleibt über Weihnachten!»

Natürlich kannte Hendrik den Sänger, den man wegen seiner mächtigen Gestalt auch den «russischen Bären» nannte. Ebenso mächtig war seine Stimme, die ein ganzes Orchester übertönen und die Kronleuchter zum Klirren bringen konnte.

«Wie schön für uns! Aber was habe ich damit zu tun?»

Der russische Bär war bekannt für seinen Hang zum Süßen, erklärte der Chef, und deshalb wollte ihm das Hotel eine weihnachtliche Aufmerksamkeit in Form einer Leckerei aus Hendriks Konditorei zukommen lassen. Etwas ganz Besonderes. Ein zart schmelzendes Kleinod. Eine Streicheleinheit für eine russische Seele …

Hendrik gefiel diese Idee ganz und gar nicht. «Wie soll ich etwas für jemanden kreieren, den ich nicht persönlich kenne? Vielleicht hat er eine Haselnuss-Allergie, oder er bekommt von Erdbeeren Nesselfieber, oder er verträgt keine Sahne … Das kann total danebengehen!»

«Ihnen wird schon etwas Passendes einfallen», sagte der Hotelleiter. «Ich verlasse mich auf Sie!»

Mit diesem Lieblingssatz aller Chefs, durch den die Verantwortung auf die Schultern wehrloser Mitarbeiter abgewälzt wird, eilte er davon.

Natürlich fühlte Hendrik sich herausgefordert. Er durchforstete seine Rezeptbücher nach einer Köstlichkeit, die den russischen Geschmack ansprechen und gleichzeitig wenig Risiken bergen könnte. Ein «Himbeertraum», ein hauchzartes Etwas aus Biskuit und Himbeercreme? Eine neue Trüffel mit einer Füllung aus Wodka-Sahne? Ein Kiwi-Baiser mit Schoko-Haube?

Das Problem löste sich am folgenden Abend, kurz vor Mitternacht, als Hendrik aus der Hotelküche kam, wo man auf den Geburtstag des Chefkochs ein spätes Glas Sekt getrunken hatte. Vor dem Aufzug lehnte eine riesige Gestalt, die sich mit einer Hand an der Wand abstützte und sehr unweihnachtlich vor sich hin fluchte. Eine wilde eisgraue

Mähne umrahmte seinen Kopf wie winterliches Gestrüpp. Der russische Bär!

«Kann ich Ihnen behilflich sein»?

Der Bär hörte auf zu fluchen. «Mein Fuß – ich bin umgeknickt ... Du kommst wie gerufen, mein Freund. Komm, bring mich aufs Zimmer!» Sein Deutsch hatte einen harten Akzent, und das «R» rollte wie eine Ladung Kieselsteine von seiner Zunge.

Hendriks Wirbelsäule knirschte empört, als sich der Bär auf seiner Schulter abstützte. Während der Sänger ihn mit seinem Gewicht gnadenlos zusammenpresste, berichtete er aufgekratzt und sehr detailliert von dem Konzert, das er am Abend gegeben hatte. Dabei duzte er Hendrik so vertraulich, als würde er ihn schon viele Jahre kennen.

Vor seiner Tür angekommen, umklammerte er Hendriks Handgelenk wie ein Schraubstock und zerrte ihn ins Zimmer. «Komm, wir trinken einen Schluck auf meinen Erfolg!» Er öffnete einen Koffer, entnahm mit geübtem Griff eine bauchige Flasche und zwei Schnapsgläser und zog mit den Zähnen den Korken aus der Flasche. Hendrik konnte sehen, dass in dem Koffer noch weitere Flaschen waren.

Die Flüssigkeit im Glas war leicht gelblich und hatte einen öligen Rand. Hendrik leerte es arglos in einem Zug. Eine sengende Feuerspur fuhr ihm quer durch den Brustkorb und ließ vor seinen Augen orange-rote Kringel aufblitzen. Er röchelte erschrocken.

«Köstlich, nicht wahr?», strahlte der Bär. «Babuschka brennt ihn selbst. Das ist der beste Wodka in der ganzen Gegend von Kiew ...»

«Wer ist Babuschka?», krächzte Hendrik.

«Mein Großmütterchen», flüsterte der Bär voller Stolz und Rührung. «Babuschka ist mein liebes Großmütterchen ... Ach, wie ich sie vermisse ...»

«Deine Oma?», krächzte Hendrik entsetzt. «Deine Oma brennt solch einen F...?» Er konnte seine Zunge gerade noch rechtzeitig bremsen. Um ein Haar wäre ihm das Wort Fusel entwichen. «Ja, solch einen phantastischen Wodka!», nickte der Bär. Er holte sich aus dem Bad ein Zahnputzglas («Singen macht durstig!») und füllte es randvoll. Hendrik hatte die Hand schützend über sein Glas gehalten. Noch ein Schluck von diesem Gesöff, und er würde ins Koma fallen und einen Hirnschaden davontragen.

Während der Bär das Zahnputzglas leerte, ohne die geringste Wirkung zu zeigen, erzählte er Hendrik von seiner Heimat – von dem Dorf in der Nähe von Kiew mit seinen freundlichen Einwohnern, von seiner Großmutter, die ihn nach dem Tod seiner Eltern aufgezogen hatte und die er gerade jetzt zur Weihnachtszeit schmerzlich vermisste. Seine Stimme klang sehnsüchtig und traurig. «Heimweh im Herzen tut sehr weh, mein Freund!» Zur Bekräftigung schlug er sich auf den Sitz des Heimwehs, und es klang wie ein Vorschlaghammer, der auf ein hohles Fass donnert.

«Grigorij, wenn du solche Sehnsucht hast, verstehe ich nicht, warum du über Weihnachten hier im Hotel hockst? Warum fliegst du nicht nach Hause und hilfst deiner Oma beim Destillieren?»

Der Bär starrte verlegen in sein Glas. «Es ist besser, wenn ich mich dort eine Weile nicht blicken lasse. Der Bürgermeister von Kiew ist nicht gut auf mich zu sprechen, er würde mich wahrscheinlich sogar einlochen. Weißt du, er hat eine sehr süße Frau … Eigentlich wollte sie nur ein Autogramm nach dem Konzert, aber dann – na ja … *Bosche moj*, war die süß …» Er spitzte den Mund und gab ein paar genießerische Geräusche von sich.

Hendrik schüttelte amüsiert den Kopf. Dieser ukrainische Grizzly ließ wirklich keinen Honigtopf am Wegrand aus.

Um das Heimweh zu bekämpfen, hatte der Bär sein Glas nachgefüllt und ein melancholisches russisches Liedchen angestimmt. Sein gewaltiger Tenor, der jeden Saal füllte, durchdrang jetzt die Hoteletage, und nach kurzer Zeit ertönten aus den angrenzenden Zimmern wütende Klopfgeräusche.

Grigorijs Heimweh hatte Hendrik auf eine Idee gebracht.

«Sag mal, gibt es etwas, was du zu Weihnachten besonders gerne naschst – was dich an dein Dorf und deine Babuschka erinnert? Etwas Süßes?»

«Nussküsschen», sagte der Bär, ohne zu zögern, und über sein Gesicht zog ein sehnsüchtiges Leuchten. «Kannst du mir welche machen? Du bist doch Konditor! – Aber du darfst nur ganz frisch geriebene Nüsse nehmen, und nur die besten Eier! Nussküsschen – ach, der Duft meiner Heimat …» Vor lauter Ergriffenheit entwich ihm ein Rülpser, der sich anhörte, als habe er die Schallmauer durchbrochen.

Dann leerte er sein Zahnputzglas und nickte im Sessel ein.

* * *

Seine Plauderei mit dem russischen Bären behielt Hendrik diskret für sich, und so blickte der Hotel-Direktor, der nichts von Babuschka, ihrem Fusel und der süßen Gattin des Kiewer Bürgermeisters ahnte, irritiert auf die Nussküsschen. Sie sahen zwar ganz hübsch aus, waren aber in seinen Augen nichts Besonderes. Von Hendrik war er ganz andere Künste gewohnt.

Umso verwunderter war er, als er anlässlich des Weihnachtskaffees dem Sänger im Namen des Hotels die hübsche Geschenkschachtel überreichte und Grigorij, der sich sofort ein Küsschen auf der Zunge zergehen ließ, in Tränen ausbrach und den Direktor geräuschvoll auf beide Wangen schmatzte.

«Ein merkwürdiges Völkchen sind diese Sänger», dachte der Hotel-Direktor, «wirklich sehr merkwürdig …»

Nussküsschen

2 mittelgroße Eiweiß, 125 Gramm feiner Zucker, 150 Gramm gemahlene Haselnüsse, kleine ganze Haselnusskerne

Eiweiß sehr steif schlagen und Zucker sorgfältig unterrühren. Von dieser Masse ca. drei Esslöffel abnehmen und in eine Spritze füllen. Die gemahlenen Nüsse unter die restliche Masse heben.
Mit einem Löffel kleine Plätzchen auf das Blech setzen (am besten auf Backpapier und nicht zu dicht, weil sie beim Backen aufgehen). In die Mitte des Plätzchens mit der Spritze einen winzigen Tupfer Eiweiß setzen und einen ganzen Nusskern so hineindrücken, dass das Eiweiß einen Kranz um den Kern bildet und ihn hält.
Backzeit: ca. 20 Minuten bei 140–160 Grad, bis die Nussküsschen ganz leicht gebräunt sind.

Barbara Mürmann

Ein Kochkurs mit Liebe und anderen Katastrophen

Das Waldhaus Reinbek vor den Toren Hamburgs

«Und hier habe ich noch eine kleine Geburtstagsüberraschung für dich», sagte meine Schwiegermutter und drückte mir mit vielsagendem Lächeln einen Briefumschlag in die Hand. «War auch nicht ganz billig», fügte sie überflüssigerweise hinzu, und ich wusste, dass sie darauf brannte, mich mit dem Preis zu konfrontieren. Hatte ich doch schon ein «wärmendes Wollunterhemdchen» mit daran baumelndem Preisschild und ein Päckchen mit in allen Regenbogenfarben umhäkelten Taschentüchern von ihr erhalten («hat Frau Schneider aus dem Handarbeitskreis gehäkelt, aber ich habe es natürlich gut bezahlt. Handarbeit hat ihren Preis»).

Ich öffnete den Umschlag und glaubte, nicht richtig zu lesen: ein Kochkurs. Ausgerechnet meine Schwiegermutter, die selbst höchst ungern und dementsprechend schlecht kochte, schenkte mir einen Kochkurs im *Waldhaus Reinbek*. Sie reckte ihren Kopf in den Nacken und verkündete: «Es ist ein 5-Sterne-Hotel!» – «Das macht doch nichts», entfuhr es mir, denn ich ärgerte mich über dieses Geschenk. Ich hatte keine Lust dazu, mir in der Adventszeit einen zusätzlichen Küchensamstag von 12 bis 24 Uhr mit empfohlener Übernachtung anzutun, nachdem in unserem Haushalt mit den vielen Gästen ohnehin ständig größere Mengen gekocht und gebacken werden mussten. Das Essen hatte bisher außer meiner Schwiegermutter noch jedem geschmeckt.

«Mami muss zur Kochschule, Mami muss zur Kochschule …», sang meine achtjährige Tochter, ohne zu ahnen, dass ich in diesem Moment erwog, mein Prinzip der gewaltlosen Erziehung über Bord zu werfen.

«*Waldhaus Reinbek*», sagte mein Sohn mit verträumtem Blick, «da hat unsere Fußballnationalmannschaft gewohnt.»

«Wahrscheinlich, weil sie Kochkurse von ihren Schwiegermüttern geschenkt bekommen haben», antwortete ich, stand auf, setzte ein honigsüßes Lächeln auf, umarmte meine Schwiegermutter, bedankte mich überaus freundlich und holte direkt zum Gegenschlag aus: «Was für eine wunderbare Idee. Ich hoffe, dass ich dich darum bitten darf, an dem besagten Samstag zu uns zu kommen und deinem Sohn und den Kindern beim Kochen zu helfen. Er hat sich nämlich seine Fußballfreunde zum Nachmittag eingeladen, und die bekommen hier immer auch Abendbrot.»

«Aber gerne doch», säuselte meine Schwiegermutter, doch ich sah Panik in ihren Augen.

Endlich kam auch Leben in meinen Mann, der sich bisher betont gedankenverloren einem Stück Torte und seiner Kaffeetasse gewidmet hatte: «Ist doch nicht nötig, nicht wahr, Kinder? Das schaffen wir auch ohne Omas Hilfe.»

Doch obwohl die Kinder versprachen, Papa fleißig zu helfen, hatte die Schwiegermutter wieder die Oberhand gewonnen und meinte mit fester Stimme, die keinen Widerspruch duldete: «Ich lasse meinen Sohn doch nicht alleine in der Küche stehen, während seine Frau ihrem Vergnügen nachgeht!»

«Sie konnte mich noch nie leiden», seufzte ich später, als ich mit meinem Mann noch bei einem Glas Rotwein zusammen saß. «Gefreut hätte ich mich, wenn sie mir einen Gutschein über ein Essen im *Waldhaus* geschenkt hätte. Ich hätte Fünf-Sterne-Kochkünste genießen können, ohne selbst zur Pfanne greifen zu müssen.»

«Vielleicht kannst du den Kochkurs umtauschen», meinte mein Mann, «und wir gehen beide zusammen essen.»

Am nächsten Vormittag fuhr ich vom «Tor zur Welt» (Hamburg) zur «Pforte zum Sachsenwald», wie die kleine Stadt Reinbek sich in Anlehnung an den Slogan der großen Nachbarstadt nennt. Ich bin in Reinbek aufgewachsen, und das *Waldhaus* in der Loddenallee ist mir bestens bekannt. Es liegt etwas versteckt im für norddeutsche Verhältnisse hügeligen Krähenwald, durch den das kleine Flüsschen Bille fließt, bevor es in Hamburg in die Elbe mündet. Früher war das *Waldhaus* eine kleine Schützenklause. Das jährliche Schützenfest in der Loddenallee findet noch heute statt, und aus dem Kaffeegarten ist eine Kaffeeterrasse geworden. Das Waldhaus hat sein Gesicht im Laufe der Zeit stark verändert. Aus dem kleinen Haus ist ein dreistöckiges Gebäude geworden, das sich durch sein tief heruntergezogenes Dach mit den vielen kleinen Dachgauben an den Hang schmiegt. Hier war ich in meiner Kindheit im Winter auf der damals dahinter liegenden Rodelbahn mit dem Schlitten zu Tal gesaust.

Fest entschlossen, den Kochkurs in ein «Dinner for two» umzutauschen, ging ich durch die Lobby des Waldhauses und schilderte an der Rezeption mein Problem.

«Umtauschen? Das wäre aber sehr schade», sagte eine freundliche Stimme hinter mir. «Ich bin Henrik Elbers, der Küchenchef, und leite die Kochkurse. Und diese beiden Herren hier neben mir sind unsere Geschäftsführer. Wir haben gerade fünf Minuten Zeit, trinken Sie doch eine Tasse Tee mit uns!»

Verblüfft nahm ich das Angebot an. Wir setzten uns an den Kamin mit dem prasselnden Feuer, das mich die feuchte Novemberkälte vergessen ließ. Das Engagement der drei Herren, jeden Gast zufriedenzustellen, selbst mich, der man ohne viel Federlesens einfach den Gutschein hätte tauschen können, war bemerkenswert. Der Küchenchef zeigte mir den Menüplan des letzten Kochkurses. Mir lief beim Lesen das Wasser im Munde zusammen.

Die beiden Geschäftsführer erzählten von den herrlichen Buffets an den Weihnachtstagen und den musikalischen

Veranstaltungen im Hotel. Zum Abschluss wurde ich durch das gesamte Haus geführt, das mit seinen vielen Winkeln so urgemütlich wirkt. Ich ließ nichts aus: Wellness-Bereich, Tagungszimmer, Show-Küche, Bar, Bibliothek, Kegelbahn, verschiedene Restaurantbereiche und Fremdenzimmer, von denen keines dem anderen gleicht.

Diese überaus gastfreundliche «Attacke» verfehlte ihre Wirkung nicht. Auf einmal fühlte ich mich irgendwie dazugehörig. Vom Umtausch meines Gutscheins wollte ich nichts mehr wissen, im Gegenteil: Ich freute mich auf den Kochkurs.

Am zweiten Advent ging es los. Außer den beiden Mittvierzigerinnen, die sich etwas geziert und etwas zu laut über das hoffentlich zu erwartende «gehobene Ambiente» unterhielten, war unser Grüppchen von insgesamt acht Personen noch etwas befangen. Der Küchenchef empfing uns mit einem Glas Sekt und überreichte uns lange rote Latzschürzen mit der Aufschrift «*Waldhaus* Kochkurs», die wir behalten durften. Beim Blick auf die geplante Speisefolge beschlichen mich leise Zweifel, dass wir alles bis Mitternacht gekocht und aufgegessen haben würden.

Kochkursmenü

Crèpinette von der Wildente auf Shii-Take-Pilzen mit Preiselbeersauce

Schaumsüppchen von Kastanien und Sellerie mit Trüffel

Steinbuttfilet auf Lauchgemüse in Wermutsauce

Kalbsfilet im Ganzen gebraten mit Balsamicojus, Steckrüben, Strauchtomaten, Brokkoli und Petersilienwurzeln

Grütze von exotischen Früchten mit Mascarponemousse

Es folgte eine Kochbesprechung, der ich leider etwas unkonzentriert zuhörte, weil ich die anderen Teilnehmer musterte. Mir gegenüber saßen die beiden Freundinnen, die mir schon vorher aufgefallen waren. Mary und Betty hießen sie (oder nannten sich so). Sie hatten den Sekt für «durchaus trinkenswert» erklärt und bereits das zweite Glas geleert.

Daneben saß ein junger Mann, der nervös seine Brille putzte. Auf seinem Namensschild stand «Tim». Es folgte das Ehepaar Klaus und Karin. Sie schien sich zu langweilen und betrachtete ebenso wie ich die Anwesenden, während Klaus gespannt den Ausführungen unseres Chefkochs zuhörte. Rechts und links von mir saßen Lilly, eine superschlanke Dame, die sich emsig Notizen machte, und die rundliche, sehr traurig wirkende Ina.

Wir Kochschüler hatten beschlossen, uns für diesen Tag zu duzen, weil uns das gemeinsame Kochen mit «Frau Anckelmann-Winterhof, würden Sie mir bitte einmal den Kartoffelstampfer rüberreichen?» zu umständlich erschien.

Als ich gerade wieder versuchte, dem Küchenchef zuzuhören, klingelte mein Handy. Ich ging nach draußen und hörte mir die Klagelieder meiner Familie an: «Mama, wo sind das Backpulver und die Pufferform? Und Oma ist unmöglich, die kommandiert uns nur rum und tut selbst nichts!» Ich gab konkrete Hinweise, empfahl, sich mit Oma zu arrangieren, und legte schnell auf.

Im «Zirbelstübchen» begannen die Vorbereitungen für das Menü. Von dem halboffenen Raum konnte ich die weihnachtlich geschmückte Lobby überblicken, was ich sehr genoss. Diese Freude teilte ich mit Karin, die sich den emsigen Bemühungen der anderen entzog, das Gemüse so gekonnt zu zerkleinern, wie unser Chefkoch es vormachte. Dafür erteilte sie ihrem Klaus ständig Anweisungen, wie er es besser machen könne. Klaus schien das nicht zu merken, war mit Feuereifer bei der Sache und blieb ebenso gelassen wie der Küchenchef.

Ich schnappte mir eine Steckrübe und stellte mich neben die traurige Ina, die Zwiebeln in winzige Stückchen schnitt. Ich wusste nicht, ob es von den Zwiebeln kam, aber aus Inas Augen tropften dicke Tränen.

Mein Handy klingelte erneut, und die Blicke der anderen und des Küchenchefs waren schon etwas genervt.

Die Stimme meiner Tochter überschlug sich: «Mama, Papa hat sich ganz doll mit dem Küchenmesser geschnitten. Muss er jetzt sterben?» – «Nein, wo ist er denn?» – «Er sitzt auf dem Sofa. Oma hat ihm ein Pflaster um den Finger geklebt und ihm Medizin gegeben.» – «Was für Medizin?», fragte ich misstrauisch. «Auf der Flasche steht W-h-i-s-k-y», buchstabierte sie, «und Oma hat auch Medizin genommen.» – «Dann werden beide überleben. Kocht mal schön weiter!» Ich legte schnell auf und widmete mich kraftvoll meinen Steckrüben. Ina neben mir seufzte tief. «Na, zu viele Zwiebeln geschnitten?», fragte ich ungeschickt, aber mitfühlend. «Nein, aber ich hätte auch so gerne eine Familie gehabt.»

Gerade wollte ich ihr meine Familie schenken, da begann sie, während wir emsig weiter schnippelten und hackten, ihre Geschichte zu erzählen: «Ich bin alleine. In der Weihnachtszeit ist es am schlimmsten. Darum habe ich mich zum Kochkurs angemeldet. Hier bin ich wenigstens unter Menschen.» Nach Wirsingkohl- und Lauchputzen wusste ich, dass Ina seit zehn Jahren um ihre große Liebe trauerte. Es hatte einen Streit gegeben, man war auseinandergegangen, und sie wusste nur, dass Peter heute zur See fuhr. Um sie wenigstens ein wenig aufzumuntern, lud ich sie für Heiligabend zu uns ein. Wir hatten ohnehin mehrere Gäste eingeladen, und einer alten Sitte folgend legten wir immer ein Gedeck mehr auf, falls jemand an die Tür klopfte.

Ina schaute ungläubig und zierte sich noch ein wenig, aber nun rollten Tränen der Rührung über ihr Gesicht. Als der Küchenchef uns zum Finale der Vorspeisenzubereitung zusammenrief, konnte sie tatsächlich lächeln.

So ganz nebenbei hatte uns unser Lehrmeister doch schon eine Menge Tricks beigebracht. Ina und ich hatten gelernt, fast professionell Unmengen von Gemüse zu putzen. Mary und Betty waren eigentlich doch ganz nett und hatten Butter und Brühe geklärt. Tim hatte zusammen mit Klaus Braten und Fisch vorbereitet und in einer Pause zu unserer und zur Freude der Gäste Walzer von Franz Schubert auf dem Klavier gespielt – wobei seine rote Kochschürze alle erheiterte. Klaus war der absolute Musterschüler, trotzdem passierte ausgerechnet ihm ein Missgeschick. Er schnitt sich mit einem der für uns Laien ungewöhnlich scharfen Küchenmesser in den Finger. Nachdem er versorgt worden war, scherzte Henrik Elbers, er bekomme von dem nahe gelegenen Krankenhaus eine Prämie für jeden Schnitt, der dort genäht werden müsse. Dann erzählte ich von dem Fall, der fast zeitgleich bei mir zu Hause abgelaufen war, und von der «Medizin», die dort Mann und Schwiegermutter vom Schock kurieren sollte. Lilly verschwand, um kurz darauf mit einem doppelten Whisky für Klaus zurückzukehren. Wir anderen tranken auf den Schreck noch ein Glas Sekt.

Lilly hatte sich offenbar mit Tim angefreundet und hatte nun Besseres zu tun, als alles mitzuschreiben. Auch die anfangs so lustlose Karin hatte ihren Platz in der Gruppe gefunden. Sie versorgte uns mit bereits klein geschnittenem Salat und gehackter Petersilie, die sie den gutmütigen Profis aus der Restaurantküche abgeluchst hatte. Der Küchenchef war so klug, es nicht zu bemerken.

Alle Vorbereitungen für das große Menü waren nun so weit abgeschlossen, dass wir darangehen konnten, einen Gang zu genießen, bevor der nächste den letzten Schliff bekam.

Wir saßen gemütlich an dem großen Tisch und waren inzwischen auch richtig hungrig. Die Stimmung war gelöst, Mary und Betty konnten allerdings nicht umhin, sich als angebliche Weinkennerinnen hervorzutun, als wir uns alle fröhlich zutranken: «Erinnerst du dich noch an die Weinprobe letzten Monat? Also, mir war der Cabernet Sauvignon noch ein Ideechen zu jung. Einen Monat länger gelagert und ...»

«Es geht weiter, meine Damen, die Saucen warten!», unterbrach der Chef die beiden zu unserer Erleichterung.

Ausgerechnet in diesem Moment klingelte wieder mein Handy. Ina rief fröhlich: «Das ist deine Schwiegermutter, der Whisky ist alle.»

Aber dieses Mal war es mein Sohn:

«Mama, der Puffer ist verbrannt, und im Gulasch ist ganz viel Wasser mit Schaum!»

«Dann bestreut den Puffer mit Puderzucker und gib mir mal Oma!»

«Oma ist schon wütend weg und hat gesagt, dass sie dieses Haus nie wieder betreten wird.»

«Das sagt sie doch immer, dann gib mir Papa!»

«Papa ist gerade draußen und bringt die Scherben von der großen Suppenterrine in die Mülltonne. Hat Oma fallen gelassen, mit Suppe!»

«Dann soll Papa das Wasser vom Gulasch abgießen und es noch einmal anbraten. Ich hab jetzt keine Zeit mehr, Tschüs!»

Wütend schaltete ich das Handy aus und versuchte mich auf die Saucenkreationen Marke *Waldhaus* zu konzentrieren, die mit reichlich Wein und Wermut und erstaunlichen Mengen Sahne ihrer Vollendung entgegenköchelten.

Aus den Augenwinkeln sah ich ungefähr zwanzig Leute etwa gleichen Alters im Restaurant-Trakt verschwinden. «Guck mal, Ina», sagte ich. «Das ist bestimmt ein Klassentreffen!»

Ina schaute hoch, stammelte «Das ist er!» und sank leichenblass auf einen Stuhl.

«Lilly, Karin, schnell ein Glas Wasser!», drängte ich,

während ich versuchte, Ina vor einer Ohnmacht zu bewahren. Sicher hatte sich Küchenchef Elbers seinen heutigen Kochkurs anders vorgestellt. Ich hörte ihn seufzen, als ich hinausrannte und die Tür zum Restaurant aufriss. Da stand ich mit meiner roten *Waldhaus*-Kochkurs-Latzschürze, und alle schauten leicht amüsiert auf mich. Ich rief in der Hoffnung, dass hier nur ein Exemplar dieses Namens anwesend war, «Peter!» in den Raum.

«Ja, bitte!?», antwortete einer der Männer und schaute mich fragend an.

«Sie werden dringend gebraucht!», behauptete ich, und unter dem Gelächter der anderen verließen wir den Raum. «Kennen Sie eine Ina?», fragte ich vorsichtshalber.

Aus Peters Gesicht wich jegliche Farbe. Ich übergab ihn dem Bar-Keeper mit der Bitte um ein Getränk, lief zu der inzwischen wiederbelebten Ina und führte die beiden, die noch halb benommen waren, zusammen.

Der gesamte Kochkurs stand in der Tür, um zu sehen, wie die beiden sich minutenlang einfach nur stumm gegenüberstanden und anschauten.

«Wie kitschig», sagte Tim. «Nach zehn Jahren jetzt die Versöhnung unter dem Adventskranz!»

«Irgendwie läuft mir dieser Kochkurs heute aus dem Ruder, wieder eine Köchin weniger», bemerkte Küchenchef Elbers und zwinkerte Karin zu, die fröhlich zurückzwinkerte.

Ohne Ina und Peter widmeten wir uns der Nachspeise, die den gemütlichen Teil des Abends einleitete. Der Kochkurs hatte großen Spaß gemacht. Gerade stellten wir fest, dass wir in Zukunft neue Messer vorsichtshalber zusammen mit einer Großpackung Pflaster kaufen wollten, da sagte Lilly: «Guck mal, wer da in die Lobby kommt. Genauso stelle ich mir deine Familie vor!»

«Ja», stöhnte ich, «das ist meine Familie!»

Die Kinder hatten mich bereits entdeckt und kamen angerannt. «Mama, Papas Freunde sind gar nicht gekommen.

Das Gulasch hat überhaupt nicht geschmeckt, und wann backen wir endlich Weihnachtskekse?»

Sie bekamen die Reste der «Grütze von exotischen Früchten mit Mascarponemousse» und waren hochzufrieden.

Mein Mann umarmte mich zur Begrüßung.

«Ich habe nachgedacht», sagte er. «Ein Tag Küchendienst hat mir mal wieder gereicht. Wie wäre es, wenn wir beide ganz gemütlich essen gingen, und zwar hier im *Waldhaus*?»

«Wenn ich mal ganz ehrlich bin, würde ich hier viel lieber noch einen zweiten Kochkurs mitmachen. Von diesem habe ich nämlich nicht allzu viel mitbekommen. Und dich können wir gleich mit anmelden, dann klappt's auch mit dem Gulasch!»

Als wir uns verabschieden wollten, drückte mir der Küchenchef ein Blatt Papier in die Hand: «Hier, der absolute Schwiegermutterweichmacher für das Heiligabend-Menü. Die Spezialität unserer Küche ist Wild, und ein paar meiner Rezepte gebe ich nur für besondere Notfälle ab, so wie diese wirklich nicht allzu schwierige «Rehkitzkeule in der Salzkruste».

Ein wenig gerührt nahm ich das Rezept entgegen. In der Lobby trafen wir auf Ina und Peter, die sich Arm in Arm viel zu erzählen hatten.

«Na, Ina», sagte ich. «Soll ich dir noch schnell meine Adresse für Heiligabend aufschreiben?»

Sie lächelte und schien im siebenten Himmel zu sein, als sie antwortete und dabei tatsächlich errötete:

«Peter und ich haben gerade beschlossen, uns über Weihnachten im *Waldhaus* ein Zimmer zu mieten …»

«Oh», sagte mein Mann, «und ich habe dir noch gar nicht gesagt, dass drei von meinen Fußballfreunden an Heiligabend zu uns kommen. Sie sind sonst alleine. Wie viele Leute hast du denn noch eingeladen?»

Wir lachten, und ich war mir sicher, dass ich dieses Jahr

mit Hilfe von Henrik Elbers' Rezept auch die Schwiegermutter zufriedenstellen würde. Aber morgen würde ich mit den Kindern erst einmal Weihnachtskekse backen.

Rehkitzkeule in der Salzkruste

Zutaten für 4 Personen:

1 Rehkitzkeule, ca. 1 kg, 6 Scheiben fetten Speck, 1 Zweig Rosmarin, 2 geh. TL Lebkuchengewürz, 3 Orangen, 1,5 kg Meersalz, 4 Eier, 100 ml roten Portwein, 20 ml Grand Marnier, 500 ml Wildfond, Pfeffer

Zubereitung:

Zunächst die Knochen der Rehkeule auslösen, wobei der Röhrenknochen hohl auszulösen ist (die Keule sollte nicht dabei aufgeschnitten werden, ansonsten würden die Bratenscheiben später auseinanderfallen). Beim fetten Speck darauf achten, dass die Scheiben möglichst groß ausfallen, am besten hochkant schneiden.

Die vorbereitete Rehkeule wird mit einem TL Lebkuchengewürz, etwas Pfeffer, dem Abrieb einer Orange und dem fein gehackten Rosmarin gleichmäßig eingerieben. Anschließend wird die Rehkeule mit dem fetten Speck ganz eingewickelt.

Nun werden die Eier getrennt und das Eiklar mit dem Salz gut vermengt. Etwa ⅓ dieser Masse in eine gefettete Pfanne geben und etwas verteilen, dann die Rehkeule daraufsetzen. Mit der restlichen Salzmasse wird die Rehkeule abgedeckt, ohne Löcher entstehen zu lassen. Sofort in den vorgeheizten Backofen stellen und bei 200° C 35 Minuten backen und anschließend weitere 25 Minuten bei 140° C ziehen lassen.

In der Zwischenzeit von zwei Orangen die Schale in feine Streifen schneiden und zusammen mit dem Saft aller

drei Orangen, dem Portwein, dem Grand Marnier und dem zweiten gehäuften Teelöffel Lebkuchengewürz auf ein Viertel einkochen. Wildfond aufgießen und die Sauce leicht binden.

Als Beilage passen zur Weihnachtszeit Kartoffelknödel (sehr gut auch mit Dörrobst gefüllt) und mit Cassislikör abgeschmeckter Rotkohl!

Marlies Kalbhenn

Weihnachtsgäste

Die mit der heiseren Kehle und den zerkratzten Stimmbändern

Eben hat meine Mutter abgesagt. Sie fühle sich unpässlich. Erst gestern teilte mir Georg am Telefon mit, er habe die Nase voll von mir und überhaupt, und jetzt sagte auch noch meine Mutter ab!

Ich habe schon lange die Nase voll von dir, Georg. Von dir auch, Mama, von dir und deinen ständigen Unpässlichkeiten. Und ich habe die Nase oder richtiger die Ohren voll von Roger Whittaker, der sie mir seit vier Wochen von morgens bis abends buchstäblich zuschmalzt: «O come, all ye faithful, joyful and triumphant – Herbei o ihr Gläubigen ...» Aber er lockt nicht die Gläubigen herbei, sondern die Glühweindrosseln aus allen Teilen der Republik und aus dem benachbarten Holland, die mit Hunderten Busladungen vorfahren und von Tag zu Tag zunehmen. Dazu kommen die Bahn- und PKW-Reisenden, für die es viel zu wenige öffentliche Toiletten gibt.

Ich habe die Nase gestrichen voll, die Ohren auch und von den Augen gar nicht zu reden. Sechs Weihnachtsmärkte gibt es mittlerweile in unserer «historischen Altstadt», in der ich elf Monate lang gern wohne. Nur im Dezember möchte ich jedes Mal Reißaus nehmen. Leider geht das nicht, denn mein Buchlädchen macht in diesen Wochen den Hauptumsatz des Jahres. Und das bedeutet Urlaubssperre. Aber seit einer halben Stunde ist das Lädchen geschlossen. Das Weihnachtsgeschäft ist gelaufen. Und laufen, das werde ich jetzt auch tun: Weglaufen, beziehungsweise wegfahren.

Ich werfe die teure Nordmanntanne, auf der Georg bestanden hatte und die er heute selbst schmücken wollte, über den Balkon in den Hof. Das Kopfschütteln einer der Nonnen, die im gegenüberliegenden Kloster im Schatten des Domes ihrem freundlichen, frommen Wesen nachgehen, ignorierend. Ich schätze die Haubenfrauen sehr, manchmal beneide ich sie sogar ihres unerschütterlichen Glaubens und ihres geordneten Lebens wegen: Gebet und Arbeit, Arbeit und Gebet im steten Wechsel, ohne Männer, ohne Mütter – einmal abgesehen von Jesus ... und Maria, dem Bischof und der Oberin.

Ich packe ein paar Sachen ein, stelle die Heizung ab und biete Inga, die unter mir wohnt, den Inhalt meines mit erlesenen Köstlichkeiten gefüllten Kühlschranks an. Inga, die Hungerleiderin, strahlt. Wenigstens eine, die sich freut. Als ich im Auto sitze, atme ich tief durch.

Wohin will ich eigentlich? Auf alle Fälle nach Süden. München vielleicht. Oder Salzburg. Warum nicht? In beiden Städten war ich noch nicht. Da ich keine geübte Autofahrerin bin, werde ich vermutlich nicht vor morgen früh da sein. Und dann werde ich ausschlafen. Morgen und übermorgen nichts als ausschlafen. Dann ist der Spuk mal wieder vorbei, und ich habe noch bis Neujahr frei.

Im Autoradio Roger Whittaker: «Herbei, o ihr Gläubigen ...» Ich stelle das Radio aus und lege eine Piaf-CD ein: «Non, rien de rien, non, je ne regrette rien ...»

Irgendwann fängt es an zu schneien. Einzelne Flöckchen tanzen vor der Windschutzscheibe. Schön sieht das aus!

Ich bin fast allein unterwegs. Selten überholt mich ein Auto. Auf der Gegenfahrbahn ist genauso wenig los. Eigenartig! Aber ich war auch noch nie am Heiligen Abend auf der Autobahn.

Es schneit und schneit! Dicke, dichte Flocken fallen jetzt. Auf der Fahrbahn liegt schon eine geschlossene Schneedecke. Wenn das so weitergeht, fährt bald überhaupt nichts mehr. Und kein Schneepflug ist weit und breit zu sehen.

Langsam gerate ich in Panik. Panische Stunde. Aber doch nicht in dieser Nacht! Oder gerade doch in dieser Nacht? Warum bin ich in der letzten Zeit nicht häufiger gefahren? Warum habe ich keine Schneeketten? Nicht einmal Winterreifen? Warum bin ich hier? Noch dazu allein? Wo bleibt der Streudienst?

Ich werde auf den nächsten Parkplatz fahren müssen und dort stehen bleiben, bis ich erfroren bin. Georg, Mama, ihr werdet schon sehen, was ihr davon habt, mich einfach sitzen zu lassen.

Kein Parkplatz ist in Sicht, aber eine Ausfahrt. Das Ortsschild ist verschneit. Ich muss irgendwo im Raum Frankfurt sein. Ob der Ort ein Hotel hat?

Natürlich sehe ich auch hier keine Menschenseele. Wie denn auch? Was habe ich erwartet? Es ist längst dunkel und Zeit für Kirche und Krippenspiel. «Und sie fanden keinen Raum in der Herberge.» Wenn nicht gleich eine Menschenseele auftaucht, die ich fragen kann, werde ich nie eine Herberge finden.

Endlich erscheint ein Mann mit seinem Hund. «Entschuldigen Sie, können Sie mir sagen, ob es hier ein Hotel gibt?»

«Hotel?», wiederholt er gedehnt.

«Ja, oder eine Pension. Der Schnee hat mich überrascht.»

Er kratzt sich am Kopf. «Ja, es gibt ein Hotel, aber das ist über Weihnachten geschlossen, das heißt, geschlossen eigentlich nicht. Die Hotelbesitzerin …»

«Was ist mit ihr?»

«Sie ist ein bisschen meschugge, wenn Sie wissen, was ich meine.»

«Gibt es noch eine andere Möglichkeit?»

«Ich glaube nicht. Heiligabend ist ja jeder gern für sich, ich meine, in der Familie. Ich muss dann auch, die Frau wartet schon mit der Gans. Ich musste nur wegen des Hunds noch einmal raus.»

Bevor er mir ein frohes Fest wünscht, zeigt er mir den Weg zum Hotel und zehn lange, bange Minuten später, in denen ich mehr gerutscht als gefahren bin, parke ich vor einer noblen Villa, aus der alles andere als weihnachtliche Musik dringt.

Nachdem ich mehrmals auf den Klingelknopf gedrückt habe, öffnet mir eine Frau, die vielleicht sechzig, vielleicht siebzig Jahre alt sein mag. «Es tut mir Leid», sagt sie, «über Weihnachten ist das Haus geschlossen.»

«Ich dachte – die Musik ...»

«Geschlossene Gesellschaft», lacht sie, fügt aber sofort hinzu: «Entschuldigen Sie, Sie würden hier nicht stehen, wenn Sie nicht dringend ein Zimmer benötigten. Stimmt's?» Sie wartet meine Antwort nicht ab. «Die Hotelzimmer sind zwar alle belegt, aber ich habe ja noch mein privates Gästezimmer. Also, wenn Sie wollen ...»

Da ich keine Wahl habe, folge ich der Hotelbesitzerin, die ich Charlotte nennen soll, in ihre Wohnung, die so nobel eingerichtet ist wie das ganze Hotel. «Fühlen Sie sich wie zu Hause», sagt sie und zeigt auf die Badezimmertür. «Wenn Sie vielleicht eine heiße Dusche oder ein Bad ... Mich müssen Sie entschuldigen, ich werde in der Küche gebraucht.»

«Danke.»

«Ach ja, in etwa einer Stunde gibt es Abendessen. Sie sind natürlich eingeladen. Und hinterher ...»

«Ich bin sehr müde. Ich möchte eigentlich nur schlafen.»

«Wie Sie wollen. Aber Sie werden etwas verpassen. Es sind ganz besondere Gäste da. Und nach dem Essen werden wir ein kleines Spiel inszenieren.»

O nein, denke ich, bloß kein Krippenspiel! Aber ich will nicht unhöflich sein und sage: «Mal sehen, vielleicht.»

«Dann bis später», sagt sie fröhlich und verschwindet.

Die Dusche tut gut. Aber sie hat mich munter gemacht, was sie nicht sollte: Munter und hungrig. Ich habe heute früh eine Scheibe Toast gegessen, mehr nicht. Vielleicht sollte ich doch …? Auch wenn ich nicht die passende Kleidung für diese Nobelherberge habe. Jugendstil, wenn ich mich nicht täusche. Warum habe ich nur das kleine Schwarze nicht eingepackt?

Ich gehe die Treppe hinunter und dann dem Stimmengewirr nach. An der Tür zum Speisesaal steht Charlotte. «Ich habe gewusst, dass Sie kommen!»

Rund fünfundzwanzig Männer und fünf Frauen sitzen an der langen, festlich geschmückten Tafel. In einer Ecke des großen Raumes steht der unvermeidliche Weihnachtsbaum, ein gewaltiges Exemplar, das fast unter die Decke reicht. Geschmückt ist er reichlich bunt. ‹Gewöhnungsbedürftig!› – würde Georg sagen, während meine Mutter sich nicht genieren würde, das Kind beim Namen zu nennen: ‹Kitschig›!

«Jeder Gast hängt den Schmuck an den Baum, den er möchte», sagt Charlotte. «Im Laufe der Jahre ist ein großer Fundus zusammengekommen, aus dem die Gäste wählen können.»

Erst jetzt mustere ich die Gäste, die so ganz anders sind, als ich sie mir vorgestellt habe. Vielleicht wäre ich besser oben geblieben!

«Als mein Mann noch lebte, hatten wir über Weihnachten und Neujahr geschlossen. Es war die einzige Zeit, in der wir verreisen konnten, aber seit Philipp tot ist, verreise ich nicht mehr. Dafür leiste ich mir seit sieben Jahren den Luxus, über Weihnachten Gäste einzuladen, die nicht wissen, wo und wie sie das Fest verbringen sollen.»

«So wie ich!»

«Sie sind ein Sonderfall und nur zufällig hereingeschneit. Nein, ich meine Menschen von der Straße. Obdachlose Männer und Frauen, Nichtsesshafte, Gestrauchelte, gerade aus dem Gefängnis Entlassene. Viele sind Stammgäste. Aber jedes Jahr kommen neue hinzu, weil andere nicht mehr auffindbar, weggezogen oder weggestorben sind, wie auch immer.»

«Und Sie haben keine Angst, dass Ihre – Ihre Weihnachtsgäste andere davon abhalten könnten, in Ihrem Hotel abzusteigen?»

«Sie meinen, wenn sich herumspricht, wen ich beherberge, wenn das Haus angeblich geschlossen hat?»

«Ja.»

«Es hat sich schon herumgesprochen, aber es kommen schon lange keine Feriengäste mehr. Dafür Geschäftsleute, die höchstens drei Nächte bleiben, außerdem Bauarbeiter und Monteure. Wenn sie wegbleiben, weil ... Nun, dann kann ich es nicht ändern. Vielleicht halte ich das Hotel auch nur noch um meiner Weihnachtsgäste willen. – Kommen Sie, Dorothee, es wird Zeit, dass ich sie Ihnen vorstelle.»

Links von mir sitzt Anton, der das ganze Jahr über unter einer Mainbrücke wohnt und sich das ganze Jahr auf diese Tage hier freut. «Sie ist ein Engel», sagt er und zeigt auf Charlotte und dann auf seine neuen Sachen. Hose und Pullover hat er von ihr bekommen. «Sie ist ein Engel, Fräulein, ein wirklicher Engel.»

Rechts von mir sitzt sein «Kollege» Bertram, ein dicker alter Mann, der nach Tabak und Fusel riecht, und mir gegenüber eine ausgehungerte junge Frau, die die Männer Lily nennen. «Ein Engel», bestätigt Lily und streicht behutsam über ihre neue Bluse.

Charlotte trägt zusammen mit ihrem Koch das Essen auf. Als Anton und Bertram ächzend aufstehen und ihr helfen wollen, lehnt sie freundlich, aber bestimmt ab. «Morgen früh dürfen Sie mir helfen. Heute Abend ist es mir eine Ehre, Sie zu bedienen.»

Es gibt Suppe, dann Fleisch, Gemüse, Kartoffeln und zuletzt warmen Schokoladenpudding mit Vanillesoße. Das Stimmengewirr ist verstummt. Charlottes Gäste essen. Wie eigentlich? Andächtig. Ja, irgendwie andächtig. Und es stört überhaupt nicht, dass einige den Gebrauch von Messer und Gabel gar nicht erst gelernt oder wieder verlernt haben, dass Anton, der miserable Zähne hat, das Fleisch in Häppchen schneidet und Kartoffeln und Soße mit der Gabel zermatscht, dass Lily mit dem Zeigefinger die Reste vom Schokoladenpudding aus dem Schälchen tupft und genießerisch den Finger ableckt, bevor sie sich mit einem wohligen Seufzer zurücklehnt.

Nach dem Essen verteilt Charlotte Päckchen. Sie enthalten ein Stückchen kostbare Seife, ebenso kostbare Schokolade und andere kleine Dinge, die nicht nützlich sind, sondern nur schön. Die nützlichen Dinge haben ihre Gäste schon heute Morgen erhalten. Auch ich bekomme ein solches Päckchen.

Als alle Geschenke bewundert und auf die Zimmer gebracht worden sind, als der Speisesaal umgeräumt ist, bekommt Charlotte ihr Geschenk, das sie sich jedes Jahr von ihren Gästen wünscht: das Krippenspiel, bei dem sie selbst Regie führt.

«Ich war einmal Schauspielerin», erklärt sie mir, «keine sehr begnadete. Nach der Hochzeit übernahm ich mit meinem Mann dieses Haus. Seit damals habe ich nie wieder auf den Brettern gestanden, die die Welt bedeuten. Und ich habe es nie bedauert. Aber das hier, das müssen Sie einfach erleben. Ein solches Schauspiel kann Ihnen kein Staatstheater bieten.»

Ich setze mich zu denen, die heute Abend das Publikum bilden. Charlotte erzählt die Weihnachtsgeschichte und sagt den Darstellern die kurzen Sätze vor, die sie zu sagen haben. Sie wiederholen sie mit eigenen Worten, fügen mitunter hinzu, was ihnen gerade einfällt.

In diesem Jahr spielt Lily die Maria. Sie hat sich ein Kissen unter ihre neue Bluse geschoben und faltet die Hände unter ihrem dicken Bauch. Ich habe nie eine so abgehärmte, nie eine so anmutige Maria gesehen. Anton mit den miserablen Zähnen und einer schlecht sitzenden Beinprothese, die er mühsam nachzieht, ist ein anrührend fürsorglicher Josef. Als Paul, der den Wirt spielt, dieses unglaubliche Paar abweist, erntet er Buhrufe aus dem Publikum. Er verteidigt sich: «Ich sage doch nur, was Charlotte mir vorsagt.» Es hilft ihm nicht viel. Weil einer der Männer, die hinter mir sitzen, ihm sogar Prügel androht, ändert Paul den Text und bietet Lily das beste Zimmer an, das sein Haus hergibt. Charlotte muss eingreifen, die Gemüter beruhigen, damit das Spiel weitergehen kann. Aber erst, als fünf Hirten, darunter Bertram, auf dem Parkettboden ihr Lager aufschlagen, sich umständlich mit Zeitungspapier zudecken und doch nicht warm werden wollen, ist es wieder still im Raum, sehr still. Und dann ist wieder die hinreißende Lily dran, die das Jesuskind zur Welt bringt, indem sie das Kissen unter der Bluse hervorzieht und mit einem Jubelschrei wegwirft, eine Puppe aus der Krippe nimmt und sie mit einem so glückseligen Lächeln in den Armen wiegt, dass ich weinen muss.

Gesungen wird auch noch an diesem merkwürdigen Christabend, aus heiseren Kehlen und mit zerkratzten Stimmbändern: dem zur Ehre, der in einer Nacht wie dieser geboren wurde ... und für die mit den heiser geschrienen Kehlen und zerkratzten Stimmbändern sein Leben gegeben hat.

Charlotte hat mir angeboten zu bleiben, solange ich mag. Ich werde es mir überlegen. Als ich in ihrem warmen, weichen Gästebett liege, muss ich an das Lied denken, das ich den letzten vier Wochen bis zum Überdruss gehört habe: «Herbei, o, ihr Gläubigen, fröhlich triumphieret, o kommet, o kommet nach Bethlehem! Sehet das Kindlein, uns zum Heil geboren ...»

Ich danke Ihnen, Roger Whittaker! Ich danke dir, Georg! Ja, auch dir, Mama, danke ich! Hättet ihr mich heuer nicht in die Flucht getrieben, hätte ich diesen Abend nicht erlebt, diesen ersten «heiligen» Abend meines Lebens.

Sigrun Kiesewetter

Vielleicht galoppiert ja der Schimmelreiter vorbei

Weihnachtliches Aalessen mit Nolde in Bongsiel

Kennen Sie Bongsiel? Nicht? Dann werden Sie auch nicht den gleichnamigen traditionellen Gasthof mit Hotelbetrieb kennen, der in der nordfriesischen Landschaft – nahe Bredstedt – direkt hinter dem Deich steht. Es war einmal das Haus des Schleusenwärters. Auch dort fuhren die Schiffe zu den nordfriesischen Halligen ab.

Seitdem die Landgewinnung betrieben und die Köge eingedeicht wurden, trieb man die Nordsee immer weiter zurück. Zwischen dem ersten und dem zweiten Deich, direkt vor dem Gasthof, ist dadurch ein Kanal entstanden, an dem Enten und allerlei andere Vögel ihre Heimat gefunden haben mit ihrem gemütlichen Gepiepse und Geschnatter. Im Frühling werden Sie die Königin der Singvögel, die Lerche, die in der Weite der Wiesen ihre Nester baut und mit ihrem wunderschönen Gesang in die Unendlichkeit dieses Himmels aufsteigt, hören.

Wenn Sie dann das Gasthaus betreten, wird Ihnen vielleicht die junge, hübsche und sympathische Hamburger Malerin Carolin Beyer begegnen, die gleich links gegenüber der Gaststube in dem großen Festsaal ihre großflächigen, leuchtenden Gemälde ausstellt. Der nordfriesische Menschenschlag fesselt die junge Malerin, und sie porträtierte zum Beispiel Hanni Thamsen, den Wirt, seine Frau Elsbe mit Dackel Pauline, den Sohn mit Gummistiefeln und die beiden kleinen aschblonden Kinder, die vor dem Haus in den Pfützen spielen. Dann malt sie immer wieder die weite Landschaft, die der riesige Himmel mit der bauschigen

Wolkenbildung bis zum Horizont überwölbt. Und dann das Meer: von der ruhigen, silberglänzenden Fläche bis zu den schwarzen, wild sich aufbäumenden, bedrohlichen Wogen, dem «Blanken Hans».

Wenn Sie dann gegenüber in die gemütliche Gaststube treten, fallen Ihnen erst die alten Delfter Kacheln auf, die den Schanktisch und die Wände schmücken. Und dann die Bilder!! Alle Wände sind voll von Arbeiten nordfriesischer Maler, insgesamt 150 Gemälde von Leopold Graf von Kalckreuth, Alex Eckener, Hans Peter Feddersen bis hin zu drei Arbeiten von Emil Nolde. Von all diesen Eindrücken überwältigt, setzen Sie sich auf eine Eckbank bei einem frisch gezapften Glas Bier nieder und lernen die Familie Thamsen kennen.

Hanni, der Hotelbesitzer, wird Ihnen interessante und amüsante Geschichten von vielen Künstlern und Politikern erzählen, die sich hier schon haben verwöhnen lassen, zum Beispiel mit seiner berühmten Aalplatte, «Bongsieler Platte» genannt. Sie besteht aus Brataal, Räucheraal, Aal in «Glibber» (Gelee), Krabben und dem besten Kartoffelsalat weit und breit. Sie werden die Geschichte hören, wie Helmut Schmidt in der Zeit, als er Bundeskanzler war, sich zum Aalessen angemeldet hatte. Alles wurde vorbereitet. Der Hubschrauber sollte auf einer dem Hotel zugehörenden Fennen (Wiesen) landen. Nun hatte es aber sehr lange geregnet. Die Wiesen waren aufgeweicht. Da kam Hanni auf die Idee, Holzplanken vom Landungsplatz bis zum Haus zu legen, die ein Nachbarbauer besaß. Als er sein Ansinnen dem Nachbarn vortrug, antwortete dieser: «Een roter Hund kummt mi nich över min Planken!» So kam es, dass Helmut Schmidt durch den Matsch seiner ersehnten Bongsieler Platte entgegenwaten musste. Auch er wird sicherlich den Spruch gehört haben, der hier jedem Gast als Beigabe aufgetischt wird, wenn man das reichhaltige Essen nicht schaffen konnte: «Wenn man satt ist, ist dat noch lange kein Grund aufzuhören!»

Er wird Ihnen auch jene Geschichte erzählen von dem Maler Reinhold Rudolf Junghanns, der den Vater Lauritz Thamsen eines Tages porträtierte. Während der Sitzung philosophierten Maler und Modell über die Frauen und gerieten darüber derart in Streit, dass Thamsen seinen Stock nach dem Maler warf. Er traf jedoch nicht ihn, sondern sein eigenes Portrait und beschädigte die Mundpartie des Bildes. Wutentbrannt verließ er die Stätte. Dieses Bild hängt unvollendet, die Stelle nicht repariert, auch in der Gaststube. Die beiden Männer haben sich übrigens nie wieder versöhnt.

Wenn Sie sich entschließen, in der Weihnachtszeit dort hinzufahren (das Hotel hat 15 Zimmer), wird Ihr Gaumen mit leckerem Essen, Ihre Augen mit all der Kunst, die Sie in der warmen Gaststube umgibt, verwöhnt werden. Und wenn Sie dann in einer mystischen, magischen Weihnachtsnacht auf dem Deich stehen und der Sturm umbraust Sie und der Nebel hüllt Sie ein und Sie haben viel Geduld und tauchen allmählich in die Unendlichkeit ein, kann es passieren, dass nicht nur der Schimmelreiter mit seinem schwarzen wehenden Umhang an Ihnen vorbeigaloppiert, sondern Sie werden auch den Polizisten auf dem Deich gegen den Wind anstrampeln sehen in Richtung Seebüll, dem Wohnsitz des großen Meisters Emil Nolde. Dieser hatte nämlich Malverbot während der Nazizeit, ignorierte dieses Verbot und malte seine «ungemalten» Bilder. Er konnte nämlich mit seinen hellblauen Adleraugen den Polizisten von weitem auf dem Deich entgegenkommen sehen und hatte Zeit, die kleinformatigen Bilder in einer Abseite hinter dem Schrank in Ruhe zu verstecken.

Wenn es Ihnen gelingt, sich noch weiter in Geduld zu üben, wird sich der Nebelvorhang teilen und er selbst, Emil Nolde, wird in seinem langen Mantel, dem großkrempigen Hut, der Maltasche unter dem Arm an Ihnen vorbei auf den Gasthof zusteuern. Sein Freund Lauritz Thamsen wird ihn begrüßen, und die beiden Männer werden neben dem großen, reich geschmückten Weihnachtsbaum gegenüber dem Kachelofen Platz nehmen. Wenn Sie nun ganz leise und aufmerksam wie ein Mäuschen sind, können Sie das Gespräch der beiden Männer verfolgen, in dem Nolde Thamsen bittet, an seinem 70. Geburtstag für ihn und seine 100 Gäste zu kochen.

So ist es dann auch geschehen, und als Nolde seinen Kumpel nach dem gelungenen Festessen bezahlen wollte, da antwortete dieser: «Nee, Emil, dat lot man sien. Kunst mutt mit Kunst betåålt warr'n!» So kam es, dass der Jünglingskopf von Emil Nolde seitdem neben zwei anderen Arbeiten von ihm in der *Gaststube Bongsiel* hängt.

* * *

Bongsieler Gericht:

Gebratener Aal

Aal häuten und salzen, mit zwei Dritteln Mehl und einem Drittel Semmelmehl panieren. Mit halb Öl und halb Butter braten. Dann mit Zitrone beträufeln.

Kartoffelsalat

Kartoffeln kochen, pellen, einen Tag abkühlen lassen. In dünne Scheiben schneiden.

Marinade:

Ein Drittel Quark, ein Drittel Joghurt, ein Drittel Mayonnaise, Zwiebelwürfel, Würfel von sauren Gurken, Senf. Mit Salz, Pfeffer und Gurkenwasser abschmecken.

Rote Grütze

(«Norddeutscher Küstenfraß», O-Ton Hanni Thamsen)

Rote Früchte mit Zimtstangen und Apfelsaft kochen. Zucker hinzufügen. Mit Vanillepuddingpulver binden. Kalt werden lassen. Servieren wahlweise mit Vanilleeis oder Sahne oder Vanillesoße oder Milch.

Angelika Gardiner

«Er stand auf seines Daches Zinnen ...»

Die Hundertwasser-Therme im steirischen Bad Blumau ist ein Wintertraum

Ein so genannter Baulöwe begegnet auf einem Empfang im Wiener Schloss Schönbrunn einem als Exzentriker international bekannten Künstler. Sagt der eine zum anderen: «Ich habe eine hundert Grad heiße Quelle, und Sie heißen Hundertwasser. Da müssten wir doch zusammen was draus machen können!» Der Mann vom Bau und der bärtige Maler mit den verschiedenfarbigen Socken werden sich noch an Ort und Stelle einig. Per Handschlag besiegeln sie ein Projekt, das beide später als ihr «Meisterwerk» bezeichnen – und das heute der östlichen Steiermark ein ungewöhnliches Glanzlicht aufsetzt: die *Hundertwasser-Therme* Bad Blumau.

Friedensreich Hundertwasser ist nicht jedermanns Geschmack. Meiner auch nicht unbedingt. Aber seit ich, bei der Ankunft noch an Leib und Seele erschöpft, mitten aus dem Weihnachtstrubel heraus, ein paar Tage in dem heiteren Gesamtkunstwerk Bad Blumau zugebracht habe, bin ich von meinem ästhetischen Hochmut geheilt. Und noch nie habe ich mich so schnell so gut erholt.

In der sanften Hügellandschaft unweit der ungarischen Grenze ist eine Hymne an das verspielte kleine Kind in jedem Menschen entstanden. Wie in einem Märchenbuch blinzeln vielfarbige Augenschlitzhäuser aus dem Waldhang, auf geschwungenen Dächern wachsen Büsche und Bäume, und vergoldete Zwiebeltürme leuchten in der Sonne. Von den 2500 bunt gerahmten Fenstern ist keines wie das andere, keine der bauchigen Säulen in den drei Haupthäusern gleicht einer anderen. Dampf steigt aus den Wasserbecken im Außenbereich, und ein sanfter Nebelschleier mildert das Leuchten der Farben in der weitläufigen Anlage. In der Weihnachtszeit tauchen 23 Lichterbäume die verschneite Thermenlandschaft in feenhaften Glitzer. Wenn dann noch der örtliche Kirchenchor samt Hornbläsern festliche Musik anstimmt, da müsste ein menschliches Gemüt schon sehr verstockt sein, um nicht butterweich und friedlich zu werden.

Friedensreich Hundertwasser, der gerade Linien in der Architektur für «gottlos und verbrecherisch» hielt, hat sich in Bad Blumau gestalterisch so ausleben können wie in keinem anderen seiner vielen Architekturprojekte. Der Mann muss sich höchstpersönlich um jedes Detail gekümmert haben, von der Einfahrt in die Tiefgarage bis zu den Wasserhähnen der Duschkabinen. Die stilisierten Lebensbäume, aus Blattgold auf die Wände im Erdgeschoss aufgetragen und mit bucklig-rundem Fliesenlaub verziert, entzücken die Gäste genauso wie die gewellten Ziegelfußböden der Flure, die nicht nur Kinder zum Hüpfen und Tanzen verführen. Selbst die Wanddekoration der 312 komfortablen Hotelzimmer trägt die Handschrift des Meisters.

Natürlich ist das längst nicht alles. Die meisten Gäste, die sich für ein paar Tage oder länger in Bad Blumau einmieten, kommen nicht nur wegen Hundertwasser, sondern ihrer Gesundheit zuliebe. Aber fast alles ist anders als in einem der üblichen Wellness-Hotels. Drinnen und draußen sprudelt das heilkräftige Wasser in einer Badelandschaft von insgesamt 2724 Quadratmetern Wasserfläche, man schwimmt in grünen und blauen Lagunen unterschiedlicher Temperatur um Ruheinseln herum und unter geschwungenen Brücken hindurch. Am Rande, in Nischen und Höhlen sind zwar die üblichen Liegen aufgestellt, daneben aber auch doppelt breite Matratzen oder Himmelbetten wie aus 1001 Nacht.

Dass es außerdem alle möglichen Saunen, ein römisches Schwitzbad und ein türkisches Dampfbad, Infrarotkabinen und Fitnessraum gibt, versteht sich fast von selbst, aber – so Hoteldirektor Hans Peter Schroff – «das hat ja heute fast jedes Thermalbad. Wir wollen weg vom Mainstream-Angebot, hin zum ganz Besonderen.» Und so gibt es wunderbare Perlsprudelbäder, Entschlackungsbehandlungen, Klangmeditationen und sanfte Massagen, bei denen ich am liebsten schnurren möchte wie ein satter Kater. Und dann erst die Küche: steirische Bio-Köstlichkeiten, gesund und frisch. Zwischendurch kann ich mir aus großen Samowars meinen Lieblings-Kräutertee brauen oder mich aus großen Körben mit Bio-Äpfeln bedienen. Selbst in unmittelbarer Wassernähe stört kein Chlorgeruch – für mich als Allergikerin eine wahre Wonne. Die Quellen von Bad Blumau enthalten so viel natürliche Kohlensäure, dass die Becken nicht mit Chlor gereinigt werden müssen.

Nur wenige Thermalquellen in Europa sind heißer, nur wenigen wird eine stärkere Heilkraft nachgesagt. 17,6 Gramm Mineralsalze pro Liter weist die stärkste der drei Quellen, die Vulkania, auf, die mit 110 Grad Celsius aus 2483 Meter Tiefe an die Oberfläche sprudelt. Dabei war sie schon einmal zubetoniert worden. Aber das ist nur eine der vielen Denkwürdigkeiten in der jüngeren Geschichte von Bad Blumau.

Als in den siebziger Jahren die erste Ölkrise Europa verunsicherte, wurde auch in der Steiermark hektisch nach Öl gebohrt. Heraus kam allerdings überall nur unterschiedlich heißes Wasser. Das war die Geburtsstunde des «steirischen Thermenlands». Bald hatte fast jede Gemeinde südöstlich von Graz ihr Thermalbad. Als dann auch noch in Blumau heißes Wasser aus der Erde schoss, fand die steirische Landesregierung, jetzt sei es aber genug. Das Bohrloch wurde bis in 400 Meter Tiefe zubetoniert, schließlich hatte man mit Blumau andere Pläne. Die Gemeinde, eine der ärmsten in Österreich, sollte Standort einer zentralen Mülldeponie werden.

Dabei wäre es geblieben, hätte es in Blumau nicht einen Herrn Semmler gegeben, den äußerst hartnäckigen Gemeindesekretär. Der kannte die chemischen Analysen der zugeschütteten Quelle und konnte nicht einsehen, dass daraus nichts werden sollte. «Herr Semmler rief mich jahrelang immer wieder an und wollte, dass ich die Quellen kaufe und ein Bad draus mache», erinnert sich Robert Rogner senior, der eingangs erwähnte Baulöwe, der damals bereits landesweit als Erbauer von Feriensiedlungen bekannt war. «Um ihn loszuwerden, habe ich ihn schließlich um die Protokolle der Bohrung und um die Wasseranalysen gebeten. Als ich die hatte, war ich überzeugt», erzählt Rogner. Trotzdem konnte es noch nicht gleich losgehen. Das 40-Hektar-Gelände gehörte 25 verschiedenen Bauern. Der Bauunternehmer trommelte sie alle zusammen, schlug jedem den gleichen, damals ziemlich guten Quadratmeterpreis von 100 Schilling, also knapp sieben Euro, vor und knüpfte daran nur die eine Bedingung: Entweder alle unterschreiben – oder aus dem Projekt wird nichts. Das war Gruppendruck vom Feinsten, dem sich schließlich keiner verweigerte.

Doch dann machte die Quelle selbst Probleme, nachdem sie von ihrem Betonstöpsel befreit war. Das heiße Wasser war so stark mineralisiert, dass sich die Salze an den Wänden der Rohre als Kristalle ablagerten und sie in kürzester Zeit verstopften. Nachdem auch dafür eine technische Lösung gefunden war, stoppte erneut die steirische Landesregierung das Projekt. Das Wasser sei zu heiß und zu mineralhaltig, um nach Gebrauch einfach in das nahe Flüsschen Safen abgeleitet zu werden, monierten die Behörden. Es müsse zurück in die Tiefe, aus der es gekommen sei. Außerdem dürfe das überreichlich vorhandene natürliche CO_2 der Quelle nicht in die Luft entweichen.

Auch diese beiden Probleme lösten Rogners Leute. Heute wird das gebrauchte Thermalwasser in die vulkanischen Tiefen der Erde «reinjiziert», wie Fachleute diese Technik nennen. Die überschüssige Kohlensäure wird verflüssigt und verkauft. Jeden Tag holt ein Tankzug in Bad Blumau vierzig Tonnen natürliche Kohlensäure ab, und die Nachfrage ist riesengroß. Die heißen Quellen liefern außerdem genug Energie, um das ganze Hotel zu heizen.

Einer von Rogners Architekten hatte Anfang der neunziger Jahre bereits ein durchaus gefälliges Thermalbad für Blumau entworfen – doch just als es mit dem Bau hätte losgehen können, kam es zu der folgenreichen Begegnung zwischen Rogner und Hundertwasser in Schloss Schönbrunn. Danach landeten die ursprünglichen Pläne in der Schublade. «Hügelwiesenland» nannte Friedensreich Hundertwasser seinen Vorschlag. «Es war eine Sekundenentscheidung», sagt der Baumillionär Rogner heute. «Wenn ich damals lange nachgerechnet hätte – ich glaube, dann hätte ich das nicht gemacht.» Der bodenständige Kärntner Unternehmer hatte keine Lust mehr auf die mittlerweile weltweit übliche Architektur. «Ich war nicht mehr zufrieden mit dem, was ich bis dahin gebaut hatte. Als ich Hundertwasser kennenlernte, war ich geistig schon auf seinem Trip unterwegs.» Dass Häuser nicht höher sein sollten als die Vegetation, dass Natur, Mensch und Baukultur im Einklang miteinander sein sollten – all das leuchtete ihm unmittelbar ein.

Robert Rogner hat die schwierige Zusammenarbeit mit Friedensreich Hundertwasser nie bereut. «Wir waren wie Blutsbrüder», behauptet er. «Wenn man nicht das Blut des Künstlers in sich aufnimmt, kann man ein solches Projekt nicht durchziehen.» Was nicht heißen soll, dass es nicht auch geknirscht hätte zwischen dem Selfmade-Millionär, der sich aus armseligsten Verhältnissen hochgearbeitet hatte, und dem als streitsüchtig und humorlos bekannten Künstler. Manche Ideen des schrulligen Maler-Architekten waren dem Bauherrn einfach zu teuer. Blattgold auf den Zwiebeltürmen nahm er noch hin. Aber als er die Ecken der drei Haupthäuser mit handgefertigten glasierten Fliesen verkleiden sollte, erhob Rogner Einspruch: «Meister Hundertwasser, das kann ich mir nicht leisten. Aber ich habe noch alte Dachziegel von abgerissenen Bauernhäusern, wie wär's denn damit?» – «Noch besser», fand der Künstler zur Erleichterung Robert Rogners, «noch viel besser.»

Hundertwassers erster Besuch in Blumau dürfte in die Annalen der Gemeinde eingegangen sein. Alle Honoratioren einschließlich zweier Nonnen hatten sich zur Ortsbegehung versammelt. Der Künstler trat ans herbstliche Ufer des Safen-Bachs und fand, er müsse das Wasser testen. Noch bevor sich die Ordensschwestern umdrehen konnten, stand Friedensreich Hundertwasser nackt vor der Menge. Dann planschte er zusammen mit einer seiner Studentinnen, die sich ebenfalls entblättert hatte, in dem Flüsschen herum.

Für die entgeisterten Dorfbewohner war das ein erster Vorgeschmack auf die Umwälzungen, die Blumau noch erleben sollte. Allein der Baustellentourismus war gewaltig. Während der vierjährigen Bauphase kamen pro Jahr etwa 120000 Menschen, die sich über den Fortgang des spektakulären Projekts informieren wollten. Die Firma Rogner verlangte schließlich Eintritt für den Besuch der Baustelle und stellte zwölf hauptamtliche Gästebetreuer ein, die dafür sorgen mussten, dass die Arbeiten nicht gestört wurden.

Hundertwassers Einlassungen am Bau taugen noch heute für Legenden. «Jeder von euch ist ein Künstler, aber man hat euch die Kreativität schon im Kindergarten und in der Schule ausgetrieben», predigte er den steirischen Bauhandwerkern, die dergleichen noch nie gehört hatten. Doch es beflügelte sie, den Künstler in sich selbst zu entdecken. «Man musste sie manchmal richtig bremsen», erzählt Robert Rogner. «Doch am Schluss ging jeder mit stolzgeschwellter Brust nach Hause. Und noch heute kommen manche mit der ganzen Familie und zeigen ihren Angehörigen die Bodenwelle, die sie selbst gestaltet haben.»

1997 wurde der Traum von einem Wellness-Hotel eingeweiht. Nach Hundertwassers Vorstellungen war zwar noch nicht alles ganz fertig – er hätte das Hügelwiesenland gern noch erweitert –, doch im Jahr 2000 starb er mit 71 Jahren an Bord eines Kreuzfahrtschiffes in der Südsee an Herzversagen.

Robert Rogner machte ohne seinen «Blutsbruder» noch ein bisschen weiter und ließ, getreu nach Hundertwassers Devise «Ohne Kitsch würde das Leben unerträglich», das Kind in sich experimentieren. So ragt jetzt am äußersten Ende des wärmsten Wasserbeckens ein kleiner künstlicher Vulkan aus der Erde, der manchmal nachts rot angestrahlt wird. Das war vielleicht ein bisschen zu viel des Guten. Andererseits: Wer in einer sternklaren Vollmondnacht, getragen von einer gelben Poolnudel unter jedem Arm, draußen im 38 Grad warmen Wasser schwebt und in die schneeglitzernde Winterlandschaft hinausträumt, der sieht das auf einmal nicht mehr ganz so eng. An einer bestimmten Stelle des Beckens kann man den Kopf zurücklegen, bis die Ohren untertauchen – und hört dann klassische Musik unter Wasser: Mozarts «Kleine Nachtmusik» mit den Gehörgängen im Wasser und den Augen im Sternenhimmel – kann es etwas herrlicher Verrücktes geben?

Auch der Sonnenaufgang muss, vom warmen Wasser aus gesehen, wunderschön sein, sagt jedenfalls Robert Rogner senior, der in seinem Bad Blumau schon frühmorgens ins Wasser darf, wenn die Becken für gewöhnliche Gäste noch gesperrt sind. Wenig später steht er im blassen Sonnenlicht auf einem der Grasdächer, ein freundlicher älterer Herr von 64 Jahren, der mit sich und dem, was er da geschaffen hat, rundum zufrieden ist. Eine Art österreichischer Polykrates, frei nach Schiller: «Er stand auf seines Daches Zinnen und blickte mit vergnügten Sinnen ...» Robert Rogner senior hat sein Imperium aus Ferienhaussiedlungen, Thermalbädern und Hotels in aller Welt inzwischen seinem Sohn Robert Rogner junior übertragen und kann nun ganz entspannt neue Ideen entwickeln. Als Nächstes plant er zusammen mit dem Dalai-Lama ein spirituelles Zentrum, eine Art Klosterhotel, in der Kärntner Heimat von Heinrich Harrer, dem erst kürzlich verstorbenen engen Freund des religiösen Oberhaupts der Tibeter. Das wird vielleicht nicht so verspielt wie Bad Blumau, aber er hat ja inzwischen Geschmack daran gefunden, das ganz Besondere zu bauen – man darf also ruhig gespannt sein!

Die Küche von Bad Blumau beweist täglich, wie phantasievoll sich regionale Spezialitäten zu wunderbaren Gerichten verarbeiten lassen. Vor allem das berühmte Kürbiskernöl und die dunkelgrünen Kürbiskerne spielen dabei eine Rolle. Aus denen lässt sich sogar ein köstliches Dessert zubereiten:

Kürbiskernparfait

(für vier Personen):

3 Eier, 2 Eidotter, 160 Gramm Kristallzucker, 70 Gramm Nougat, 300 ml Schlagsahne, 2 Esslöffel Apfelbrand

Grillage:

50 Gramm Kristallzucker, 50 Gramm geröstete Kürbiskerne, Öl zum Bestreichen

Für die Grillage Kasserolle erhitzen, Kristallzucker unter ständigem Rühren karamellisieren, Kürbiskerne beigeben, durchrösten, auf geöltem Blech erkalten lassen.
Die gut durchgekühlte Grillage im Blitzhacker oder auf der Bröselreibe fein zerkleinern.
Eier mit Eidotter und Kristallzucker über Dampf schaumig schlagen, kalt weiter schlagen. Eiermasse mit geschmolzenem Nougat, Apfelbrand und Grillagebröseln vermischen, geschlagene Sahne unterziehen. Masse in

eine vorgekühlte mit Frischhaltefolie ausgelegte Form füllen und 4–5 Stunden im Tiefkühlfach frieren. Vor dem Anrichten Form vorsichtig auf ein Brett stürzen, Form und Folie abheben und portionieren.

Regina Scheer

Das Meer ist die Adresse der Sehnsucht

Eine Weihnachtsliebe in der DDR

Zweimal habe ich Weihnachten in einem Hotel verbracht. Ich meine jetzt nicht den Familienurlaub mit Kindern und der Schwiegermutter vor zehn Jahren in diesem Ferienhaus in Schweden, ich denke an den Dezember 1973, an Lisa und Rudolfo, an die Mongolen und Amanda. Ich denke an das Hotel *Unter den Linden* in Berlin, das es nicht mehr gibt, an Lisa und mich, zwei junge Mädchen, die es auch nicht mehr gibt, und ich denke an das letzte Weihnachten in diesem Hotel, vor dem ich gestern, an einem diesigen Märztag, die Betten und Stühle aufgestapelt sah, bereit zum Abtransport. Wenn ich von den Weihnachtsabenden im Hotel *Unter den Linden* erzähle, muss ich von diesem Sommer vor mehr als drei Jahrzehnten erzählen, der ein besonderer Sommer war.

Dieser Sommer 1973 tritt aus der Reihe der Sommer danach und davor heraus, ich werde ihn nie vergessen. Aber wenn ich mich an Einzelheiten erinnern will, spüre ich, wie viel Zeit vergangen ist, die Farben haben sich zusammengezogen zu einem Regenbogen, der in der Erinnerung nie verblasst. Wenn ich versuche mir vorzustellen, wie wir damals aussahen, muss ich alte Fotos zu Hilfe nehmen und bin erstaunt, wie jung wir waren, wie kindlich wir aussahen. Nein, Lisa sah nicht kindlich aus, meine Freundin trug ihr langes blondes Haar offen, und wenn sie ging, wippte ihr etwas üppiger Hintern, eingezwängt in den kurzen engen Rock. Sie lachte damals oft und laut und ohne Grund, einfach nur, weil sie Lisa war und weil es Sommer war, dieser Sommer, der eine, der sich von allen anderen unterschied.

Bei mir wippte nichts. Ich war dünner als Lisa, mein Haar war kurz geschnitten und ich trug Hosen, Jeans. Ich glaube, ich besaß damals gar keinen Rock. Aber gelacht habe ich mindestens so viel wie Lisa. Im Juni hatten wir in Oranienburg, der Kleinstadt nördlich von Berlin, in der wir beide geboren wurden, unsere letzte Abiturprüfung abgelegt. Jetzt war August. Wir hatten beide die Zulassung für ein Studium an der Humboldt-Universität im September erhalten. Meine kleine Schwester, die zu Hause das Kinderzimmer mit mir teilte, wartete schon sehnlichst darauf, dass ich ausziehen würde. Jetzt aber waren Weltfestspiele. Meine Schwester war im Ferienlager, und in unserem Kinderzimmer waren Festivalgäste untergebracht: zwei Bläser eines sächsischen Schalmeienorchesters. Meine Eltern dachten, ich schliefe bei Lisa, aber Lisas Eltern glaubten, wir hätten schon unser Zimmer im Studentenwohnheim bezogen, weil wir sowieso dauernd in Berlin waren, wir hatten wochenlang mit Hunderten anderen üben müssen, ein riesiges FDJ-Zeichen darzustellen. Bei irgendwelchen Großveranstaltungen im Walter-Ulbricht-Stadion, das jetzt «Stadion der Weltjugend» hieß, steckten Lisa und ich irgendwo in der Mitte des Halbrunds des Buchstaben «D». In einem immer wieder geübten Rhythmus mussten wir uns in gelben Trikots hinkauern und aufspringen, uns strecken und biegen, denn das FDJ-Emblem sollte leben. Dabei konnte man sowieso bloß von oben sehen, dass diese riesige Menschenmenge ein FDJ-Emblem mit der aufgehenden Sonne darstellte, aber meine Mutter erzählte mir später, im Fernsehen war es gut zu erkennen.

Wahrscheinlich hatte man es von einem Hubschrauber aus gefilmt. Nur wir waren nicht zu erkennen, wir waren winzige Pünktchen ohne Gesicht wie all die anderen. Vor den Auftritten warteten wir stundenlang in der Hitze, aber sofort danach liefen wir los und ließen uns wie in einem Rausch durch die Stadt treiben, in der alle die Regeln, nach denen wir sonst lebten, aufgehoben zu sein schienen. Die Menschen lachten, und jede graue Wand war geschmückt. Auf dem Alexanderplatz lagerten Tausende Jugendliche, manche davon mit Schlafsäcken auf Gummimatten. Die Polizisten, die sie sonst vertrieben hätten, waren nicht zu sehen. In den Straßen wurde getanzt, gesungen, und wir stellten uns dazu und sangen mit. Fremde fassten uns bei den Händen, zogen uns weiter, und gegen Morgen schliefen wir ein paar Stunden, einmal im Bürgerpark Pankow im Gebüsch auf einer Isomatte und einmal im Foyer der Volksbühne auf einer Polsterbank.

Dann trafen wir die Chilenen.

Wir hatten die Quilapayún schon drei Jahre zuvor bei einem Liedfestival gesehen, in der Kongresshalle am Alexanderplatz. «Quilapayún» heißt «Drei Bärte». Sie waren aber fünf oder sechs bärtige junge Männer in schwarzen Ponchos. Damals hatten sie für den Sieg der Unidad Popular gesungen, und nun sangen sie für Allendes Volksfront.

Sie waren schön und romantisch, wie unsere Jungen aus Oranienburg es nie sein würden, und der Sozialismus, von dem sie sangen, war auch ganz anders als der, von dem die Parteitagsprogramme handelten, die wir gelangweilt in der Schule durchsprachen. Lisa und ich konnten die Kantate «Santa Maria de Iquique» beinahe auswendig und hatten begonnen, Spanisch zu lernen. Lisa hatte sogar eines der Lieder übersetzt: «Das neue Leben beginnt, die Zeit des Volkes ist da. Wir tun die Hände zusammen, und keiner hält uns mehr auf.» Am zweiten oder dritten Tag der Weltfestspiele hörten wir das Gerücht, die Quilapayún seien da, sie träten vor der Volksbühne auf, dann wieder hieß es, im Freibad Pankow würden sie sein. Wir fuhren mit der Straßenbahn 46 dorthin. Als wir in Pankow ausstiegen, hörten wir spanische Worte, doch es waren Kubaner. Sie wussten nichts von Quilapayún, aber sie luden uns in den Garten ihrer Botschaft ganz in der Nähe ein, wo ein Fest im Gange war. Es gab eine scharfe

Suppe und geröstete Kartoffeln, von irgendwoher kam Musik, und Lisa, die Blasen an den Füßen hatte, tanzte barfuß. Ein Kubaner pflückte eine rote Blüte von einem Strauch und steckte sie in Lisas blondes Haar. Mir schenkte ein anderer Kubaner einen Strohhut. Plötzlich tauchte tatsächlich eine Gruppe Chilenen auf, nur wenig älter als wir, denn auch sie hatten gehört, dass im Freibad ein Konzert sein würde, aber nicht von der Gruppe Quilapayún, sondern die Inti Illimani würden auftreten. Mit ihnen zusammen zogen wir weiter, es waren Studenten aus Santiago und Valparaiso. In diesem Sommer 73 waren Santiago und Valparaiso, Orte aus einer anderen Welt, ganz nahe an uns herangerückt. Alles war so leicht, als müsste es so sein. Vor dem Freibad war alles wegen Überfüllung abgesperrt, aber ich kannte einen Schlupfweg von hinten durch den Schlosspark. Im letzten Sommer war ich mit meiner Schwester hier gewesen, und wir waren, um das Eintrittsgeld zu sparen, durch ein Loch im Zaun geklettert. Das Loch, halb zugewachsen, gab es noch immer, und so kamen wir ins Freibad. Die Chilenen freuten sich, sie erzählten von der Gruppe, die genauso gut wäre, aber ganz anders als die Quilapayún. Inti hieße Sonne in einer Indianersprache, Illimani sei ein Berg nahe der bolivianischen Hauptstadt La Paz, und mit ihrer Musik hätten sie Allende im Wahlkampf unterstützt. Das Freibad war bereits von den Andenklängen erfüllt. Wir drängten uns durch die Menschenmenge, sahen die Musiker jedoch nur von weitem in ihren roten Ponchos. Unsere neuen Freunde sangen die Lieder mit. Der schmale Rudolfo, der aussah wie Che Guevara auf dem berühmten Foto, erzählte uns, er hätte an der «Schule für Kunst und Handwerk» in Santiago de Chile studiert. Dort im Kellercafé hatten auch die Inti Illimani angefangen, mit traditionellen Instrumenten. Er selbst spiele auch Charango, eine Art Mandoline, aber er sei nicht Musiker geworden, sondern Maler und Architekt, Mitglied der Brigaden Ramona Parra, die die Wandbilder malten, die wir im Fernsehen gesehen hatten. Lisa und ich hörten und sahen so viel Neues – wir waren glücklich. Zusammen mit den anderen sangen wir «Venceremos, venceremos, la miseria sabremos vencer» – Wir werden siegen, wir werden siegen, das Elend werden wir besiegen.

Ob wir uns das Elend vorstellten, gegen das wir sangen, weiß ich nicht. Wir spürten nur den Sieg, die Hoffnung und die Zärtlichkeit. Irgendwann gegen Morgen fuhren wir mit den Chilenen wie selbstverständlich durch die ganze Stadt in das Bungalowdorf in der Wuhlheide, wo sie wohnten. Als einer, er hieß Ernesto, mich küsste, waren die Krempe des kubanischen Strohhutes und sein Bart im Weg. Wir lachten und versuchten es weiter. Lisa und Rudolfo hielten sich längst eng umschlungen. Sie lagen dann irgendwann zusammen in einem der Bungalows in einem schmalen Bett, es war ein Doppelstockbett wie im Kinderferienlager, und über ihnen schlief schon jemand. Ich suchte und fand einen Platz in einem der anderen Bungalows. Ernesto legte sich zu mir. Die Lieder der Inti Illimani in meinem Kopf vermischten sich mit den Rufen der Morgenvögel. Wenn ich mich heute an diese Nacht und an die folgenden Tage und Nächte erinnere, bin ich verwundert, mit welcher Leichtigkeit Ernesto und ich und Lisa und Robert zusammenfanden. Es waren Tage der Schwerelosigkeit, alles schwebte, und die Zeit hatte ihre Bedeutung verloren. Lisa und ich fanden uns auch nicht mehr in dem riesigen Sportstadion ein, um als zwei kleine lebende Farbtupfer das gelbe D im FDJ-Zeichen an der rechten oberen Wölbung zu vervollständigen. Niemand vermisste uns, nur der Mensch von der FDJ-Kreisleitung Oranienburg, dem wir unterstanden, soll getobt und mit einer Meldung an die Universität gedroht haben. Aber da ist diese Meldung nie angekommen, oder niemand kümmerte sich darum. Als wir im September immatrikuliert wurden, waren die Weltfestspiele vorbei, die Chilenen abgereist, und wir dachten noch immer betäubt an die Lieder und Gespräche, an die Küsse und Schwingungen der Liebe und an den süßen, scharfen Schmerz des Abschieds.

Ich wollte von Weihnachten erzählen, von dem Weihnachtsfest am Ende dieses Jahres 73, das wir im Hotel verbrachten.

Aber vorher gab es diesen 11. September. Wenn man heute dieses Datum nennt, denken alle an die Twin Towers in New York, aber 1973 war es auch der 11. September, als die Moneda brannte, als Allende starb, als Victor Jara im Stadion verstümmelt und getötet wurde und wir fassungslos und heulend vorm Fernseher saßen. Die Inti Illimani, hieß es, waren ins Exil geflüchtet, auch die Quilapayún, die Brigaden Ramona Parra wurden verfolgt, die wunderbaren Wandbilder von den Wänden gekratzt. Wo war Rudolfo, wo Ernesto? Unser soeben begonnenes Studium interessierte Lisa und mich in diesen Wochen nicht. Wir liefen zu Kundgebungen, verkauften Plakate und Abzeichen. Lisa war selbst plötzlich in einem Solidaritätskomitee für Chile, die FDJ-Kreisleitung der Humboldt-Universität hatte sie offiziell delegiert. Sie sprach inzwischen viel besser Spanisch als ich, sie hatte gelernt, Empanadas zu backen, kleidete sich wie eine Latina, und über ihre Begegnung mit Rudolfo sprach sie so, dass man denken könnte, es sei eine jahrelange Beziehung gewesen. Mir dagegen verschwamm Ernestos Gesicht in der Erinnerung. An seine Stimme erinnerte ich mich nicht mehr genau, sie verschmolz mit den Stimmen der vielen: «Venceremos, venceremos …» Seine Zärtlichkeit hatte zu diesen Regenbogentagen im Sommer gehört, aber nun war Herbst.

Der Winter kam spät in diesem Jahr 1973. Eine Woche vor Weihnachten lag noch kein Schnee, es war nebelig und nasskalt. Am Wochenende vor Weihnachten hatte ich mit meiner kleinen Schwester in Oranienburg den Weihnachtsbaum gekauft und zu Hause auf die Terrasse gestellt. Meine Eltern freuten sich, dass ich da war, denn seitdem ich studierte, hatten sie mich kaum gesehen. Plötzlich klingelte es an der Tür unseres Reihenhauses. Ich sah Lisa am Gartentor stehen, und da eilte sie schon herein. Sie war blass, und ich sah plötzlich, wie dünn sie geworden war seit dem Sommer. Mindestens 10 Kilo hatte sie abgenommen. Sie habe einen Anruf bekommen vom Solidaritätskomitee, stieß sie hervor, ein Genosse der Brigaden Ramona Parra, dem die Flucht aus Chile gelungen war, sei in Berlin. Er habe ihren Namen angegeben. Wahrscheinlich sei es Rudolfo. Sie führe jetzt in die Stadt und fragte, ob ich mitkäme. Meine Mutter versuchte vergeblich, uns wenigstens noch zum Essen dazubehalten, sie hatte Rouladen gekocht.

Aber ich kam zur Erleichterung meiner Eltern zurück am Abend dieses Tages. Ich erzählte ihnen, dass wir stundenlang auf kahlen Korridoren irgendeines Dienstgebäudes gesessen hatten. Dann wurde Lisa geholt. Ich war ja nur mitgekommen und musste warten. Schließlich wurde ich zu einer Frau gebracht, die meine Personalien aufnahm, obwohl sie sie bereits zu kennen schien. Dann erschien plötzlich Amanda, eine Chilenin, die im Sommer mit im Bungalowdorf gewesen war. Wir umarmten uns, die deutsche Frau registrierte es, wie mir schien, missbilligend. Amanda erzählte, deutsche und spanische Worte durcheinanderwirbelnd, sie sei seit sechs Wochen in Berlin, ihr Vater, Chefredakteur einer sozialistischen Zeitung, sei aber verschwunden und auch viele der Freunde aus der Weltfestspieldelegation vom Sommer seien verschwunden. Ernesto jedoch habe sich über die mexikanische Botschaft nach Kuba retten können, soviel sie wisse. Rudolfo galt auch als verschwunden. Er war schon verhaftet, wie mehrere der Genossen aus den Brigaden Ramona Parra. Die Gerüchte sagten, er sei auf der Flucht erschossen worden, aber nun sei er angekommen in Berlin, ganz allein, auf geheimnisvollen Wegen und schwer traumatisiert. Die Frau mischte sich ein, die ganze Sache müsse noch geklärt werden. Vorerst sei der Aufenthalt des Genossen Rudolfo Gomez geheim, aber auf seinen Wunsch werde die Jugendfreundin Lisa zu ihm gebracht. Eine Begegnung mit mir sei nicht vorgesehen. In mir vermischten sich Schreck und Wiedersehensfreude, Erleichterung und Befangenheit. Später saß ich mit Amanda im Café Kisch unter den Linden. Sie sagte mir, sie sei in einem Gästehaus der Regierung in Grünheide untergebracht, wo noch mehrere chilenische Flüchtlinge lebten. Dort dürfe sie vorerst keinen Besuch haben, aber sie käme so oft wie möglich nach Berlin und dann wolle sie Lisa und mich treffen. Wie es mit Rudolfo weitergehen würde, wisse sie noch nicht, sie habe ihn selbst nur kurz gesehen.

Meine Eltern hörten meinem Bericht zu, aber diese Welt war ihnen fremd, und sie verstanden nicht, warum mir das Schicksal der Chilenen so wichtig war, wichtiger als das bevorstehende Weihnachtsfest. Lisa war irgendwo bei Rudolfo. Sie rief nur einmal an, ihre Stimme klang ganz anders als sonst. Und am Morgen des 24. Dezember rief sie wieder an und sagte mir, Rudolfo sei nun in einem Hotel *Unter den Linden*. Er müsse in wenigen Tagen oder Wochen weiter in ein anderes Land, und er solle das Hotel möglichst nicht verlassen. Aber sie werde bei ihm bleiben über Weihnachten, und auch ein paar Freunde würden kommen, um zusammen mit ihnen zu feiern. Ob ich nicht auch dazu kommen wolle, fragte sie. Natürlich wollte ich. Mit fliegenden Fingern packte ich meine karierte Reisetasche.

Meine Mutter lebt heute nicht mehr. Ich verstehe nicht, dass ich ihr das antat. Für sie war Weihnachten immer der Höhepunkt des Jahres, aber mir war das damals egal. Ich war fast neunzehn und fand, mein Platz sei da, wo das Leben pulsiert, wo die Adern der Revolution bloßliegen, wie Ernesto oder Rudolfo oder ein anderer der Chilenen es formuliert hatte, und nicht bei der bereits nadelnden Weihnachtsfichte im Wohnzimmer meiner Eltern.

Noch nie zuvor war ich in einem solchen Hotel gewesen.

Als ich es vor ein paar Monaten wiedersah, schien es mir schäbig und eng. Damals aber wirkte es auf mich großzügig und elegant. Das Problem war nur, dass ich eigentlich kein Hotelgast war und mich gar nicht auf der Etage aufhalten durfte. Aber Rudolfo sollte aus Sicherheitsgründen, die ich nicht verstand, das Zimmer nicht verlassen, und Lisa war seine Betreuerin. Das Hotelpersonal wusste wohl, woher Rudolfo kam, und weil die Lieder der Inti Illimani und der Quilapayún inzwischen aus jedem Lautsprecher schallten und Sehnsucht nach – wonach eigentlich? – hervorriefen und das Bedürfnis nach Solidarität, schaute das Hotelpersonal weg, wenn wir, ein paar Latinos und ich einzeln und zu zweit mit Einkaufsnetzen und Reisetaschen an der Rezeption und dem geschmückten Weihnachtsbaum vorbei zum Fahrstuhl gingen. Das Zimmer im 5. Stock hatte ein Fenster zur Straße «Unter den Linden», aber das Brandenburger Tor konnte man von hier nicht sehen. Man hätte es sowieso nicht sehen können, denn die Stadt lag im Nebel. Rudolfo saß sehr still in diesem Hotelzimmer mit einem Ausdruck in seinen Augen, den ich nicht deuten konnte. Dafür war Lisa umso lebhafter. Schön sah sie aus mit ihrem langen blonden Haar, in das sie Bänder geflochten hatte. Sie sprach spanisch, als sei sie selbst eine Chilenin, gab Anweisungen, wie das Obst und die mitgebrachten Lebensmittel auf Teller zu verteilen wären, denn wir hatten vor, in diesem Hotelzimmer Weihnachten zu feiern. Amanda, die auch erschienen war, hatte Weihnachtsbrote mitgebracht, so etwas wie Christstollen. Von irgendwoher waren die unvermeidlichen Empanadas gekommen, Obst war da und Wein. Wir waren fünf oder sechs Leute, saßen auf dem Bett und dem Fußboden. Ein kleiner Plastikweihnachtsbaum auf dem Fernsehapparat mit winzigen bunten Glühbirnen erinnerte mich flüchtig an meine Familie in Oranienburg, die wahrscheinlich um diese Zeit die Kerzen anzündete. Wie der Abend genau ablief, habe ich vergessen. Ich weiß nur, dass ich über Lisa staunte, die mir genauso neu und unbekannt erschien wie alles hier. Sie saß auf der Bettkante dicht bei Rudolfo, sie hielten sich umschlungen, und ihr blondes Haar vermischte sich mit seinem schwarzen. Ich weiß noch, dass jemand Gitarre spielte und dass Lisas helle Stimme mich durch die Lieder führte, deren Texte ich nicht konnte, die mir aber ans Herz griffen. Keine Weihnachtslieder. Chile herido, verwundetes Chile. Ein ganz neues Lied hieß: «Canción de muerte y esperanza por Víctor Jara». Lied über den Tod und die Hoffnung von Víctor Jara. Lisa konnte es doch nie zuvor gehört haben, aber sie sang es. Vielleicht war sie das Mädchen, das, wie es in einer Strophe hieß, in einem Winkel des Lebens, «en una esquina de la vida», Victor Jaras Lieder weitertrug, «una muchacha cantaba tu canción», ein Mädchen sang mein Lied.

Zwischen den Liedern aßen wir und redeten. Ich verstand nicht alles, sie sprachen zu schnell, sie stritten auch, und einmal weinte Amanda. Ich umarmte sie, wir gingen hinaus auf den Korridor des Hotels *Unter den Linden*, und da stand ein Mongole vor dem Hotelzimmer. Es war ein schmächtiger Mann mit Schlitzaugen, er sprach weder deutsch noch spanisch, aber russisch. Er fragte, ob er zu uns kommen dürfe, um mit uns zu feiern. Er brachte ein Flasche Wodka mit und einen zweiten, dicken Mongolen. Auch sie sangen, Hirtenlieder in einer fremden heiseren Sprache. Es waren Außenhändler. Zügig betranken sie sich an ihrem Wodka, dem eine zweite Flasche folgte, und ich glaube, auch eine dritte. Rudolfo nippte nur an den Gläsern, er aß auch nichts, war wie abwesend, und es war, als hielte er sich an Lisa fest. Wenn sie aufstand, griff er nach ihr.

Einmal sagte einer, ein Uruguayer, der irgendwoher gekommen war, mit schwerer trunkener Stimme: «Wir werden nicht siegen. Unser Exil wird ewig sein. Siempre.» «Ich weiß», antwortete Rudolfo kurz. Kurz darauf stimmte er das Lied vom Sommer an: «Venceremos …» Auch der Uruguayer sang mit und die Mongolen.

Irgendwann kam eine Hotelangestellte und bat uns, leise zu sein, aber sie setzte sich auch auf die Bettkante und blieb. Auch sie sang begeistert mit: «Venceremos, venceremos», bis eine andere Hotelangestellte sie holte und uns bedeutete, wer nicht Gast sei, müsse das Haus jetzt verlassen. Aber niemand verließ das Haus, und Christina und ich legten uns in den Morgenstunden in das Zimmer des schmächtigen Mongolen, der auf Rudolfos Teppich eingeschlafen war. Am Vormittag nach diesem Weihnachtsabend frühstückten wir in Rudolfos Zimmer. Lisa trug ein langes besticktes Kleid, das Amanda ihr als Weihnachtsgeschenk gegeben hatte. Rudolfo verließ tatsächlich nicht sein Zimmer, nicht einmal ins Hotelrestaurant ging er. Ich verstand nicht, warum er so eingesperrt war.

Später erzählte mir Lisa die Geschichte seiner Flucht. Sie hat sie mir noch oft erzählt in den Jahren, die seitdem vergangen sind. Einmal las ich auch etwas darüber in einem Buch, verstanden habe ich bis heute nicht alle Zusammenhänge.

Rudolfo war bekannt in Chile als einer der Gründer der Brigaden Ramona Parra. Seine bunten an Graffiti oder an die Arbeiten Diego de Riveras erinnernden Wandbilder verwandelten die Straßen in riesige Bühnen, auf denen das Volk sich versammelte, tanzte und dem «Chicho» zurief: «Allende, Allende, el pueblo te defiende». Allende, Allende, das Volk wird dich verteidigen. Aber zum Volk gehörten auch die anderen, die mit ihren Kochtöpfen klappernden Bürgerfrauen, die Militärs und die Spitzel der Geheimdienste. Rudolfo kam nicht dazu, Allende zu verteidigen. Er war eingesperrt im Stadion, sah Freunde sterben, er wurde zu einer stillgelegten Salpetermine gebracht, gefoltert, weil er wichtige Kontakte preisgeben sollte, den Aufenthaltsort seines Vaters verraten, der ein bekannter Gewerkschaftsfunktionär war. Er sah einen vertrauten Genossen, der nun auf der anderen Seite war. Rudolfo war zwischen die Räder konkurrierender Geheimdienste gefallen. Als er das begriffen hatte, wusste er, dass er nicht am Leben bleiben würde. Aber ein Zufall verhalf ihm während eines Transports zur Flucht. Er wusste, dass er gesucht wurde, und schlug sich durch bis zu einer Stadt im äußersten Süden Chiles, Punto Arenas. Von dort ließ er sich auf die Insel Feuerland übersetzen, lebte zwei Monate lang unter Fischern, fuhr mit ihnen auf das Meer hinaus, bis er durch Genossen auf ein Kreuzfahrtschiff gelangen und nach Europa ausreisen konnte. Ein paar Tage vor Weihnachten war er angekommen in Ost-Berlin. Seine Geschichte war so abenteuerlich, dass sie erst von der Staatssicherheit, vom Außenministerium und von den chilenischen Emigranten, zwischen denen schon die ersten Spannungen aufflackerten, überprüft werden musste.

Rudolfos Vater war offenbar noch in Chile, versteckt in irgendeiner Botschaft. Er würde aber bald in ein Exilland ausreisen können. Sein Sohn sollte, so war es beschlossen, ihm dann folgen.

Lisa wusste, dass ihrer Liebe nur ein paar Wochen blieben, und in dieser Zeit wich sie ihm kaum von der Seite. Im Januar kam sie wieder zur Universität, aber nur für ein paar Stunden am Tag, dann eilte sie zurück in das Hotelzimmer zu Rudolfo, der begonnen hatte, etwas aufzuschreiben. Mit einer kleinen Reiseschreibmaschine tippte er stundenlang, das Zimmer lag voller zerknüllter Blätter. Manchmal kamen andere Chilenen in das kleine Zimmer mit dem Blick auf die Kreuzung ‹Unter den Linden/Friedrichstraße›, oft stritten sie, und wenn ich, was einige Male vorkam, dabei war, verstand ich nicht viel.

Obwohl man es ihm verboten hatte, fuhr Rudolfo mit Lisa im Januar ans Meer. Weil er sich nicht in einem Hotel anmelden durfte, übernachteten sie in einer zur Ferienwohnung ausgebauten Garage in Warnemünde. Stundenlang seien sie am Meer entlanggegangen, berichtete Lisa mir später. Er erzählte ihr von seinem Leben vor dem Putsch, von seiner Kindheit am Meer, von seiner Flucht, von den Wochen, die er bei den Fischern auf Feuerland zugebracht hatte. Später wolle er mit ihr am Meer leben, sagte er Lisa.

Und diese Hoffnung trug sie jahrelang im Blick, als Rudolfo schon abgereist war, und keiner wusste, wohin. Er hatte geglaubt, dass er seinen Vater in Moskau treffen würde, aber als im Februar Solshenizyn aus der Sowjetunion ausgewiesen wurde, hatte er Lisa gesagt, er könne sich nicht vorstellen, im Land des Gulag zu leben. Ein paar Tage später war er fort. Der Winter war nicht kalt gewesen, ohne Schnee und Frost. Schon im März wurde es warm, aber der Mai 1974 war fast so kalt wie der Januar, und so blieb es auch den Sommer über. Lisa war ständig krank. Von Rudolfo hörte sie nichts, aber das müsse so sein, tröstete sie sich. Auch Amanda reiste wieder aus. Ihr war es zu kalt in Deutschland, und so folgte sie ihren Eltern nach Mexiko. Von ihr bekamen wir noch jahrelang Karten und kleine Briefe. Rudolfo erwähnte sie nicht, auch nicht Ernesto, an den ich mich kaum noch erinnern konnte. Lisa arbeitete weiter in irgendwelchen Solidaritätskomitees, immer noch flocht sie sich bunte Bänder ins Haar, und das bestickte Kleid von Amanda trug sie oft.

Wir lernten andere chilenische Emigranten kennen, gingen zu ihren Peñas, mit einigen befreundeten wir uns, aber Rudolfo blieb verschollen.

Lisa war überzeugt, dass er zurückkäme und dass sie mit ihm am Meer leben würde. Nur an welchem?

Nach fünf Jahren war unser Studium beendet. Ich hatte einen Kommilitonen geheiratet und erwartete unser erstes Kind, deshalb bekam ich eine Stelle in Berlin. Aber Lisa, die ledig war, musste eine Stelle nehmen, wo man sie ihr anbot. Sie wollte gern nach Rostock, wo mehrere Chilenen arbeiteten und von wo man mit der S-Bahn nach Warnemünde ans Meer fahren konnte, aber sie musste nach Neuruppin ziehen und eine Fontane-Gedenkstätte aufbauen. Wir sahen uns nur noch selten. Ein Vierteljahr nach der Geburt unseres Sohnes war ich wieder schwanger, ging aber trotzdem arbeiten. Mit zwei Kindern und dem Beruf hatte ich wenig Zeit. Wenn ich nach Oranienburg zu meinen Eltern kam, erzählten sie mir etwas von Lisa, deren Eltern immer noch in ihrer Nachbarschaft lebten. Lisas Mutter klagte darüber, dass die Jahre vergingen und Lisa noch immer auf diesen Chilenen warte, der, davon sei Lisa überzeugt, unter falschem Namen wichtige politische Arbeit mache.

Aber wenn ich sie sah, selten, vertraute sie mir ihre Zweifel an. Inzwischen waren einige der Emigranten nach Chile zurückgekehrt, in ein anderes Land als das, aus dem sie geflohen waren. Als man die Toten aus der Salpetermine, in der Rudolfo gefoltert worden war, fand und ihnen ein Denkmal errichtete, erschien Rudolfos Bericht in mehreren Sprachen. Sein Vater, ein alter Mann, lebte längst wieder im Land, das hatte sie in einer Zeitung gelesen. Lisa las noch immer chilenische Zeitungen. Im Januar 1981, sieben Jahre nach ihrer Zeit mit Rudolfo im Hotel *Unter den Linden*, heiratete sie. Ihr Mann war Physiker an einem Institut in Berlin. Sie lernte ihn kennen, als er mit einem Freund eine Radtour machte und in ihr Fontane-Museum kam. Er sollte für ein paar Jahre in die Nähe von Genf, ins CERN, gehen, eine europäische Organisation für Kernforschung, an der die DDR beteiligt war. Aber dazu müsste er verheiratet sein, und seine Verlobte hatte ihn gerade verlassen. Er schlug Lisa vor, ihn zu heiraten und mit ihm zu kommen. Sechs Wochen nach ihrer Begegnung, zum ersten möglichen Termin, heirateten sie. Ich war eingeladen. Lisa hatte ihr langes Haar modisch kurz geschnitten, sie war immer noch schön, vielleicht ein wenig zu füllig, aber ihr Mann war in sie verliebt, und er gefiel auch mir und meinem Mann. «Liebst du ihn?», hatte ich Lisa gefragt, als wir einen Augenblick allein waren. Ihr Blick verdunkelte sich, und sie gab keine Antwort. Sie ging mit ihm in die Schweiz, das Institut lag an der französischen Grenze. Meine Mutter sprach aus, was auch

Lisas Mutter fürchtete. Sie hatte die erste Chance ergriffen, hinter die Mauer zu gehen, um nach Rudolfo zu suchen. Ich weiß nicht, ob sie es versucht hat, aber Lisa blieb mit ihrem Mann zusammen. Als sie nach einigen Jahren wiederkamen, hatten sie zwei Kinder. Ihre Tochter hieß Amanda, ihr Sohn Victor. Sie lebten gut zusammen. Wenn ich bei ihnen war, hörte ich manchmal, wie ihr Mann scherzte, er könne ja mit gewissen Chilenen nicht mithalten. Dann verdunkelte sich ihr Blick wie bei meiner Frage auf ihrer Hochzeit.

Unsere Kinder wuchsen heran. Sie gingen schon zur Schule, als wir, zwei Familien, vier Erwachsene und vier Kinder, zusammen an den Plattensee in Urlaub fuhren. Es war schön dort. Ich sah, dass Lisas Mann ein guter Vater war und dass er seiner Frau jeden Wunsch von den Augen ablas. Über Rudolfo sprachen wir in diesem Sommer nicht, das lag so lange zurück. Nur ihr Mann spielte wieder auf Lisas «früheren Partner» an, worüber ich mich wunderte, denn diese paar Wochen im Hotel waren doch keine Partnerschaft gewesen. Aber wer weiß, was sie ihm erzählt hatte. Lisa schien mir unzufrieden. Sie schimpfte viel mit ihren Kindern, sie trank zu viel, und einmal, als wir abends in einem Restaurant mit Blick auf den Plattensee saßen, sagte mein Mann ihr, sie solle nicht so melancholisch gucken und ob sie nicht sehe, wie schön es hier sei. Da sagte sie leise, so ein See sei eben kein Meer.

Wir fuhren nicht wieder zusammen in Urlaub, aber ich telefonierte manchmal mit Lisa, und dann war da wieder die alte Vertrautheit. Nach der Wende war ich arbeitslos, ihr Mann wurde Direktor eines Instituts in Zeuthen. Sie bauten sich dort ein Haus, wir zogen in eine kleinere Wohnung, aber unsere Nähe zueinander blieb. Sie rief mich an, als sie den Tumor bei ihr fanden vor sieben Jahren, und ich stand mit ihrem Mann an ihrem Bett, als sie nach der Operation aufwachte. Als ich mich scheiden lassen wollte vor fünf Jahren, war Lisa die Erste, der ich es erzählte, und sie kam sofort zu mir. Ihre Kinder sind schon aus dem Haus, genau wie meine. Lisa übersetzt jetzt Filmskripts, Kunstkataloge und architektonische Fachtexte aus dem Spanischen. Manchmal wird sie zu Tagungen über Städtebau und Ähnliches geholt, um zu dolmetschen. Eher beiläufig erzählte sie mir einmal, ein chilenischer Architekt habe ihr erzählt, ein Kollege von ihm, Professor an einer Kunsthochschule in Valparaiso, er hieße Rudolfo Gomez, sei 1973 auf der ersten Station seines Exils in Berlin gewesen. Ich starrte sie an, aber sie lächelte kühl, wie unbeteiligt.

Im letzten Jahr zu Weihnachten hatte meine Schwester mich eingeladen. Sie wohnt jetzt mit ihrer Familie im Haus unserer Eltern in Oranienburg. Meine Tochter studiert in den USA und wollte da auch über die Festtage bleiben. Mein Sohn, er wird Arzt, hatte Dienst. Meine Schwester und ich waren am Vormittag des 24. Dezember gerade dabei, den Weihnachtsbaum zu schmücken, wie in unserer Kindheit, als mein Handy klingelte. Lisa. Rudolfo Gomez sei in der Stadt, er habe eine Ausstellung in der Akademie der Künste über baugebundene politische Kunst eingeweiht und einen Vortrag über die Brigaden Ramona Parra gehalten. Durch Zufall habe sie es erfahren, als sie mit den Veranstaltern telefonierte. Ihn habe sie nicht erreicht, aber man habe ihr gesagt, er fliege erst am ersten Weihnachtsfeiertag zurück. Heute Abend sei er in seinem Hotelzimmer *Unter den Linden* zu erreichen. Wenn ich mitkommen wolle, würde sie mich gegen fünf bei meiner Schwester abholen. Ich wunderte mich über mich selbst, dass ich sofort zusagte. Wahrscheinlich war es Neugier, nicht mehr. Meine Schwester verstand nicht, warum ich wieder fortwollte, ihr Mann schüttelte den Kopf, aber Lisa klingelte tatsächlich um fünf Uhr am Gartentor. Ich legte schnell noch meine Geschenke unter den geschmückten Weihnachtsbaum und eilte zu ihrem Auto. Ihr Mann saß am Steuer, er war blass und sagte nicht viel. Lisa trug einen Pelzmantel, in dem ich sie noch nie gesehen hatte. «Weiß er, dass wir kommen?», fragte ich sie. «Ich habe mit seiner Dolmetscherin gesprochen. Die wollte ihm ausrichten, wir kämen ins Hotel. Die Dolmetscherin wusste, dass er vorhatte, im Hotel den Abend zu verbringen. Früh um sechs geht sein Flugzeug.»

Ich saß hinter Lisas Mann, betrachtete die lichte Stelle auf seinem Hinterkopf und sah, dass er Lisas Hand nahm, die sie ihm entzog.

Sie stieg vor dem Hotel aus dem Auto und ging, ohne sich umzusehen, mit ihren eleganten Stiefeln und dem Pelzmantel auf die Eingangstür zu, hinter der ein Weihnachtsbaum leuchtete. Er schaute ihr besorgt nach. «Ruft mich an, wenn ich euch holen soll», sagte er zu mir und fuhr zurück.

Der Platz vor dem Hotel wirkte leer. Erst nach einem Moment fiel mir auf, dass die Bäume abgeholzt waren und nur ihre Stümpfe aus dem Beton ragten. Die goldfarbene Eingangstür war stumpf geworden.

Die Hotelhalle war verändert, modernisiert, weinrot gestrichen, aber der Fahrstuhl, die Rezeption, sogar die Telefonplätze waren noch an denselben Stellen. Alles wirkte wie verstaubt. Lisa stand an der Rezeption. Sie sah aus, als friere sie in ihrem Pelzmantel. Wir sollen doch bitte Platz nehmen, der Gast käme gleich, bedeutete uns eine Empfangsdame. Da sah ich ihn aus dem Fahrstuhl treten und erschrak. Was hatte ich erwartet? Rudolfo mit dem langen dunklen Haar und dem Blick des Che Guevara? Der Herr um die sechzig hatte nur noch einen grauen Haarkranz, seine Augen hinter dicken Brillengläsern suchten den Empfangsraum ab, glitten über Lisa, die immer noch reglos an der Rezeption stand, hinweg, verharrten kurz bei mir, suchten weiter und kehrten zu mir zurück? «Señora?» Fragend kam er auf mich zu. Aber es war Rudolfo, ich erkannte ihn. Einen Moment lang löste der Moment des Wiedererkennens ein Glücksgefühl in mir aus. Ich wollte ihn umarmen, aber der Impuls verebbte, als ich begriff: Er wusste nicht, wer ich war. Ich wies auf Lisa.

Er sah sie an, lange. Ihre Blicke trafen sich. Man sah, wie es in seinem Gesicht arbeitete, schließlich lächelte er höflich, gab ihr die Hand, die Lisa wie eine Marionette nahm. Er lud uns ins Hotelrestaurant ein.

«Du warst meine Betreuerin vom Jugendverband?», wandte er sich an mich. Verwirrt übernahm ich es, ihn an den Sommer 1973 zu erinnern, an das Konzert der Inti Illimani im Freibad Pankow, an das Bungalowdorf, an Ernesto und Amanda. Auch bei diesen Namen zeigte er keine Reaktion. Ich erzählte ihm, wie wir im Dezember 1973 hier zusammen Weihnachten gefeiert hatten. Doch, das wusste er, er hatte sich deshalb dieses Hotel hier ausgesucht. Er konnte sich erinnern, hier ein paar Wochen gelebt zu haben nach seiner Ankunft in Berlin, bevor er weiterreiste zur nächsten Station des Exils. Und da war doch noch, er zögerte, wieder suchte sein Blick ratlos Lisas Gesicht ab, da war doch ein Mädchen, sie hieß Lisa. Wieder wies ich auf sie, und wieder blickten sie sich an, lange, stumm. Der Kellner kam und fragte nach unseren Wünschen. Jetzt erst kam wieder Leben in Lisa. «Ich möchte im Zimmer speisen», sagte sie. «Zimmer 554. Mit Blick auf die Linden.» Er lachte, das sei auch jetzt seine Zimmernummer. Der Kellner zögerte, denn auf den Zimmern werde nicht serviert, außerdem seien wir doch keine Gäste des Hauses. Aber dann besprach er sich mit einem anderen Kellner und bedeutete uns, sie würden uns das Essen aufs Zimmer bringen, ihnen allen sei zum März gekündigt, das Hotel würde bald abgerissen. Ein modernes Bürohaus wird hier entstehen, wozu sich noch an die Hausordnung halten.

Das Zimmer 554 war so klein, dass ich kaum glauben konnte, dass wir hier zusammen mit Amanda, den Mongolen und den anderen Weihnachten gefeiert hatten. Lisa bestand darauf, auf der Bettkante sitzend zu essen, die Teller auf den Knien, wie damals. Sie trank viel Wein, aber Rudolfo schien froh zu sein, dass unsere Begegnung so unkompliziert verlief. Er erzählte etwas über seine Arbeit, er hatte ein Buch über politische Wandmalerei geschrieben. Vorsichtig fragte er nach unseren Berufen. Auf seinem Nachttisch stand ein kleiner CD-Player, einige CDs lagen daneben. Als er von seiner Familie sprach, von einer kleinen Tochter, erst sechs Jahre alt, und Fotos des Kindes zeigen wollte, holte auch Lisa ein Fotoalbum aus ihrer Tasche. Ich kannte es, sie hatte es mir oft gezeigt. Rudolfo hatte es ihr vor fast zweiunddreißig Jahren am letzten Tag seines Aufenthalts im Bulgarischen Pavillon gleich um die Ecke gekauft. Es war ein schweres Album aus geprägtem Leder, sehr teuer. Er hatte ihr etwas schenken wollen und sein ganzes Geld dafür ausgegeben. Sie hatte die Bilder ihrer kurzen Reise zur Ostsee hineingeklebt. Der ältere Herr, der Rudolfo war, saß ratlos über diese Fotos gebeugt. Auch diese Reise schien keine Spur in seinem Gedächtnis hinterlassen zu haben. Ich sah Lisa an, und ich sah sie mit seinen Augen. Ihr blondes Haar war kurz geschnitten und rot gefärbt, ihre füllige Figur ließ sie älter aussehen, als sie war. Aber ihr Blick, er muss doch Lisas Augen wieder erkannt haben. Lisa hatte unter seinen CDs eine entdeckt, die sie kannte: Cesária Évora, die Sängerin der Morna von den Kapverdischen Inseln. Sie legte sie auf, streifte die Stiefel von den Füßen, und dann tanzte sie nach dem Lied der barfüßigen Sängerin. Sie stieß an die Möbel in dem engen Zimmer, ihr Gesicht war gerötet, sie sang leise mit, es war ein komischer Anblick und ein unendlich feierlicher Moment. Lisa war nun sehr schön, und der Chilene muss es bemerkt haben, denn er weinte.

Später kam Lisas Mann. Er brachte Whisky mit, und ein Hotelangestellter kam und setzte sich zu uns, weil wir spanisch sprachen. Er war ein Latino, aber ich habe vergessen, woher er kam. Und dann, es ist die Wahrheit, kam ein Mongole aus einem der Nebenzimmer. Wir feierten Weihnachten und das Leben, und Lisa ließ die Hand ihres Mannes nur los, um immer wieder die eine CD aufzulegen: Die Adresse der Sehnsucht ist das Meer. Am Morgen fuhren wir Rudolfo zum Flugplatz, und keiner der schon gekündigten Hotelangestellten sagte ein Wort, als wir alle die Treppe an diesem Weihnachtstag herunterkamen.

Christina Russmann

Ein Stockwerk über mir

Weihnachten zu Solidarność-Zeiten in Warschau

Der Winter war gekommen, drei Wochen vor Weihnachten hatte eine Eiseskälte die polnische Hauptstadt erreicht. Im Anflug auf Warschau sah ich mächtige Eisschollen die Weichsel hinuntertreiben, Schnee und Raureif bedeckten die Felder. Friedlich und sehr weihnachtlich sah alles aus – zumindest vom Fensterplatz einer gut beheizten Boing 737 der Lufthansa –, so, als hätte dieses Land in letzter Zeit keine anderen Sorgen gehabt, als sich herauszuputzen für die kommenden Festtage.

Aus der Nähe betrachtet sah alles anders aus – damals. Man schrieb das Jahr 1980. Ein Bummel durch Warschau, und man ahnte, wie die Lage wirklich aussah: Außer Konserven mit Sauerkraut und Salzgurken fand sich in den Geschäften kaum etwas Essbares zu kaufen, man sah Menschenschlangen vor den Bäckereien, manche Läden wurden nur noch jeden zweiten Tag beliefert. Milch war Mangelware, und zwei Wochen vor Weihnachten kursierten Gerüchte, es gäbe in der ganzen Stadt kein Fleisch mehr. Die Lieferwagen seien in den verschneiten Wäldern außerhalb der Stadt gesehen worden, sie waren leer und geplündert. «Wir sind praktisch ein Fall für die Welthungerhilfe», sagte Marek, Student der Politikwissenschaften. Er hatte mich am Flughafen empfangen und sollte mich die nächsten Wochen als Dolmetscher begleiten.

Andererseits war da der Luxus! Wer Dollars hatte, konnte alles kaufen: Bärenschinken, Kaviar, Champagner und blonde polnische Mädchen. Tag und Nacht gingen sie zum

Beispiel in der Empfangshalle des Hotels *Victoria* auf den Strich. Besonders viele Araber hielten sich hier auf, junge Männer, die Whiskey tranken, palaverten und sich dann und wann für eine Favoritin (oder mehrere) entschieden, um mit ihnen auf dem Zimmer eine Auszeit von der Sittenstrenge ihrer prüden Heimat zu nehmen. Jede Woche kamen neue Männer eingeflogen. Bettenwechsel!

Ich bezog mein Quartier ebenfalls im *Victoria*. Es war das einzige Hotel mit internationalem Standard – Freier hin, Puff her – und *das* Zentrum für uns Journalisten, das «Basiscamp» für Berichterstatter, Kamerateams und Fotografen aus aller Welt. Amerikaner hatten ihre Suiten zu TV-Studios, andere das Badezimmer zum Fotolabor umfunktioniert. Ich war für ein deutsches Magazin gekommen, es sollte eine spannende Zeit werden.

Polen stand vor einem «Bruderkrieg». Im Sommer hatten sich Arbeiter und Intellektuelle mit einem Generalstreik gegen das herrschende Regime erhoben und so die Anerkennung einer neu gegründeten, freien Gewerkschaft erzwungen; jetzt, gegen Jahresende, war dieses Bündnis namens «Solidarnosc» bereits die eigentliche Macht im Lande. Es war nur eine Frage der Zeit, bis die Sowjets mit ihren Panzern dazwischenfahren würden, sie haben immer zugeschlagen, wenn jemand aus ihrer Mitte Freiheitswillen zeigte. Unentwegt war man aufs Äußerste gefasst, und so kam es, dass jedesmal, wenn ein Kollege hektisch durchs Hotelfoyer zum Fernschreiber hinter dem Empfangstresen rannte, wir anderen dachten: Aha, nun isses so weit, die «Russen» sind da.

Doch bis «es» so weit war, sollte noch ein Jahr vergehen, und dann kamen keine Panzer, sondern es kam ein polnischer General, rief den Kriegszustand aus und erstickte, zwar ohne Blutvergießen, dennoch alle Hoffnungen innerhalb von Stunden.

Im Winter des Jahres 1980 ahnte aber noch niemand etwas davon.

Die Stimmung war locker, wenn auch in Warschau und anderswo im Lande die Menschen kaum etwas zum Leben hatten. Misstrauen und Obrigkeitsdenken waren jetzt außer Kraft gesetzt, man darbte, zugegeben, aber man half sich gegenseitig aus. Gemeinsinn überall, wer im Keller noch Kartoffel lagern hatte, lud den Nachbarn ein, wer Wodka hatte, auch, schon deshalb, weil sich vielleicht dabei eine Gelegenheit zum Diskutieren ergab, es wurde in diesen Zeiten ohnehin unentwegt nur diskutiert. Wird es den Polen gelingen, aus dem Warschauer Pakt auszuscheren? Warum eigentlich nicht, wenn es die meisten von ihnen wünschen? Auf offener Straße sprach man darüber, in Cafés, in jedem Hinterzimmer, jeder mit jedem, Hauptsache die Zigaretten gingen nicht aus. Schließlich betrat noch eine wilde Warschauer Musikszene wie aus dem Nichts heraus die Bühne und begeisterte die Jugend – damals hieß es bei uns im Westen, Ungarn sei die fröhlichste Baracke jenseits des Eisernen Vorhangs. Polen war diesbezüglich ein ernster Konkurrent geworden. Man lebte ein Wunder, das Wunder der Freiheit, während draußen der Schnee die Hauptstadt langsam zudeckte.

Eines Abends traf ich mich in der Hotelbar mit Kollegen. Wir bestätigten uns ununterbrochen, welch harten, aber guten Job wir hatten. War es nicht aufregend, Zeitzeuge zu sein bei einer so historisch spannenden, sicher auch gefährlichen Epoche am Rande Europas? Was, wenn das polnische Volk weiterhin rebelliert und der Konflikt mit den Sowjets eskalierte? «Es ist doch geiler, hier an der Front zu sein, als jetzt mit Oma übern Nürnberger Christkindlmarkt zu spazieren», meinte Karsten. Was waren sie nicht für harte Burschen, die Kollegen. Später blitzte bei dem einen oder anderen dann doch unter der unsichtbaren Rüstung der weiche Kern hervor. Die Vorstellung, Weihnachten ausgerechnet auf diesem heruntergewirtschafteten Flecken Erde zu verbringen, ließ viele sentimental werden.

Ein Hauch von Vertriebenenstammtisch hing jedenfalls im Raum, als zu später Stunde ein Kameramann vom ZDF seinen Arm um meine Schulter legte: «Pass auf!», sagte er, «ich gebe dir jetzt einen Rat: Der sowjetische Geheimdienst – ich sage nur KGB – der is' überall. Lass nichts liegen in deinem Zimmer. Keine Adressen, keine Infos ...!» Ganz deutlich sprach er nicht mehr und sein Blick war etwas glasig. Es war Zeit, mich zu verabschieden, morgens um acht würde mich Marek abholen.

Ich hatte Mühe, den Schlüssel für Zimmer Nr. 433 ins Schloss zu kriegen. Wieso haben Hotels nie anständiges Licht im Flur! Und warum sind Schlüssellöcher immer viel zu klein! Egal, die Tür ging auch so auf, allerdings von innen, und ein Mann in Hemd und Unterhose stand vor mir: «Madame ...?»

Hinter ihm sah ich die Verwüstung. Zerknülltes Papier am Boden, Aktenordner, Notizblöcke, Unterwäsche, alles drunter und drüber. Aha, dachte ich, also doch. Der KGB schnüffelt tatsächlich hier herum.

Zimperlich sind die nicht, man kennt das ja aus James-Bond-Filmen. Wenn es sein muss, interessieren sie sich auch für die Dessous.

Mein Onkel aus der DDR hatte immer gesagt: Kind, wenn du bei uns von einem Fremden aufgehalten wirst, lass dich nicht einschüchtern. Als der Kalte Krieg einsetzte, Anfang der 60er Jahre, wimmelte es genau wie jetzt in Polen auch dort von Soldaten, Polizisten, Spitzeln, die jeden Besucher aus dem Westen misstrauisch verfolgten und ihn auch auf offener Straße ohne Anlass kontrollierten. Er selbst war eine energische Person und hatte sich sein Leben lang gegen allerlei Autoritätspersonen und manche Schikanen sowjetischer Besatzer gewehrt. Das Mundwerk hatte er dazu – als Kind armer Eltern und aufgewachsen in Berlin nach dem Ersten Weltkrieg, brauchte man es wohl zum Überleben. Dieser Onkel also hat immer gesagt: «Hab keine Angst. Nur wenn einer von ‹denen› merkt, dass man dich einschüchtern kann, wird's unangenehm. Sei selbstbewusst, aber nicht frech.»

Sei selbstbewusst, aber nicht frech. Diese Worte klangen plötzlich wieder im Ohr, als dieser fremde Mann, der Geheimagent, in meinem Hotelzimmer stand. Kurzerhand schob ich ihn beiseite und trat ein. Ich sagte: «Was machen Sie hier!» Das war schon vom Ton her nicht wirklich eine Frage. Ich bückte mich und hob ein paar Papierfetzen auf. Aus dem Augenwinkel nahm ich dabei einen dunklen Anzug wahr, der an der Tür des Wandschranks hing. Wie cool muss dieser Typ eigentlich sein! Hatte er gedacht, ich würde heute Nacht woanders schlafen?

Ich spürte seinen Atem hinter mir. «Madame, suchen Sie etwas Bestimmtes …?»

Ob ich etwas suche? Ich? Wenn hier jemand etwas sucht, dann wohl er. Diesen Kugelschreiber unterm Sideboard hatte ich noch nie gesehen, und der Wecker auf dem Nachttisch gehörte mir auch nicht. – «Kann ich Ihnen vielleicht helfen?» Eine Stimme hatte der Mann, als spräche Charles Aznavour persönlich. – «Sie? Mir?» Die Teetasse da drüben – wie kam sie hierher? Ich trinke keinen Tee. – «Wer hat Ihnen eigentlich erlaubt, in meinen Sachen rumzuwühlen …» Neben dem Bett lagen die Unterhosen und die Socken – auch nicht von mir bei näherer Betrachtung.

Ich blieb noch eine Weile in der Hocke – denn es dämmerte mir allmählich: Das ganze Zimmer ist nicht meins. Ein roter Koffer in der Ecke brachte die Gewissheit. Es hämmerte in meinem Schädel, und eine innere Stimme feixte: Du hast im Lift den falschen Knopf gedrückt, du bist eine Etage zu weit gefahren, du hast zu viel getrunken, deine Bleibe liegt genau ein Stockwerk darunter. Ich drehte mich um und sah den Mann an: Anfang 40, dunkles Haar, blaugraue Augen. Kein schlechter Anblick. «Pardonnez-moi», sagte ich, «pardonnez-moi.» Der Rest war hilfloses Gestammel. Raus hier, dachte ich, nichts wie raus. «Bon soir, Monsieur. Sorry.»

Monsieur versperrte mir den Weg, er nahm mit eleganter Geste meine Hand und bat mich, im Lehnstuhl Platz zu nehmen. «Setzen Sie sich. Mich interessiert, haben Sie gefunden, was Sie suchten?» Pierre, so hieß er, war ein Gewerkschaftsführer aus der Normandie. Als Zeichen der Solidarität mit den polnischen Genossen wurde überall im Westen Geld für «Solidarnosc» gesammelt, Pierre sollte die Spende seines Bezirks – immerhin 2000 Dollar – den Warschauer Kollegen überbringen. Seine Cousine wohnte hier, und deshalb sprach er ein paar Brocken Polnisch.

Wie ich auf die Idee kam, bespitzelt zu werden? «Nun ja, wenn Sie von Ihrem Zimmer aus telefonieren», fragte ich ihn, «haben Sie nie ein Knacksen in der Leitung gehört?» – «Doch.» – «Sehen Sie …» Er nickte, wurde nachdenklich. Warum es hier aussah wie in der Bude eines Halbwüchsigen, fragte ich nicht mehr. Männer eben, man kennt das, die Diagnose ist immer die gleiche: Gendefekt. «Gute Nacht, Pierre. Und noch einmal: Nichts für ungut.»

Eine Woche später, an Heiligabend, fuhren wir durch wildes Schneegestöber zur Cousine Anna. Sie lebte in einer Zweizimmer-Wohnung in einem Plattenbau am Rande Warschaus. Ihre beiden Töchter und deren Männer waren gekommen, ebenso die drei Enkelkinder plus ein Hund. Jetzt fehlte nur noch der Hausherr, Jerzy, der in Begleitung … der Katze im Keller Kartoffeln holte.

In der Küche dampfte es aus allen Töpfen, die Fenster in der ganzen Wohnung waren beschlagen. Was Küsse, Wortschwall und Umarmung betrafen, machte die Cousine keinen Unterschied zwischen mir und dem Cousin aus der Normandie. Pierre hatte eingekauft: Eine Kaffeemaschine, einen Mixer, eine Luftmatratze, Akku-Bohrer, Barbie-Puppen, Ritterburg, mehrere Daunenjacken, Whiskey, Kaffee, Dosenfleisch, Katzenstreu und Schokolade. Anna schlug die

Hände zusammen: «Wir in Polen sagen: Jeder Gegenstand ist Mittelpunkt eines Paradieses. Das hier sind so viele Paradiese!» Jedenfalls übersetzte Pierre das so, möglicherweise hatte die gute Frau auch was ganz anderes gesagt.

Es wurde gegessen, gesungen und viel getrunken. Um Mitternacht, als uns ein Taxi zur Heimfahrt abholte, wusste ich, was ab sofort mein höchstes Glück bedeuten würde: Nie wieder in Schweineschmalz schwimmendes Kraut serviert zu bekommen, nie wieder mit Speck gefüllte Knödel, nie wieder Nierchen in Rahmsoße, nie wieder Wodka. Nur noch von Wasser und trockenem Brot würde ich mich ernähren bis ans Ende aller Tage. «Jawohl», sagte Pierre und rückte näher an mich heran. «Morgen zum Frühstück nur Wasser. Und dazu vielleicht noch zwei Croissants mit etwas Butter.» Mir wurde schlecht.

Als wir schließlich im Hotel ankamen, sah ich die Kollegen in der Lobby unterm Weihnachtsbaum sitzen. Ich winkte müde und überließ es Pierre, in welcher Etage wir aussteigen würden.

Christine Pilot

Na, die Damen?

Was man mit Weihnachtsbäumen doch für Freude machen kann

Also, manch eener, der mit Kunden umjeht, kann ja 'ne Menge Jeschichten erzählen. 'n Busfahrer, zum Beispiel, oder 'n Taxifahrer. Wat die so alles mit Fahrjästen erleben, also, det jeht uff keene Kuhhaut.

Aber icke, als altjedienter Weihnachtsbaumverkäufer, ick erleb eijentlich jar nich so ville. Obwohl ick am Bahnhof Friedrichstraße stehe, im Herzen von Berlin, wie's so schön heißt. Trotzdem: Läuft alles meistens janz ruhig ab. Klar, dass sich mal zwei nich einigen können: Sie will 'ne Tanne, er will 'ne Fichte, oder sie will partout den großen Baum, und er sagt, der passt doch jar nich rin in die Stube; na, oder dasse mit mir handeln wie uff'm Basar ... Aber det is eijentlich ooch schon alles.

Nur voriges Weihnachten, da hab ick ja wirklich mal wat Besonderes erlebt. Und zwar Heiligabend, am Nachmittag, nich lange, bevor wa den Stand zujemacht ham. Unser Chef, müssen Se wissen, is so'n janz Korrekter: Der Stand muss offen bleiben, bis es dunkel is; könnt ja noch'n Kunde kommen! Na, ick bin ja zu Hause sowieso alleene, mich kann die Arbeitszeit jar nich weiter stör'n. Nur frier'n tu ick immer am Heiligabend, denn normalerweise kommt einfach keen Kunde mehr, und wenn nischt zu tun is, wird's doch lausig kalt. Normalerweise also kommt keen Kunde mehr, normalerweise nich! Aber letztes Jahr:

Ick stapfe grade so vor unseren Bäumen uff und ab, mein Kollege Ronald raucht 'ne Zigarette, da biegen doch zwei ältere Damen um die Ecke: die eene mit kurzen weißen Haaren, kleen und mit janz energischen Schritten, die andere, größere, mit blonden Haaren, im Pelzmantel und 'n bisschen hinter der ersten her. Und wie se da so plötzlich stehen bleiben und die erste ruft: «Guck mal, Lilo, da ist ja der S-tand!», da weeß ick sofort, die sinn nich von hier. Hamburg wahrscheinlich, denke ick, da s-tolpern se doch alle übern s-pitzen S-tein.

«Na, die Damen?», sprech ick se an. «Noch uff'n letzten Drücker 'n Weihnachtbaum koofen?»

«Ein Weihnachtsbäumchen», korrigiert die erste, «nicht größer als so», und hält ihre Hand so in Schulterhöhe. «Und dazu hätten wir gerne noch einen S-tänder, darf ruhig eins von Ihren Holzkreuzen sein. Und am liebsten noch 'n kräftigen jungen Mann, der uns das Ganze ins Hotelzimmer trägt.»

Na, aber hallo, denke ick, die weeß aber janz jenau, wat se will. Aber is ja nich det Schlechteste; so kommt man wenigstens schnell ins Jeschäft. Und wat den kräftigen jungen Mann anjeht: Mein Kollege Ronald kiekt schon immer rüber, aber: Nee, nee, sag ick leise im Vorbeigehen zu ihm, für die Jeneration bin ick zuständig.

Wir werden uns ooch janz schnell einig, sowohl über den Baum als ooch über den Transport, und dann machen wa uns ooch schon uff'n Weg: die Friedrichstraße runter, über die «Linden» rüber und dann in 'ne kleene Seitenstraße rin, die irjendwo vom Gendarmenmarkt abjeht.

«Ick hab ja jedacht, Sie wohnen im Adlon», sag ick mit Blick uff den Pelzmantel der Blonden.

«Im Adlon? O nein, da wollen wir nur mal schön essen gehen.»

Na, selbst det könnt ick mir beim besten Willen nich leisten. Grade deshalb hätt ick's ja jerne mal von innen jesehn. Aber wat nich is, is nich. Dafür is det kleene Hotel von den beeden, wie mir scheint, umso persönlicher.

«Da haben Sie ja noch einen Baum bekommen!», freut

sich die junge Frau am Tresen – oder Rezeption heißt det ja wohl – als wir in det Hotel rinkommen. Und reicht meinen beeden zwei Pappkartons rüber und 'ne Plastetüte mit 'nem Knäuel von 'ner Lichterkette drin. Und dann sagt se zu ihnen noch im Flüsterton: «Ich hab Ihren Kindern übrigens nichts gesagt; die denken, Sie halten einen Mittagsschlaf!»

Da kichern sie alle, und meine zwei beeden kichern sogar noch oben im zweiten Stock, wo die eene ihr Zimmer hat.

Is' n Einzelzimmer, janz nett, nur 'n bisschen kleen, zumindest um dort 'n Baum uffzustellen.

«Wo soll er denn hin?», frage ick denn ooch.

«Einfach, wo Platz ist», wispert die Blonde – Lilo, det hab ick mir jemerkt – «der Baum bleibt nämlich sowieso nicht hier. Der ist für unser Enkelkind: Die Lütte wollte doch so gern einen Weihnachtsbaum haben! Den schmücken wir jetzt schön, und nachher, zur Bescherung, kommt er zu ihr, eine Etage tiefer.»

Na, die sind ja joldig, denk ick bei mir, koofen für ihre «Lütte» 'n Weihnachtsbaum! Aber ick seh ooch gleich die praktische Seite und frage: «Wie? Sie woll'n den jeschmückten Baum dann wieder 'ne Treppe tiefer tragen? Det woll'n Sie wirklich alleene machen?»

«Eigentlich», sagt die Resolutere – Kläre mit Namen, wie ick inzwischen weeß –, «wollten wir ja jemanden vom Hotel hier bitten. Aber vielleicht könnten ja auch Sie das machen. Hätten Sie denn noch ein S-tündchen Zeit?»

Ick kiek uff die Uhr und denke mir: Eh ick jetzt da draußen in der Kälte stehe ... Also ruf ick Ronald uff'm Handy an und erklär ihm, dass ick noch 'n wichtigen Kundenufftrag habe.

«Dürfen wir Ihnen vielleicht was zu trinken anbieten?» Die Blonde – Lilo – macht die Minibar auf. Na, für so'n Schnäpperken bin ick immer zu haben.

So kommt es, dass ick mich dort häuslich niederlasse,

meinen Parka und die Fleece-Jacke über die Stuhllehne hänge, mich an'n Tisch setze und an dem Cognac nippe und schon mal die Lichterkette auseinander pussele. Während Lilo und Kläre sich den Baumschmuck ankieken.

Schließlich putzen wa jemeinsam den Weihnachtsbaum: Ick klemme die Kerzen an die Zweige und die beeden hängen die Kugeln hinterher. Und wat soll ick Ihnen sagen: Er wird wunderschön! Und meine zwei beeden, die glühen richtig.

Und denn? Na, denn machen se sich noch «schick», det heißt, sie schmeißen sich mächtig in Schale: Kläre zieht 'n grauen Hosenanzug an, Lilo 'n langen schwarzen Samtrock und 'ne weiße Bluse.

Wo ick in der Zeit bin, woll'n Se wissen? Na ick steh natürlich draußen und warte uff die beeden. Also, wat ham denn Sie jedacht?

Und nun bewegen wa uns langsam die Treppe runter: Ick voran mit dem jeschmückten Baum, der jar nich so leicht zu tragen is, hinter mir Kläre im Hosenanzug und Lilo in ihrem langen Rock.

Dann noch den langen Gang entlang: «Hier! Hier haben unsere Kinder ihr Zimmer.»

Flüsternd verabschieden wa uns voneinander, und als ick in Kläres Hand 'n Jeldschein fühle, will ick ihn eijentlich jar nich annehmen. Aber sie besteht drauf und, naja, eh ick mich schlagen lasse …

Ja, und denn steh ick wieder uff der Treppe. Aber – irjendwie will ick det Ende noch mitkriegen, und so kiek ick janz vorsichtig nochmal um die Ecke: Sie haben inzwischen die Kerzen anjemacht, und wie se beede da so stehn, so erwartungsvoll …

Dann wird von innen die Türe jeöffnet, und zuerst hör ick jar nischt. Und dann: «Wow …! Mama, Papa, guckt doch mal!»

Det war die «Lütte», die war janz aussem Häuschen.

Mensch, denk ick, wat ick mit meinen Weihnachtsbäumen doch für Freude machen kann! Und wat soll ick Ihnen sagen: Ick bin nochmal zum Stand zurück und hab mir ooch noch 'n Baum mitjenommen.

«Ick hätt's ja jerne mal von innen jeseh'n ...», das berühmte Hotel *Adlon* nämlich.

Für alle, die sich auch für das *Adlon* interessieren, ist hier ein Rezept aus diesem Hotel:

Lebkuchengewürztes Eisparfait mit Trockenfrüchten

Zutaten für eine Terrine, 30 cm lang:

¼ l Eigelb, 225 g Zucker, 750 g Schlagsahne, 50 g getrocknete Pflaumen, ohne Stein, 50 g getrocknete Aprikosen, ohne Stein, 50 g getrocknete Birnen, 50 g Sultaninen, einige kandierte Orangen- und Zitronenschalen, 80 g gehackte Haselnüsse, 1 Teelöffel Lebkuchengewürz, 1 cl Zwetschgenwasser, 1 cl Kirschwasser

Birnen und Aprikosen in warmem Wasser einweichen.
Dann die Früchte und die gerösteten Haselnüsse durch den Wolf drehen. Mit den Gewürzen und dem Alkohol über Nacht marinieren.
Die Sahne aufschlagen. Eigelb mit Zucker gut aufschlagen (am besten mit dem Elektroquirl).
Die Früchte hinzufügen und gut verrühren. Zuletzt die Sahne ganz vorsichtig unterheben.
Die Terrine mit Plastikfolie auslegen und die Masse in die Terrine geben.
Für eine Nacht in den Tiefkühler stellen, und Sie haben ein wunderbares Eisparfait.

Guten Appetit!

Rainer Meier

Die Nacht der Entscheidung

Ein Heiliger Abend im Hotel Waldorf in New York

Es war weit nach Mitternacht, als Oscar Tschirky mit ruhigen Schritten durch das riesige Foyer des Hotels *Waldorf* zum Empfangstresen ging. Er war trotz der späten Stunde wie immer makellos in edles Tuch gekleidet, elegant, aber dezent. Die dicken Teppiche verliehen seinem festen, schnellen Gang etwas Federndes, geradezu Beschwingtes. Seine Augen streiften den vier Meter hohen Nachbau der Freiheitsstatue, deren Fackel in einer abgedunkelten Ecke neben den großen Eingangstüren strahlte. Er lächelte unwillkürlich, für solch verrückte Einfälle mochten ihn die Leute. Warum auch nicht, schließlich ist das Hotel *Waldorf* mehr als eine vorübergehende Bleibe, mehr als eine schlichte Bettstatt. Es ist eine ganz eigene, andere Welt als die da draußen, ein Illusionstheater mit einer perfekt funktionierenden Mechanik, unsichtbar im Hintergrund, so unsichtbar wie die Elektrizität, die die Fackel rund um die Uhr zum Leuchten brachte.

Nach einem letzten Rundgang durch das Restaurant, vielen geschüttelten Händen und Komplimenten über das vorzügliche Festtags-Menü, war es Zeit, einen Blick in die Bar zu werfen und die fröhlich feiernden Gäste zu begrüßen. Das Restaurant leerte und die Bar füllte sich, das war am Ersten Weihnachtstag 1895 nicht anders als an anderen Wochenenden und Feiertagen, nur dass heute alles ein wenig festlicher, glänzender, aber auch ruhiger war als sonst. Doch vorher ging er zur Rezeption, es gab immer irgendetwas, um das er sich kümmern musste. Seit seiner Eröffnung am 24. März 1893 war das Hotel *Waldorf* nicht nur New Yorks luxuriöseste Herberge, sondern auch der Lieblingstreffpunkt der Schönen und Reichen, der Theater- und Revuestars, Musiker und Sportler, Politiker und Millionäre – und mittendrin, als ihr Zeremonienmeister, Oscar Tschirky, von den Gästen schlicht Oscar genannt, der Maître d'Hotel, ein Titel, den vor ihm noch niemand in einem amerikanischen Hotel innehatte.

Oscar lebte den amerikanischen Traum: Da sein Vater als Angestellter eines kleinen Reisebüros im schweizerischen La Chaux-de-Fonds im Kanton Neufchâtel zu wenig verdiente, um die Familie durchzubringen, wanderten sie nach New York aus. Doch der Vater konnte sich nicht an das feuchte New Yorker Klima gewöhnen und wurde immer häufiger und länger krank. Oscar und sein zwei Jahre älterer Bruder mussten für die kleine Familie, zu der auch noch eine jüngere Schwester gehörte, sorgen. Oscar bekam nach diversen Aushilfsjobs eine feste Anstellung als Kofferträger im Hotel *Hoffman House* und stieg nach nur fünf Monaten zum Kellner auf. Anschließend wurde er Steward auf der hoteleigenen Dampfjacht und wechselte von dort ins «Delmonico», New Yorks vornehmstes und elegantestes Restaurant. Und jetzt, mit 24 Jahren, war er Maître d'Hotel in Amerikas Nobelherberge Nummer eins, voll elektrifiziert und mit richtigen Badezimmern in vielen Räumen – William Waldorf Astors verwirklichte Vision eines luxuriösen Grandhotels, in dem er selbst gerne Gast sein würde.

Oscar war stolz, aber nicht eingebildet. Er wusste, dass er viel Glück gehabt hatte, sehr viel Glück. Außerdem hatte er zwei typisch schweizerische Charaktereigenschaften von seinem Vater geerbt: Freundlichkeit und Diskretion. Ihm machte es Spaß zu dienen, auch die unmöglichsten Wünsche seiner anspruchsvollen und verwöhnten Gäste zu erfüllen. Auch wenn er nie Chef oder Besitzer war (und es auch nicht werden wollte), so waren es doch stets *seine*

Gäste, die er bediente. Er war der perfekte Gastgeber, weder devot noch arrogant, sondern im Grunde seines Herzens ein zutiefst freundlicher Mensch, der allerdings den Mund halten und die Augen zudrücken konnte. Das wussten seine Gäste zu schätzen, schon als er im *Hoffman House* die Koffer der Herrschaften auf ihre Zimmer gebracht hatte und darüber hinwegsah, dass Mr. Cullingham um den Schlüssel zur Verbindungstür zu Mrs. Frasers Nachbarzimmer bat. An Bord der Hoteljacht war er oft Gast nächtlicher Pokerpartien und wurde unfreiwillig Zeuge, wie innerhalb weniger Stunden Tausende von Dollars von einem Tischende zum anderen geschoben wurden, Aktienpakete und alter Familienschmuck diskret die Besitzer wechselten. Und die rauschenden Privatpartys, die er auf der Jacht organisierte, bei denen es an nichts, an wirklich nichts mangelte, hatten ihm einen fast schon legendären Ruf verschafft – und jede Menge Trinkgeld sowie eine Menge Freunde in den gehobenen Kreisen. Sie hatten seine Karriere gefördert und so manche Tür für ihn geöffnet (erst die zum «Delmonico» und zuletzt die zum Hotel *Waldorf*). Nie hätte er mit irgendjemandem über seine Erlebnisse geplaudert, weder mit dem Personal, noch mit seinen Vorgesetzten, der Polizei oder anderen Gästen. Er fand, dass Verschwiegenheit Ehrensache sei. Und er war ein Gentleman, im Gegensatz zu manch einem seiner Gäste …

Als Oscar zur Rezeption kam, war Charles gerade dabei, Karten für das neu eröffnete *Olympia Theatre* zu sortieren. Offiziell war die Silvestervorstellung seit Monaten ausverkauft, aber Oscar hatte gute Kontakte zu dem aufgehenden Stern am Broadway. «Wie viele haben wir?», fragte er den schlanken, stets jovial lächelnden Mann in dem dezenten blauen Anzug hinter dem Tresen. «Alles bestens, Chef», antwortete Charles lächelnd und hielt einen Stoß Karten hoch: «24 – plus sechs mit allen Extras. Schon irgendwelche Kandidaten?» – «Ja, vier für Mr. und Mrs. Randel aus Zimmer 74 und sechs für die ‹Carnegie Hall›. Ein Mr. Brown wird sie übermorgen früh abholen. Und drei Extrakarten brauche ich für Mr. Smith. Er kommt morgen zum Lunch ins Restaurant. Machen Sie einen Umschlag mit den Karten für ihn fertig.» Vergeblich hoffte Charles auf ein paar Hinweise, wer die mysteriösen «Mr. Brown» und «Mr. Smith» seien, aber Oscar war, wie stets, diskret.

Nach einem kurzen Blick in das Gästebuch und in die Fächer für die Zimmerschlüssel verabschiedete sich Oscar von Charles: «Ich geh nochmal kurz in die Bar, falls Sie mich brauchen.» – «Jawohl, Chef», antwortete Charles mit einem angedeuteten militärischen Gruß. «Nennen Sie mich nicht immer Chef, und lassen Sie den Blödsinn mit dem Salutieren! Sie sind hier in einem Grandhotel, nicht auf dem Kasernenhof.» – «Jawohl, Ch… Maître!»

Als Oscar durch die üppig mit Engeln, Sternen, Girlanden und großen Kerzenleuchtern weihnachtlich dekorierte Halle schritt, bemerkte er aus dem Augenwinkel eine Bewegung in einer der hinteren Sitzgruppen. Er wandte seinen Blick und sah eben noch, wie ein Kopf hinter einem der ledernen dunkelbraunen Sessel verschwand. Sicher ein Gast, der seinen Rausch ausschläft, dachte Oscar und ging vorsichtig auf die Polster zu. Als er über die Lehne blickte, sah er einen kleinen grünen Hut mit einem weißen Schleier, in dem winzige schimmernde blaue Federn steckten. «Kann ich Ihnen helfen, Madam?», fragte er leise. Der Hut neigte sich ruckartig nach hinten, die Federn tanzten, und hervor kam ein junges schüchtern lächelndes Frauengesicht, das Oscar sofort erkannte, trotz der ungewöhnlichen Kopfbedeckung. Es war Mary, eines der Mädchen vom «Room Service». Die Eltern von Mary O'Donaghue waren während der großen Hungersnot Ende der 40er Jahre von Irland in die USA ausgewandert. Mary war die jüngste von acht Geschwistern, die alle in den USA geboren waren. Mary, kaum jünger als er, war ihm schon öfter aufgefallen, stets hilfsbereit und freundlich zu den Gästen, witzig und mit einer gehörigen Portion irischem Selbstbewusstsein, dabei beliebt bei den Kolleginnen und Kollegen. Im Gegensatz zu vielen anderen Angestellten wohnte sie nicht im Hotel, sondern immer noch bei ihren Eltern. Das war für sie billiger als ein Zimmer im Hotel, dessen Miete vom Lohn abgezogen wurde. Wenn sie so weitermachte, hatte er manchmal gedacht, würde er dafür sorgen, dass sie einen besseren Job bekäme, vielleicht im Restaurant …

«Mary, was machen Sie denn noch hier? Sie haben doch schon lange Feierabend.» – «Guten Abend, Mr. Oscar», antwortete das Mädchen, erschrocken zu ihm aufblickend. «Ich werde gleich abgeholt.» Unsicher griff sie nach dem abgenutzten kleinen braunen Krokodillederkoffer, der zu ihren Füßen stand. «So spät noch? Sie sollten längst zu Hause sein. Haben Sie nicht morgen früh Dienst?» Oscar blickte sie freundlich und aufmerksam an und bemerkte den feuchten Glanz in ihren großen braunen Augen. Es waren keine Freudentränen, die ihre Augen zum Glänzen brachten. «Ja, Mr. Oscar …» – «Hat man Sie versetzt? Das kann ich mir gar nicht vorstellen, bei so einem hübschen Mädchen wie Ihnen. Und das an Weihnachten …» – «Nein, nein, er kommt gleich. Er wird sich nur ein wenig verspätet haben … der Verkehr heute Nacht …» – «Kann ich Ihnen vielleicht einen Tee bringen lassen? Oder Kaffee?» – «Nein, danke, vielen Dank. Er kommt bestimmt gleich.» – «Seit wann warten Sie denn schon hier?» Mary blickte auf die silberne Waterbury-Taschenuhr in ihrer Hand. «Ein hübsches Stück», bemerkte Oscar. «Ja, er hat sie mir geschenkt.» Waterburys gab es seit fast 20 Jahren. Es waren die ersten industriell gefertigten Taschenuhren in den USA, sie kosteten weniger als vier Dollar. «Ich weiß nicht, seit sechs oder sieben», antwortete Mary, immer noch auf die Uhr in ihrer Hand starrend. «Jetzt ist es kurz vor zwei», antwortete Oscar nach einem kurzen Blick auf die große Uhr in der Empfangshalle, deren Zeiger von hunderten kleinen Lichtern erhellt wurden.

Armes Ding, dachte Oscar und überlegte kurz, ob er eine Droschke rufen sollte, die sie nach Hause brachte. Irgendetwas hielt ihn davon ab, war es die billige Taschenuhr, die sie so krampfhaft in ihrer Hand hielt, der schäbige kleine Koffer zu ihren Füßen oder der feuchte Glanz in ihren Augen. Wie konnte man nur ein Mädchen wie Mary versetzen? Und das an Weihnachten? Es mit billigem Tand beeindrucken? War es ein Hotelangestellter oder ein Gast? Oscar war zu höflich, um zu fragen. Er gab sich einen Ruck: «Ich geh mal kurz in die Bar, nach dem Rechten schauen. Bleiben Sie hier, ich bin gleich wieder da.»

In der Bar herrschte trotz der fortgeschrittenen Stunde wie nicht anders zu erwarten eine ausgelassene Stimmung. Der junge Mike Cunnings hatte sich offensichtlich mit ein paar seiner Kumpels hier verabredet, um gemeinsam die familiären Weihnachtstruthähne zu verdauen. Oscar erkannte ein paar Hotel- und Restaurantgäste, begrüßte sie und wünschte «Fröhliche Weihnacht». Mit Mr. und Mrs. Vanderbilt, Stammgäste seit der Eröffnung, trank er ein Glas Champagner. Er winkte Larry, der wie immer gut gelaunt vor dem Klavier saß und unbekümmert alles zum Besten gab, was die Gäste wünschten. Oscar ging zum Tresen. Der älteste der drei Barkeeper trat zu ihm: «Ein Glas Champagner, Sir?» – «Nein, danke, Mr. Cecil, noch habe ich nicht Feierabend.» Es war ein Ritual, das die beiden fast jeden Abend spielten. Oscar trank nie Alkohol während des Dienstes, außer mit Gästen. Erst nach Dienstschluss genehmigte er sich an der Bar ein oder zwei Glas Champagner. Manchmal auch ein Glas Bourbon. Mr. Cecil hatte mit seinen Kollegen gewettet, dass er Oscar trotzdem während des Dienstes zu einem Schluck Alkohol überreden könne. Natürlich wusste Oscar von der Wette, wie er fast alles wusste, was im Hotel vor sich ging. Dabei fiel ihm Mary ein. Ob sie inzwischen abgeholt worden war? Was, wenn nicht?

Oscar verließ die Bar und ging in die Restaurantküche, wo noch ein paar Angestellte beim Putzen waren. Er grüßte kurz, wohl wissend, dass er sich kaum mit ihnen unterhalten konnte. Was waren es diesmal? Italiener, Polen, Russen, Ungarn, Mexikaner? Schon oft hatte er den Hotelmanager auf diese billigen Aushilfen angesprochen. Aber der hatte stets geantwortet: «Bringen Sie mir ein paar Amerikaner, die den gleichen Job für das gleiche Geld machen, und ich stelle sie ein.»

Als Oscar in der Hotelhalle erschien und zu Mary trat, sah er dass sie im Sessel eingeschlafen war, in der einen Hand die Taschenuhr, in der anderen ihren Koffer. Oscar stellte einen Teller und einen Brotkorb vor sie auf den niedrigen Tisch, legte Besteck und eine gestärkte weiße Serviette daneben. Gerade als er sich diskret zurückziehen wollte, öffnete Mary ihre Augen und schaute ihn an. Ihre Wangen waren feucht, und ein leises Schluchzen entglitt ihrem halb geöffneten Mund. «Mr. Oscar …» – «Ja, Mary.» – «Was soll ich tun?», schluchzte sie, mehr zu sich selbst.

Oscar setzte sich in den Sessel neben ihrem. Mary holte ein Taschentuch aus ihrer Handtasche, die sie unter ihrem Körper verborgen hatte und schnäuzte sich leise. «Er hat es mir hoch und heilig versprochen, dass er mich heute Abend abholt. Nach dem Essen mit seiner Familie wollte er mit mir nach Long Island fahren. Alles war genau geplant …»

«Mary, ich weiß nicht, wer Ihnen was versprochen hat – und es geht mich auch gar nichts an, aber ich möchte Ihnen eine Geschichte erzählen. Ich habe Ihnen einen Salat zurechtgemacht, und während Sie ihn essen, erzähle ich Ihnen die Geschichte.» «Aber ich habe gar keinen Hunger.» – «Das ist auch kein Salat für hungrige Mägen. Essen Sie!» Mary setzte sich aufrecht hin und beugte sich über den Teller. Während sie still aß, begann Oscar zu erzählen:

«Als ich meinen ersten richtigen Job in New York hatte, ich war Kofferträger im Hotel *Hoffman House*, habe ich viel gesehen und gehört – und wurde gut dafür bezahlt, es ganz schnell wieder zu vergessen. Es steht mir nicht zu, andere moralisch zu kritisieren. Der werfe den ersten Stein ... Eines Tages bekam ich mit, dass ein Gast ein Auge auf eines der Zimmermädchen geworfen hatte. Sie war ein junges, bildschönes Ding, immer fröhlich und gut gelaunt. Sie hieß Johanna und stammte aus Deutschland. Sie träumte davon, zusammen mit ihren Eltern selbst ein Hotel zu eröffnen, irgendwo am Meer. Eines Tages war Johanna weg, wie vom Erdboden verschwunden. Sie hatte sich nicht krank gemeldet oder gekündigt, sie war einfach weg. Natürlich dachten wir sofort, dass sie mit dem Gast, der sich für sie interessierte, durchgebrannt war. Und so war es auch. Doch das erfuhr ich erst viele Monate später, als ich sie zufällig in einer Wäscherei in Queens traf. Ich erkannte sie erst gar nicht, so sehr hatte sie sich verändert: Aus dem jungen bildschönen Mädchen war eine verhärmte Frau geworden, der Glanz in ihren Augen war erloschen. Aber als ich ihre Stimme hörte, wusste ich, wer sie war. Was war geschehen, wollte ich wissen. Da sie ohnehin Mittagspause hatte, gingen wir in ein Café nebenan, und sie erzählte mir, was passiert war. Sie war tatsächlich mit dem besagten Gast durchgebrannt. Er hatte ein Zimmer in einem kleinen Hotel am Stadtrand gemietet. Ein paar Wochen lebten sie wie ein Ehepaar zusammen, er fuhr morgens zur Arbeit und kam abends zu ihr zurück ins Hotel. Doch dann musste er immer häufiger verreisen, sogar über Nacht, und Johanna blieb alleine im Hotel. Sie wurde schwanger, und als er davon erfuhr, drückte er ihr 50 Dollar in die Hand und verschwand. Eine Abtreibung kam für Johanna nicht infrage, also suchte sie sich einen Job. Von morgens bis nachts schuftete sie in einer

Kleiderfabrik. Abends fiel sie todmüde ins Bett. Und dann gab es einen Unfall in der Fabrik, ein Regal stürzte auf sie herab, und Johanna kam mit mehreren Knochenbrüchen ins Hospital. Die Firma kündigte ihr, das Kind hatte sie bei dem Unfall verloren. Ich weiß nicht, ob sie immer noch in der Wäscherei in Queens arbeitet. Obwohl ich es ihr anbot, hat sie sich nie bei mir gemeldet.»

Nachdem Oscar geendet hatte, schaute er Mary an. Sie schien eingeschlafen zu sein, den leeren Teller vor sich auf dem Tisch. Oscar nahm Teller und Besteck und wollte sich erheben. Mary schlug die Augen auf: «Was ist aus Johanna geworden?» – «Das erzähle ich Ihnen morgen. Jetzt gehen Sie erst mal auf Ihr Zimmer.» Er drückte ihr einen Schlüssel in die Hand: «Zimmer 17, Sie wissen ja, wo es ist.» – «Aber ich kann doch nicht ...» – «Doch, Sie können – und jetzt ab ins Bett.»

Oscar stellte den Teller wieder ab und half dem Mädchen beim Aufstehen. «Gute Nacht, Mary, schlafen Sie gut.» Er schob sie in Richtung Aufzug. Nachdem sie gegangen war, nahm er Teller, Besteck, Serviette und Brotkorb und stand auf. Statt direkt in die Restaurantküche zu gehen, machte er einen Umweg an der Rezeption vorbei. Charles schaute ihn mit fragenden Augen an. «Zimmer 17 geht auf Kosten des Hauses.» – «Wird gemacht, Chef!», antwortete Charles mit breitem Lächeln. Oscar schüttelte den Kopf und ging in Richtung Restaurantküche.

Am nächsten Morgen, es hatte in der Nacht zu schneien begonnen, schaute Oscar nachdenklich durch die gläsernen Eingangstüren des Hotels. Sidney, der Portier, schaufelte Schnee vom Bürgersteig und pfiff leise vor sich hin. Oscar drehte sich um und ging zum Empfangstresen. Leslie hatte inzwischen Charles abgelöst und döste auf einem Stuhl. Als er Oscar kommen hörte, stand er auf. «Guten Morgen, Maître!» – «Morgen, Leslie. Irgendwelche Vorkommnisse letzte Nacht?» – «Nein, nur das Übliche. Mr. Cecil musste Mr. Cunnings und seine Freunde mit einer Kraftdroschke nach Hause bringen lassen. Ihr Zustand war alles andere als gentlemanlike. Ach ja, und dann gab es noch einen mysteriösen Neuzugang auf Zimmer 17. Charles sagte, das ginge auf Kosten des Hauses ...» – «Genau, ein überraschender Gast, den wir nicht verlieren möchten», antwortete Oscar, und seine Gedanken schweiften zurück ...

Auf dem Weg im Lift zum 13. Stockwerk stieß Mary im vierten Stock zu ihm. Erschrocken schaute sie ihn an: «Guten Morgen, Mr. Oscar.» – «Guten Morgen, Mary, wie geht es Ihnen?» – «Danke gut, Mr. Oscar.» Verlegen schaute sie auf den Boden. Bevor sie im fünften Stock aussteigen wollte, räusperte sich Oscar: «Es geht mich ja eigentlich nichts an, Mary, aber warum sind Sie geblieben?» Mary schaute ihm in die Augen und lächelte: «Wegen des Salats, wegen des Waldorf-Salats.»

Waldorf-Salat

Zutaten

150 g Stangensellerie (nur in Deutschland verwendet man Knollensellerie), 150 g säuerliche Äpfel (je zur Hälfte Granny Smith und Golden Delicious),
2 EL leichte Mayonnaise (normale Mayonnaise mit Joghurt im Verhältnis 1:1 gemischt), zarte Kopfsalatblätter

Zubereitung

Fäden vom Stangensellerie abziehen, in ca. 4 cm lange Stücke und dann in feine Streifen schneiden. Äpfel schälen, entkernen und in dünne Streifen schneiden. Alles mit Mayonnaise vermischen und auf Salatblättern anrichten. Oscar schickte jeden Kellner, der seinen Waldorfsalat mit gehobelten Nüssen dekorierte, zurück in die Küche. Im heutigen Hotel Waldorf-Astoria ist man weniger streng als damals und serviert den Salat mit (gerösteten) gehobelten Hasel- oder Walnüssen, Joghurt, Erdbeeren sowie weißem Trüffelöl oder -püree.

Dieter Mayer-Simeth

Luxus mit Ente

Ein geschenktes Wochenende im Ritz

Da hatten uns die Pariser Freunde doch fast die Freudentränen in die Augen getrieben. Ein Wochenende im *Ritz* hatten sie uns zur späten Vermählung geschenkt! Ausgerechnet im *Ritz*, dem vielleicht berühmtesten, schönsten, luxuriösesten, teuersten Hotel der Welt, an der Place Vendôme neben den mindestens ebenso teuren und berühmten Boutiquen des Luxus und der Moden. Bis dato war ich andere Hotels in Paris gewohnt gewesen. Das *Hotel Moderne* etwa, wo mir der Nachtportier eines späten Abends ein Liebespärchen in mein Zimmer einquartiert hatte, weil er der – leider irrigen – Annahme war, ich käme in dieser Nacht ja doch nicht nach Hause. Oder das *Grand Hotel de Chaligny*, eine gut klingende Adresse. Nur war das Hotel gar nicht *grand*, sondern sympathischerweise recht *petit* – zum Glück auch bei seiner Preisgestaltung. Dafür waren die Matratzen so durchgelegen, dass sie eigentlich nur für Paare taugten, die sich sowieso die ganze Nacht über in der Mitte des Bettes treffen wollten. Und die Zimmerwände waren so dünn, dass man sich den Besuch der damals noch existierenden Pariser Pornokinos sparen konnte.

Und jetzt also das *Ritz*! Helma entschied: «Wir fahren direkt vor.» Sie meinte, das würde sich besser machen, als einfach ohne Gepäck hinüberzuschlendern. Das Mini-Appartement, das mir seit kurzem das *Grand Hotel de Chaligny* als Dienstreise-Unterkunft ersetzte, lag nur fünf Gehminuten entfernt. Also fuhren wir vor. Nachdem wir den alten Lancia ein bisschen warm gefahren hatten, damit es aussah, als kämen wir von weit her, erreichten wir mit unserem bescheidenen Gepäck im Kofferraum, die Place Vendôme. Demonstrationen gab es immer und überall und zu jeder Jahreszeit in Paris, selbst kurz vor Weihnachten. Aber auf der Place Vendôme gab es so gut wie nie welche. Die letzte dürfte 1871 stattgefunden haben, als revolutionäre Kommunarden die mächtige Säule mit dem Standbild des Kaisers Napoleon in die Mitte des Platzes schleiften. Und jetzt erlebten wir die nächste, die von 1992: Vor der Motorhaube baute sich ein Trupp gleich angezogener Demonstranten in dunklen Anzügen und Kleidern mit Schürzen auf und hielt uns Spruchbänder und Plakate entgegen. *Le personel du Ritz en grève!* Es war der erste Streik des Personals, seitdem César Ritz sein Hotel 1898 eröffnet hatte. Zum Glück aber streikte nur die Hälfte des Personals, zum Glück war immer noch jemand da, der die Schlüssel des Autos übernahm, und einer, der das bescheidene Gepäck auslud. Netterweise füllte er auch unsere Plastiktüte wieder, die ihm auf die Straße gefallen und aufgeplatzt war. Die vergessene Schmutzwäsche vom eben beendeten Winterurlaub hatte sich dabei ein wenig über das Pflaster der vornehmen Place Vendôme verteilt. Wir hätten sie doch im Appartement lassen sollen.

Helma sagte: «Gib ihm ein großzügiges Trinkgeld!», und drückte mir ungefähr so viele Zehn-Francs-Scheine in die Hand, wie eine halbe Nacht im *Grand Hotel de Chaligny* kostete. Der Gepäckboy nahm die Scheine unbeeindruckt entgegen – und machte ein enttäuschtes Gesicht. Vielleicht hätte er doch lieber gestreikt, als sich für ein so miserables Trinkgeld auch noch bedanken zu müssen. Als ich ihm später das Doppelte gab – eine ganze Nacht im *Chaligny*! – war er wieder fröhlicher, denn jetzt hat er richtiges Geld in der Hand. Die alten Zehn-Francs-Scheine waren – wie sich beim Kauf einer Zeitung in der Halle des *Ritz* herausgestellt hatte – gerade einen Monat zuvor aus dem Verkehr gezogen worden.

Unser «Hotelzimmer» war die Suite des Herzogs und

der Herzogin von Windsor und war dementsprechend möbliert. Das heißt, wir bewohnten einen Teil der Suite, denn die ganze dürfte wenigstens zwei Schlafzimmer, zwei Bäder mit Toilette und einen Salon umfassen. Wir hatten nur ein einziges Schlafzimmer, ein Bad und eine Toilette, was sich noch als fatal herausstellen sollte. Aber erst einmal stand einem Wochenende à la Lady Di und Prince Charles nichts entgegen – die beiden waren zum Zeitpunkt der Geschichte noch mehr oder minder glücklich verheiratet, vermutlich Stammgäste, aber gerade nicht in Paris. *Die Direktion des Hotels Ritz hat das Vergnügen, Sie für ein Wochenende von zwei Nächten anlässlich Ihrer Eheschließung in der Kleinen Suite begrüßen zu dürfen. Seien Sie willkommen!* stand handschriftlich auf der Karte neben dem prachtvollen Blumenbukett vor dem Bett, und wir erfuhren daraus, dass ein Hotel wie das *Ritz* nicht nur über einen simplen Direktor, sondern auch über einen veritablen Präsidenten verfügte. Das Bett war kuschelig weich und lud zur Siesta ein.

Helma fragte: «Sag mal, wo bleibt denn eigentlich unsere Limousine?»

Ach ja, die Limousine, die uns in eines der berühmtesten Restaurants von Paris bringen sollte; unsere Freunde hatten wirklich an alles gedacht. Was es wohl für eine Limousine gewesen wäre? – Vielleicht so ein gestretchter Cadillac, wie er nur selten auf den breiten Boulevards von Paris vorkommt, weil Paris nicht Manhattan ist und er sich in den engen Straßen sofort festfahren würde? Wir haben es nie erfahren. Denn der Fahrer hatte wegen Kommunikationsschwierigkeiten an der Rezeption aufgegeben. Dank des ersten Personalstreiks seit fast hundert Jahren im *Ritz* wusste niemand, in welchem Zimmer sich dieses Paar aus Deutschland versteckt haben könnte. Wir erreichten das Restaurant auch mit einem ganz ordinären Taxi.

Im Restaurant warteten die Freunde. Und die Ente. Diese Köstlichkeit, die vor den Augen des Gasts gebraten und ausgelöst wurde und aus deren noch leicht blutiger Karkasse in einer speziellen «Entenpresse» auch noch der letzte Tropfen jenes Fleischsaftes *Jus* herausgedrückt wird, der zur Zubereitung ihrer von der Internationale der Gourmets gefeierten Sauce unerlässlich ist. Die berühmteste Ente der Welt nach Onkel Donald und Onkel Dagobert nebst ihren Neffen Tick, Trick und Track. Sie ist so berühmt, dass jedes verzehrte Exemplar mit einer Seriennummer beurkundet und die Urkunde dem Gast am Ende des Diners überreicht wird. Unsere trug eine Nummer irgendwo in Achtzigtausendern. Genaueres ist von diesem denkwürdigen Diner nicht überliefert, denn wir haben sie einfach auf dem Tisch liegengelassen. Glatt vergessen. Und als wir wieder Zeit gehabt hätten, sie doch noch zu holen, fehlte es an der nötigen Motivation.

Zurück in unserer Suite im *Ritz*. Die Betten mit den feinen Damastbezügen waren aufgeschlagen, und auf jedem Kopfkissen lag ein Stückchen leckersten Schokoladekonfekts. Schokolade stopft bekanntlich, und das ist gut so.

Helma rief: «Ich muss jetzt dringend zur Toilette. Dringend!!!» Ich auch. Wir sagten das jetzt immer wieder abwechselnd zueinander, von Freitagnacht bis Sonntagmittag. Abwechselnd, weil es nur eine Toilette gab. Bad und Toilette hatten vergoldete Armaturen. Zwei ganz gewöhnliche Toiletten mit Klobrillen aus Plastik wären uns lieber gewesen. Nur eben zwei hätten es sein müssen. Das Wochenende der Verliebten wurde zum Wochenende des gnadenlosen Kampfes um einen freien Platz im diskretesten Raum unserer Suite.

Und der Name des Restaurants? Wir verraten ihn nicht. Denn erstens kann sich sogar im besten Restaurant einmal eine Salmonelle einschleichen, und selbst Spitzenköche sind bekanntlich keine Mikrobiologen, die ihre Enten mit dem Mikroskop untersuchen, bevor sie sie in die Röhre schieben. Und zweitens haben weltberühmte Restaurants möglicherweise auch weltberühmte Rechtsanwälte. Nur Amerikanern ist so etwas egal. Wären wir Amerikaner, wir hätten uns vielleicht 500 000 Dollar vor einem Gericht in Brooklyn erstritten und von dem Geld fortan unsere Aufenthalte im *Ritz* selbst bezahlt, die Nächte in der Kleinen Suite, mit Blick auf den längst wieder aufgerichteten Napoleon auf der Place Vendôme. Aber mit zwei Toiletten bitte!

Doris zur Linden

«Jahresendzeit-Figuren»

Das Kempinski Grand Hotel in Heiligendamm

«Ein solch reizender Badeort wie dieser muss irgendwo existieren, damit wir die Vorstellung gewinnen können, wie es sich im Märchen oder in den Gefilden der Seligen lebt.»

So äußert sich eine Fanny Lewald um 1850 über Heiligendamm. Eingebettet in Buchenwälder, deren Boden nach weißem Winter mit Millionen Buschwindröschen – einem Schneeteppich gleich – bedeckt ist, präsentiert es sich nach den Wirren der Weltgeschichte heute wieder als Weiße Stadt am Meer. Denn der Ort ist Vergangenheit, Gegenwart und Zukunft zugleich. Über einen Umweg soll er dahin geführt werden, wo alles begann. Dahinter stehen Erinnerungen. Auch an den Christbaum mit seinem Zauber an eine heil werdende Welt. Doch jeder Genius Loci hat mindestens eine Vergangenheit. Heiligendamm hat mehrere. Und Heiligendamm kennt viele Weihnachten. Aber der Reihe nach …

Die Frage des Physikers Georg Christoph Lichtenberg «Warum hat Deutschland kein öffentliches Seebad?» ließ sich Friedrich Franz I., Herzog von Mecklenburg-Schwerin, nicht zweimal stellen. Was Gesundheitsbewusste im englischen Margate-on-Sea als britische Art körperlicher und geistiger Anregung taten, konnte man auch! Des Landesfürsten entschlossene Antwort gipfelte im Eintauchen seiner Durchlaucht in die Fluten. So legte er 1793 planschend den Grundstein zur Errichtung eines Seebades! Wunder sagte man dem Platz nach, an dessen «morgenroten Molen die ersten Wellen der Unendlichkeit sterben», wie Dichter Rilke es als Gast formulierte. Der Großherzog kam sowieso zum Jagen nach Bad Doberan. Schließlich erkor er das

Städtchen nahe der Mecklenburger Bucht zu seiner Sommerresidenz.

Er fand in Karl Theodor Severin einen tüchtigen Hof-, Stadt- und Schiffbaumeister mit großen Idealen. Es wurde die Weiße Stadt am Meer erdacht, konzipiert und sodann erbaut. Zwischen 1800 und 1873 verschmolzen zahlreiche Gebäude und Häuser zu einem einzigartigen Ensemble. Das Haus Grand Hotel ließen private Investoren errichten.

Klassizistische Badetempel entstanden. Ein Kur- und Gesellschaftshaus mit dorischen Säulen folgte. Nicht fehlen durfte die Burg Hohenzollern mit Türmen und Zinnen wie im Ritterspiel. Villen, Logierhäuser und – vielleicht als Anlehnung an den britischen Impuls – englische Cottages gesellten sich dazu. Aus den Komponenten Meer, nordischem Licht, klassischer Baukunst und einer herrschaftlich gestalteten Landschaft wuchs mit Hotels, Kolonnaden und Promenaden ein Kunstwerk.

Und dennoch war Heiligendamm ein überschaubarer Kosmos. Eine Welt für sich. Aber so reich an Eigenleben und charismatischer Atmosphäre, dass die Großen nur zu gern zu Gast kamen. Friedrich Franz I. eröffnete die Saison. Ihm folgten die «Celebritäten» in die Sommerfrische. Deutscher und europäischer Hochadel bis hin zur Zarenfamilie gaben sich ein Stelldichein an den Gestaden der Ostsee, Aristokratie, gefolgt von niederem Adel, der vornehmen Bürgerschaft und schließlich den Künstlern. Und alle befanden sich im Ausnahmezustand! Denn niemand verspürte den Zwang, sich im Badeparadies den höfischen Reglements unterzuordnen. Die goldenen Zwanziger überstand man in einem «Stück Italien in Deutschland». Das liest sich so: «Mit seinem weißen Kurhaus und seinen leuchtenden Villen bietet es ein Bild von unvergesslichem Reiz. – Böcklinstimmung. – Irgendetwas Südliches, Italienisches liegt über Wald und Häusern. Sähe man das gleiche Bild am Mittelmeer, man würde nicht erstaunt sein.»

«Ja, unser Heiligendamm ist der Focus in der Historie des 20. Jahrhunderts. Dramen der Weltgeschichte spielten sich hier im Kleinen ab», erzählt mir Prof. Joachim Skerl. Der Kunsthistoriker war langjährig leitend an der Fachschule für Angewandte Kunst tätig. Geboren 1933 in Forst/Niederlausitz, ist der weißhaarige Senior ein beredt-charmanter Führer durch Höhen und Tiefen des Seebades. «Sie dürfen nicht vergessen, dass die Leute damals im Frühjahr kamen und im Herbst wegen mangelnder Isolation abreisten.» Also war es ein Sommer-Hotel. Von Weihnachten, Kinderseligkeit und Plätzchen keine Spur? Worauf habe ich mich eingelassen? Doch Skerl leitet mich mit Sieben-Meilen-Stiefeln durch die Weltgeschichte, zeigt, dass man immer mitmischte, trotz Randlage. Und in Heiligendamm gab's Advent, Dorsche, Lieder und manchmal sogar einen Tannenbaum.

1939 wurde das Areal von den Nationalsozialisten beschlagnahmt. Die Kriegsmarine, die eine Seekadettenschule einquartierte, erklärte das Kurhaus zum Reservelazarett. Auslastung erfuhr das Seebad durch die neue Elite. Volksgenossen reisten im Rahmen der Aktion «Kraft durch Freude» an, über 15000 waren es 1937. Göring und Goebbels zählten zu den Stammgästen. Bad Doberan verlieh schon 1932 Hitler die Ehrenbürgerwürde. So ließ es sich der Führer nicht nehmen, seine Aufwartung zu machen. Nachdem im Januar 1944 Rostock durch Bomben zerstört, die Kadetten notgedrungen zusammengerückt sowie heimatlose Städter mit Familie und letzter Habe in den Palais Unterschlupf fanden, kam erneut der Winter. Weihnachten lebten Soldaten, Verwundete, Flüchtlinge und Kinder dort. «Einen erhellten Tannenbaum draußen gab es natürlich nicht. Schließlich fürchteten die Menschen todbringende Christbäume von oben», sagt Skerl. Gleißende Lichtkaskaden – Feuerwerke der Vernichtung. Die Weiße Stadt am Meer hatte schon zwei Jahre zuvor ihre charakteristische Physiognomie verloren. Mit Angriffen von See rechnend, gab es einen Tarnanstrich für sämtliche Gebäude. Aus herrschaftlichem Weiß war ein olivgrüner Häuserhaufen geworden. Nur die Burg zeigte tapfer ihr rotes Kreuz. «Und sie grölten zu Weihnachten ‹Wir fahren gegen Engeland› und ‹Hohe Nacht der klaren Sterne›. Vom Christentum ging ein Ruck zum Nordisch-Germanischen», erinnert sich der Historiker.

In jenem Winter rückte die Rote Armee nach Pommern vor. Dort flüchteten die Bewohner. Der 15-jährige Eberhard Kirchner aus Dechsel bei Landsberg an der Warthe bekam einerseits seinen Gestellungsbefehl, andererseits riet ihm der Oberst, der vier Jahre im Elternhaus einquartiert war, unmissverständlich: «Die Iwans stehen an den deutschen Grenzen. Mach bloß nix. Verhalt dich einfach still!» Heute lebt Kirchner mit seiner Frau Waltraud in Doberan. Und er erzählt mir seine Geschichte, exemplarisch für so viele. «Bis Januar 1945 hat's gedauert, dann klopften Russen an die Tür. Die Stadt war voller Flüchtlinge aus Ostpreußen und dem Warthegau. Ein Offizier sagte im Lager, ich sei noch ein Kind und müsse nicht auf den Transport nach Sibirien.» So hat Eberhard sich zu Fuß auf den Weg nach Hause gemacht. Ein Laster mit Flugzeugmotoren nahm ihn mit. «Ich sollte aufspringen, wenn er anfährt. Bin schnell zwischen die Verkleidung geklettert. Vorher kriegte ich vier Päckchen Machorka.» Er kam zu Hause an, und das ganze Dorf war weg. Da war es Pfingsten.

Zur gleichen Zeit, im Mai 1945, wurden in Heiligendamm sämtliche Gebäude zwangsgeräumt. Der Komplex gehörte nun der Siegermacht. Die Rote Armee zog mit einer ganzen Garnison ein. Alle anderen schmiss man raus, vertrieb sie, vom Offizier bis zum Koch, ein Riesenaufgebot an Männern, Tausende Soldaten. Sie beschlagnahmten die «Perlenschnur» der Villen am Strand für ihre Offiziere, die Cottages, Kureinrichtungen – alles, was irgendwie bewohnbar erschien. Eberhard Kirchner verlässt im Juni mit Eltern und Schwester abermals zu Fuß Landsberg. Es wurde ein

Marsch bis Berlin. Sie fanden Aufnahme bei Verwandten in Spandau, im englischen Sektor. In einer «Flüchtlings-Vertriebenen-Stelle» im Köllnischen Park erhielten sie ihre Einweisung nach Heiligendamm. Kirchners treffen im einst mondänen Seebad im Oktober 1945 ein.

Zwei Monate später ist Weihnachten, diesmal mit Deduschka Moros – Väterchen Frost – und Sneguroschka – Schneeflöckchen. Zwar war die Welt aus den Fugen, Millionen umgekommen, verschleppt und vertrieben, aber am Heiligen Abend 1945 tötete der 16jährige Eberhard Dorsche für «den Iwan». «Einen ganzen Laster voll mussten wir für die Soldaten schlachten. Wir bekamen zur Feier des Tages einige Fischlebern, die wir draußen auf einer Eisenplatte brieten. Ein Offizier hat uns noch einen Kanten Brot gebracht», erzählt er. Das war ein Festmahl, denn sonst durchsuchten Flüchtlinge russische Abfallhaufen. «Alles wurde gesammelt und nochmal aufgekocht», erinnert sich der Pommer. An jenem Heiligen Abend begleitete «ein Iwan» Eberhard zum Ortseingang. «Wir durften uns Tannenbäume schlagen. Mutter hatte vom Lazarett Silberpapier aufgeschnitten, und wir kriegten irgendwoher ein paar Kugeln und Kerzen zugeteilt. Dann war Weihnachten.» Probst Ehlers vom Doberaner Münster kam per Rad, zog sich bei Kirchners den Talar über und hielt im Essensraum eine Weihnachtsfeier ab. Es folgten versteckt im Wald Gottesdienste in der evangelischen Kirche. Das ist der Moment, in dem mein Gesprächspartner im Keller verschwindet. Wenig später kommt er zurück, den gusseisernen Tannenbaumständer mit beiden Händen umfassend. Der ist dunkelgrün und mit Engeln verziert. «Ehre sei Gott in der Höhe, Friede auf Erden und den Menschen ein Wohlgefallen», steht da. Wir lesen es zu dritt. Und das Ehepaar sagt, sie hätten das noch nie richtig gelesen – vorher. Kirchners benutzen den Christbaumfuß jedes Jahr, denn er stammt vom Probst.

Als Vasall des Ostblocks wurde im Oktober 1949 die

DDR gegründet. Sie musste innenpolitisch autark werden. «Also beschloss» – so erinnert sich Prof. Skerl – «die Landesregierung von Mecklenburg-Vorpommern, die Volksseuche Tuberkulose in Heiligendamm zu behandeln.» Ein Sanatorium an Meeresgestaden – zukunftsweisendes Modell und Vorzeigeobjekt. Die Weiße Stadt am Meer erlebte eine Renaissance. Es folgte Weihnacht auf Sparflamme. Im Mittelpunkt statt eines christlichen Ansatzes das Licht. «Kirchgang war verpönt. Ich konnte nicht ins Doberaner Münster. Nie. Meine Frau ging mit den Kindern allein. Man wusste nicht, wer da noch saß», weist der Kunsthistoriker auf politische Gegebenheiten und Zwänge hin. Also Licht und kein Gottesdienst, das ließ sich mühelos mit dem Erzgebirge verbinden: Licht an Schwibbögen, Kerzen auf Pyramiden mit rotierenden Bergmännern und natürlich «Jahresendzeit-Figuren». Denn Engel durften sie nicht mehr heißen. Engel hatten in jenem Regime keine Daseinsberechtigung, bekamen die Lebensgrundlage entzogen und mussten zugunsten einer verkrampften Wortkreation die Flügel einklappen.

Selbstverständlich gab es Gesang, aber sortiert, aussortiert sozusagen. Lieder wie «Stille Nacht», «Leise rieselt der Schnee» oder «Bald nun ist Weihnachtszeit» waren genehm und wurden, da sie als politisch kompatibel galten, zugelassen. «Es wurden», so Skerl, «die beliebten Weihnachtsfeiern für Angestellte und deren Familien organisiert. Geschichten wie ‹Die Weihnachtsgans Auguste› von Friedrich Wolff oder Stifters ‹Bergkristall› waren angesagt.» Der Kultur- und Sozialfond finanzierte derartige Veranstaltungen. Es war ohne Nachweis nutzbar, und die «Jahresendzeit-Aktivitäten» stellten die letzte Chance dar, Zuwendungen in Anspruch zu nehmen. Die Rostocker Schauspielschule gab ein Märchen, oder man schaute sich den deutsch-tschechischen Film «Drei Haselnüsse für Aschenbrödel» an. Ein Weihnachtsmann bescherte artige Kinder, bevor sie gegen Abend nach Hause gingen. Dann begann das Fest erneut. «Die Großen feierten bei Bockwurst, Kartoffelsalat und ein paar Flaschen Korn der Marke ‹Grüneberg› oder Rum, denn die waren durch den K.u.S.-Fond garantiert», schmunzelt Skerl. So stieg die Stimmung in der Betriebskantine, die heute wieder Orangerie heißt. Wenn mit Beginn der Vorweihnachtszeit ein Baum auf dem Kurhaus-Festplatz flackerte, war der Sozialismus vergessen. Die Menschen wurden für kurze Zeit in Ruhe gelassen. «Es war eine Zeit, in der wir uns auf Kindheit und Zuhause besannen. Diese kleine Welt war viel wichtiger als innenpolitische Debakel und Repressionen im Alltag.» Jeder habe die Wochen genutzt, in der einfache Bilder zum hilfreichen Anker wurden, um Emotionen an eine dicke Kette zu legen, damit sie nicht versanken. «Ein solches Bild war der Tannenbaum», macht der freundliche Kunstprofessor klar. Und dann wagen wir – während mein Blick nach draußen Richtung Meer wandert und sich an einer Schneeflockenherde freut – den Sprung in die Gegenwart. «Nun kommt die Wende. Was war es dann?», fragt Skerl. «Bananen? Die mögliche Reise nach Italien?» Nein, es sei der freie Geist gewesen, der den Unterschied ausmache. «Heiligabend-Gottesdienst ist wieder möglich.»

Beatrice Schwarz, zuständig für Öffentlichkeitsarbeit im 2003 eröffneten *Kempinski Grand Hotel Heiligendamm*, pflichtet ihm lebhaft bei. «Wir bauen Traditionen wieder auf, haben den Tannenbaum natürlich übernommen.» So prangt im Dezember stets eine gewaltige mit 3000 Lichtern geschmückte Fichte auf dem Rasenplatz mit dem schönsten Meerblick. Elf weitere werden zum ersten Advent im gesamten Hotelkomplex aufgestellt, kurz vor dem Fest noch einmal ausgewechselt und passend zum Raum geschmückt, damit sie nicht wie Fremdkörper in ihrer Umgebung wirken. «Schon in der Vorweihnachtszeit möchten wir unsere Gäste erfreuen. Zum Nikolaustag hängen wir Stoffstiefel mit hausgemachtem Gebäck und Obst an jede Zimmertür. Auf den Suiten steht zur Ankunft ein bunter Teller, und eine Eisenbahn kämpft sich durch die Schneelandschaft des Frühstücksbuffets», begeistert sich die Rostockerin. Ganz wie im wirklichen Leben, denke ich und sehe den «Molli» vor mir, diese Schmalspur-Bäderbahn von 1886 mit ihrer Lokomotive, die die 8,9 km lange Strecke von Heiligendamm bis Kühlungsborn-West unermüdlich schnaubend bewältigt. Ein kleiner Polarexpress mit Salonwagen, der sich zischend und weiße Schwaden fauchend durch die Winterlandschaft kämpft. Täglich, fahrplanmäßig. Die Fahrkarten sind aus dicker brauner Pappe. Wie früher zu meiner Kinderzeit. Und sie werden von echten Schaffnern in Uniformen geknipst.

Ich glaube, Hotels sind der Versuch eines zweiten Zuhauses. Dieses ist ein Denkmal mit 107 Suiten und 118 Zimmern, zwei Autostunden von Berlin und 1,5 von Hamburg entfernt, fast ein bisschen wie ein «Adlon am Meer». Anno August Jagdfelds Entwicklungs-Compagnie Heiligendamm erwarb 1996 das Seebad inklusive 500 Hektar Gelände sowie das Gut Vorder Bollhagen. «Dornröschen. Das war das Gefühl. Eine ganze Stadt, die darauf wartet, wieder zu erwachen zu dem, was sie einmal war», beschreibt er Investor seine Emotionen. Blätternde Fassaden, undichte Dächer und fehlender Stuck hinderten ihn nicht, den Versuch zu starten, dieses zweihundert Jahre alte Kulturgut zu erhalten. So wird verlorene Schönheit mit einem Investitionsvolumen von 232 Millionen Euro rekonstruiert, Eleganz und Ästhetik in klassizistischem Rahmen neu belebt. Die Wiedergeburt einer Legende ist in vollem Gange.

Zu Weihnachten gehört natürlich eine Bescherung. Für die Jüngsten findet sie in der Lobby statt. Der Wagenmeister oder ein Page spielen den Santa im roten Festmantel. Und haben dabei selber ihren Spaß. «Hier ist wirklich Weihnachten. Am Meer ist der Himmel weit. Wir haben oft raue See und knackige Kälte. Solche klaren Tage sind es», berichtet Beatrice Schwarz, «an denen nach Sonnenuntergang ein Punsch oder Afternoon-Tea besonders gut schmecken.» Am ersten Feiertag liest Direktor Torsten Dressler Weihnachtsgeschichten in der Burg Hohenzollern, die nicht mehr «Glück auf» heißt. «Wir wollen die Magie wiederbeleben, keinen Kitsch, sonst geht der Zauber verloren.» In Heiligendamm wird deshalb nach dem «Jil-Sander-Prinzip» geschmückt – schlicht, niemals überladen oder gar aufgetakelt.

Was wäre ein Hotel ohne Küchenchef? Das Weihnachtsfest ohne kulinarische Genüsse? Erstmalig hat Tillmann Hahn – seit der Eröffnung in Doberan zu Hause – im vergangenen Jahr aus 100 kg Lebkuchenteig ein überdimensionales Hexenhaus gefertigt. In der Lobby wurden Anreisende damit aufs Fest eingestimmt. Hänsel und Gretel hätten ihre Freude an dieser essbaren Immobilie gehabt! «Wir versuchen, Balance zu halten zwischen logistischem Aufwand und der Inszenierung von Weihnachtsstimmung», sinniert der gebürtige Darmstädter. Gelernt hat er in den «Schweizer Stuben» in Wertheim, wo Hahn anschließend vier Jahre Küchenchef war. Es folgten vier weitere Jahre im «Mandarin Oriental» in Hongkong.

Lange habe er kein Weihnachten gefeiert. Als Single in der Gastronomie sei das fast unmöglich. Unterdessen ist der Hesse verheiratet und Vater einer sechsjährigen Tochter. «In diesem Jahr hatte ich Lust auf einen richtig fetten Christbaum. Drei Meter hoch! Und im eigenen Zuhause mit meiner Kleinfamilie!» Denn ohne Kinder sei Weihnachten langweilig. Tillmann Hahn, der im Winter 35 Mann Küchenpersonal anleitet (10 Auszubildende und 25 Köche) sitzt mir in schneeweiß gestärkter Jacke gegenüber. Er prüft seine Gesprächspartner, schaut, hört zu. «Ich bin harmoniesüchtig», lacht er. «Wir hatten 2005 friedliche Weihnachten – im Hotel und auch zu Hause.»

Der Küchenchef, der gerade einen Michelin-Stern gekocht hat, kommt aus einer Familie, in deren Haus es schon in den Adventstagen seiner Kindheit «immer aussah wie bei Käthe Wohlfahrt!». So ist er aufgewachsen, besonders im

Dezember eingebettet in Traditionen. Ich merke Hahn die Freude an, winterliche Bräuche im *Kempinski Grand Hotel* wachsen zu lassen. Da gibt es an jedem Wochenende in der Adventszeit die Weihnachtsbäckerei mit den Kindern, die unzähligen Stollen für die Gäste oder eine Feuerzangenbowle in der Bibliothek inklusive Rühmann-Spielfilm. Tillmann Hahn will bleiben. Das Grand Hotel kann sich freuen, und die Gäste, die nach Heiligendamm kommen, ebenfalls, und das nicht nur zur Weihnachtszeit, wenn die Eisenbahn über das Büfett dampft, es nach Bratapfel und Zimtsternen duftet und sich Hänsel und Gretel in der Empfangshalle in ihrer Lebkuchen-Villa verstecken. Knusper, knusper, Knäuschen ... Fahren Sie hin, wenn Sie mir nicht glauben. Vielleicht begegnen Ihnen Elfen, die um den Christbaum tanzen in sternenklaren Nächten. Testen Sie aber zunächst den Heiligendammer Gänsebraten, ein Rezept vom Küchenchef persönlich. Er lässt grüßen und guten Appetit wünschen. Und denken Sie daran: «So schmeckt Weihnachten!»

Heiligendammer Weihnachtsgans

Eine Mecklenburger Weidegans soll 5 kg auf die Waage bringen. Gans eine Woche vor Verwendung schlachten lassen, damit das Fleisch reift. Am Vorabend des Zubereitungstages innen mit Salz, Pfeffer würzen. Füllung aus grob gewürfelten säuerlichen Äpfeln, vorzugsweise alte «Backsorten». Dazu eingeweichte Backpflaumen, brauner Zucker oder Rübensirup, Salz nach Geschmack und Schwarzbrotbrösel. Füllung fest in die Gans stopfen, Öffnung vernähen oder zustecken. Gans außen würzen, mit Beifuß in Bräter mit 3–4 cm Wasser mit der Brust nach unten legen. Für eine Stunde bei 170° C im Ofen garen. Nach der ersten Stunde drehen, max. 150° C und weitere 4–5 Std. schmurgeln lassen. Zwischendurch mit Fond begießen, evtl. mit Wasser oder Wein ergänzen. Ende der Garzeit soll Fond zu fetter Reduktion heruntergekocht sein. Man legt die Gans auf ein Blech, stellt sie warm und widmet sich der Sauce, für die das Fond entfettet wird. In ein hohes Gefäß gießen, 5 Min. warten, bis das Fett oben schwimmt, und durch Abgießen trennen. Gänseschmalz aufbewahren für den Rotkohl, Aufstriche oder Rilettes. Fond mit restl. Krusten aus dem Bräter, die man mit wenig Wasser löst, aufkochen, abschmecken und leicht mit Stärke binden. Mecklenburger essen dazu Kartoffeln. Wir servieren Klöße «halb und halb». Rotkohl soll mit Preiselbeeren abgeschmeckt und Gänsefett verfeinert sein. Die Füllung gibt's als Beilage.

Jo Brauner

Die verpasste Maschine nach Shanghai

Zum ersten Mal Weihnachten, und das im Hamburger Grand Elysée Hotel

Mister Lin steckte das Handy in die Jackentasche. Seine Frau im fernen Shanghai hatte sich seine Worte angehört und immer einsilbiger reagiert. Glaubte sie ihm möglicherweise nicht? War die Wahrheit in seiner Schilderung über die verspätete Geschäftssitzung nicht zu erkennen gewesen? War die nicht erreichte Maschine nach Frankfurt für sie vielleicht nur eine billige Ausrede, den Aufenthalt in Hamburg um einen Tag zu verlängern? Von Frankfurt konnte er erst am darauf folgenden Tag ein Flugzeug erreichen, das ihn über Tokio nach Shanghai bringen würde.

Mr. Lin hatte unbedingt vermeiden wollen, Weihnachten oder den HEILIGEN ABEND, wie die Europäer sagten, in Deutschland zu verbringen. Aus Fernsehberichten in seiner Heimat und aus Büchern wusste er, dass diese Tage mit für Chinesen seltsamen Bräuchen begangen wurden.

Er stand etwas hilflos an der Weltuhr im Boulevard des *Grand Elysée Hotels*, wie es sich seit der baulichen Erweiterung nennt, und realisierte den Zeitunterschied zum fernen China. Sein Blick ging in die großzügige Lobby des neuen Flügels, vorbei an einer Voliere mit exotischen Vögeln. Überall sah er Dekorationen, die von den Europäern als weihnachtlicher Schmuck bezeichnet wurden.

In diesem Moment sprach ihn Christa Block an, die Gattin des Hotelbesitzers. Sie kannten sich, seit Mr. Lin vor Jahren zum ersten Mal im *Elysée* gewohnt hatte. Er schilderte ihr sein Dilemma, das späte Ende der geschäftlichen Besprechung und dic dadurch verpasste Maschine nach

Frankfurt. Also konnte er auch seinen Anschlussflug nach China nicht erreichen.

Christa Block kannte die Anzahl der Hotel-Gäste am Heiligen Abend. Die meisten waren Ausländer, die in der Hansestadt Verwandte besuchten. Einige nahmen an Mitternachtsmessen teil, wie sie in vielen der Hamburger Kirchen zelebriert wurden. Im Hotel selbst waren nur wenige Gäste, für die ein weihnachtliches Menü deutscher Provenienz vorgesehen war. Mr. Lin, so schien ihr, würde durch die abrupte Änderung seiner Reisepläne an diesem Abend wohl nur schwer zurechtkommen. Spontan kam ihr der Gedanke, ihn zu sich nach Hause einzuladen. Ihr Mann kannte ihn wie sie seit Jahren, die Verwandten würden ihn ohne Bedenken akzeptieren. In einer Hoteliersfamilie wird man schließlich jeden Tag mit wechselnden Gesichtern konfrontiert.

Mr. Lin überwand seine asiatische Zurückhaltung und willigte nach anfänglichem Zögern ein. Obwohl er eigentlich dem ihm fremden christlichen Brauchtum skeptisch gegenüberstand, schien nun doch aufkeimende Neugier seine Zusage zu erleichtern.

Gegen neunzehn Uhr traf er mit dem Taxi bei den Blocks ein. Staunend bewunderte er das festlich geschmückte Haus. Er registrierte verlockende Düfte, die durch die Wohnräume zogen, er hörte deutsche etwas schwermütige Musik, die offensichtlich diesem Fest huldigte, unterbrochen durch fröhlichere Rhythmen amerikanisch-englischer Herkunft. Einige dieser Lieder waren auch in seiner Heimat bekannt.

Tief beeindruckt ging er um den geschmückten Weihnachtsbaum herum, der irgendwie persönlicher wirkte als all jene perfekt gestylten Plastikbäume, die er in Tokio, Singapur oder New York gesehen hatte. Er bemerkte die vielen bunt eingewickelten Päckchen und Kartons, die nach dem Essen feierlich in einer «distribution of Christmas presents», also einer Bescherung, verteilt wurden. Er genoss sichtlich und mit steigendem Appetit das festliche Menü, das Christa

Block servierte. Und er ertappte sich dabei, die «missed airplanes» von Hamburg nach Frankfurt und von Frankfurt nach Shanghai vergessen zu haben. War seine Meinung über dieses europäische Fest vielleicht doch etwas «cut-and-dried», also vorgefasst, gewesen? Warum sprachen ihn diese unbekannten Rituale plötzlich an? Lag es an den fröhlichen Gesichtern der Anwesenden? War nicht all das Fremde, das er sah und hörte, voll von Herzlichkeit? Mr. Lin war unsicher geworden. Er wurde aus seinen Gedanken gerissen, als ihn seine Gastgeber einluden, mit ihnen die Mitternachtsmesse in der Poppenbütteler St.-Bernhard-Kirche zu besuchen. Die feierliche Stimmung in dem Gotteshaus erfasste auch ihn, obwohl er vom gesprochenen Wort nichts verstand. Als Mr. Lin zu vorgerückter Stunde im Taxi zum Hotel an der Rothenbaumchaussee zurückfuhr, ging ihm – leicht irritiert – der ganze Abend mit den vielen neuen Eindrücken noch einmal durch den Kopf. Im Appartement des Neubauflügels fand er auf dem Schreibtisch einen Weihnachtsbaum en miniature und eine Glückwunschkarte zum Weihnachtsfest. Aus dem Fenster blickte er auf die Moorweide, eine der vielen Grünanlagen Hamburgs. Vor und auf vielen Gebäuden rund um das *Grand Elysée* sah er christmas trees in allen Größen und Farben.

Am nächsten Morgen wurde Mr. Lin beim Frühstück von einem Kinderchor überrascht, der den Gästen ein Ständchen brachte. An der Rezeption war inzwischen recherchiert worden, dass er erst am Abend eine Maschine nach Shanghai erreichen würde. Wenig später lud ihn Christa Block zu einem weihnachtlichen Lunch im Hotel ein, an dem wiederum die gesamte Familie teilnahm. So lernte Mr. Lin auch eine köstliche Weihnachtsgans nach deutscher Zubereitung kennen – und schätzen. Die Gespräche in Englisch mit den Anwesenden, das Ambiente des weihnachtlich geschmückten Hotels, das mit einem Mal vertraut gewordene Fremde des deutschen Weihnachtsfestes ließen einen Entschluss in ihm reifen. «Next year at christmas time I'll be back in Hamburg, Mr. and Mrs. Block» – «im nächsten Jahr werde ich zur Weihnachtszeit wieder in Hamburg sein». Lächelnd fügte er hinzu: Dann werde er aber seine ganze Familie mitbringen.

Beim Blick aus dem Fenster sah Mr. Lin, dass es zu schneien begonnen hatte. Die elektrischen Kerzen der Christbäume in der Hotellobby schalteten sich im dämmrigen Winterlicht plötzlich wie von Zauberhand ein. Zufälligkeiten mögen zu den schönsten Erlebnissen im Leben führen, sinnierte Mr. Lin. Was wäre mir entgangen, hätte ich die Maschine nach Shanghai erreicht?! Wandlungen in der Beurteilung fremder Sitten und Gebräuche können nur durch Erleben und Kennenlernen erfolgen. Und die Bereitschaft dazu ist bei jedem Menschen individuell verschieden, resümierte er. Und als Mr. Lin den Boulevard des Hotels entlangblickte in Richtung Hoteleingang, glaubte er flüchtig, seine eigenen Kinder zu erkennen, die in diesem Moment fröhlich lärmend mit ihren Eltern das *Grand Elysée* betraten …

Weihnachtliches Menü aus der Küche des Grand Elysée

1) Feldsalat mit gebratener Gänseleber und Walnüssen

Zutaten:

200 g Feldsalat, 200 g Gänseleber, 16 Walnusshälften,
2 Schalotten in Würfel geschnitten, 1 EL Rotweinessig,
2 EL Walnussöl, 1 MS Senf

Zubereitung:

Den Feldsalat gründlich waschen und gut abtropfen lassen. Die Schalotten mit dem Senf, Essig in eine Schüs-

sel geben und vorsichtig mit dem Walnussöl verrühren. Mit Salz und Pfeffer abschmecken. Die Leber leicht in Mehl wenden und in einer Butterpfanne bei leichter Hitze rosa braten. Nebenbei den Feldsalat vorsichtig mit der Vinaigrette marinieren, auf einem Teller anrichten. Die Gänseleber nach dem Braten mit Salz und Pfeffer würzen und auf den Feldsalat legen. Mit den Walnusshälften bestreuen.

2) Braten von der Dithmarscher Freilandgans

Zutaten:

1 frische Freilandgans ca. 4 kg, 4 Stück Boskop, 1 unbehandelte Orange, 1 Zweig Beifuß, 2 Zwiebeln, Pfeffer aus der Mühle, Röstgemüse (2 Zwiebeln, 1 Karotte, 1 kleines Stück Sellerie), ¼ Liter kräftigen Rotwein

Zubereitung:

Die ausgenommene Gans innen und außen gut salzen. Das Salz auf der Haut gut einreiben. Die Äpfel, Orange, Zwiebeln vierteln, mit dem Beifuß vermengen und in die Gans füllen. Die Öffnung mit Zahnstochern oder Rouladennadeln verschließen.

Die Gans, mit der Brust nach oben, in den Bräter legen. Zwei Fingerbreit Wasser dazu geben und bei 220 Grad im Ofen braten. Ein Teil des Wassers verdampft, und das Fett tritt aus. Wenn die Gans Farbe bekommt, den Ofen auf 180 Grad zurückschalten und ca. 2 Stunden weiterbraten. Ab und zu mit dem Bratensatz übergießen. Kurz vor dem Ende das Röstgemüse dazugeben und mitbraten. Die fertige Gans aus dem Bräter nehmen und das Fett mit einer Kelle ganz abschöpfen.

Den Rotwein dazugeben. Um die Hälfte einkochen und mit etwas Stärke binden, passieren.

Ein kleiner Tipp: Sollte die Gans nicht kross genug sein, mit frischer gesalzener Butter bestreichen und bei starker Oberhitze kross werden lassen.
Als Beilage eignen sich sehr gut Apfelmus mit Rosinen, Rotkohl und Dampfkartoffeln.

3) Rotweinzwetschgen mit Zimt und Vanille-Eis

Zutaten:

1 Pfund entsteinte und halbierte Zwetschgen,
½ Liter Landrotwein, 4 gehäufte EL Zucker,
1 Zimtstange, 2 Nelken, 1 Orange, Vanille-Puddingpulver

Zubereitung:

Den Zucker in einem kleinen Topf karamelisieren, Zimtstange, Nelken, geviertelte Orange dazugeben und mit dem Rotwein ablöschen. 10 Minuten leicht köcheln lassen und mit Vanillepudding-Pulver binden. Mit einer Schaumkelle die Zimtstange, Nelken und Orangen herausnehmen. Jetzt die Zwetschgen in den noch heißen Fond geben und vorsichtig weitere 5 Minuten köcheln lassen. Etwas abkühlen lassen und mit dem Vanille-Eis anrichten.

Jo Brauner hat die Geschichte nach Angaben von Christa Block *geschrieben. Sie ist die Frau an der Seite des Hamburger Unternehmers Eugen Block. Im Mai 2006 wurde sein Hotel Elysee nach einem Neuanbau erweitert und in Grand Elysée umbenannt. Christa Block initiierte die «Galerie Elysée». Ihr besonderes Augenmerk gilt einer sozialen Unternehmensführung.*

Heike Reiter

Das (fast) verschollene Weihnachtsmenü

Ludwig stand kurz vor einem Nervenzusammenbruch. Es war der Morgen des Heiligen Abends, und Frau Schminders Rezeptbuch war weg! Dabei hätte Ludwig schwören können, dass er das kleine zerfledderte Büchlein am Vorabend auf die Ablage neben dem Herd gelegt hatte. Jetzt war das Buch fort, und das grenzte an eine Katastrophe. Ludwig fühlte sich entsetzlich. Was sollte er nur tun?

Seit vielen Jahren verbrachte die Familie Schminder die Weihnachtsfeiertage in jenem Hotel, bei dem Ludwig als Koch angestellt war. Die Schminders waren ruhige, gern gesehene Gäste. In diesem Jahr hatten sie einen besonderen Wunsch. Ludwig sollte ein ganz spezielles Weihnachtsessen für sie kochen. Ein Menü nach den Rezepten von Oma Schminder. Die mittlerweile fast achtzigjährige Oma hatte ihre Familie zu Weihnachten stets gern und gut bekocht. Ihre bewährten Rezepte hatte sie aufgeschrieben. Nun war dieses Büchlein am vergangenen Tag an Ludwig mit der Bitte übergeben worden, aus den besten Gerichten ein Menü zusammenzustellen und für Familie Schminder zu kochen. Selbstsicher hatte Ludwig zugesagt und sich dann wieder auf andere Dinge konzentriert. Dem Auftrag für Heiligabend maß er nicht viel Bedeutung bei. So was machte er doch mit links! Außerdem war er nicht recht begeistert von dem Gedanken, nach den Rezepten anderer zu kochen. Er kreierte lieber seine eigenen Leckereien.

Nun aber war Oma Schminders Rezeptbuch fort, und Ludwig hatte keine Ahnung, was er der Familie am Abend vorsetzen sollte.

«Sie werden die einfachen Rezepte einer Hausfrau doch aus dem Stegreif kochen können?!», meinte der Chef und schlug Ludwig auf die Schulter.

Ludwig nickte matt. Er dachte daran, was Frau Schminders Enkelin Helena zu ihm gesagt hatte, als sie ihm das Büchlein gab.

«Omas Rezepte sind zauberhaft und immer etwas Besonderes», hatte das Mädchen geschwärmt.

Ludwig hatte das mit großartiger Geste abgetan, doch jetzt war ihm nicht mehr nach Hochmut. Was mochte dieses Besondere sein, mit dem Oma Schminder ihre Rezepte veredelte? Er zerbrach sich den Kopf, entwarf die schmackhaftesten Kreationen und wusste doch, dass er nur fehlschlagen konnte, wenn er Oma Schminders Originalrezepte nicht kannte. Und wie sollte er der Familie den Verlust des kostbaren Kochbuches erklären? Ludwig sah es kommen: Er würde sich bis auf die Knochen blamieren. Sein Herz begann zu rasen. Er musste dieses Büchlein finden! Sofort!

Hektisch begann Ludwig, die Küche und die dazugehörige Gastwirtschaft auf den Kopf zu stellen. Irgendwo musste das Buch doch sein! Die Servicekräfte murrten, als er die Tischdekorationen durcheinanderbrachte, in Schränken wühlte oder in den Speisekarten. Sogar der Chef sah ihn schief an.

«Heute Vormittag war jemand da, der nach alten Büchern gefragt hat», hörte Ludwig Bella, eine der Bedienungen, sagen, als er gerade unter einem Stapel frisch gewaschener Tischdecken nach den Rezepten suchte.

Ludwig sah auf. «Was soll das heißen?»

Bella nagte an ihrer Unterlippe. «Es waren Leute von irgendeiner karitativen Einrichtung, die für ihre Weihnachtstombola noch Bücher als Gewinne gesucht haben. Es durften auch gebrauchte sein.»

«Und da hast du ihnen das Rezeptbuch von Frau Schminder mitgegeben?» Ludwigs Stimme wurde schrill.

Bella trat nervös von einem Fuß auf den anderen. «War das ein kleines, zerrupftes Ding mit grünem, fleckigem Einband? Ein handgeschriebenes, kaum leserliches Kochbuch?»

Ludwig erstarrte. «Genau das», brachte er gerade noch hervor.

Bella zog die Schultern hoch. «Ich fürchte, dann habe ich es wirklich weggegeben», murmelte sie. «Entschuldige. Ich wusste nicht, dass du es noch brauchst. Es wirkte so alt, und du sagst doch immer, dass altes Zeug wertlos ist.»

Ludwig wurde beinahe schwarz vor Augen. Nun konnte er Bella nicht einmal einen Vorwurf machen, denn dass altes Zeug wertlos sei, hatte er wirklich gesagt. Verflixter Hochmut!

«Weißt du wenigstens, wem du das Buch gegeben hast? Caritas? Rotes Kreuz?», fragte er schwächlich.

Bella schüttelte betreten den Kopf. «Da kann ich dir nicht helfen», meinte sie. «Ich habe keine Ahnung, wer das war.» Sie unterbrach sich, als ihr sechsjähriger Sohn Thomas zu ihr und Ludwig trat. Thomas besuchte seine Mutter manchmal bei der Arbeit im Hotel, wenn er in der Stadt unterwegs war. Heute hatte er vor Christmette und Bescherung noch ein wenig zur Weihnachtsveranstaltung des örtlichen Jugendclubs gehen dürfen, damit ihm die Zeit bis zum Abend nicht zu lang wurde. Offenbar war sein Nachmittag jedoch nicht nach seinen Vorstellungen verlaufen. Er sah unzufrieden aus.

«Weihnachten ist doof», maulte er.

Bella seufzte tief. «Was ist denn geschehen?», fragte sie.

Thomas ließ die Mundwinkel noch weiter herunterhängen. «Im Jugendclub gab es eine Tombola», brummelte er. «Der Hauptgewinn wäre ein ferngesteuertes Auto gewesen. Das wollte ich haben. Aber ich habe nur ein dummes altes Buch gewonnen. Ich kann es nicht einmal lesen. Alles ist in einer so komischen Schrift geschrieben.»

Ludwig horchte auf. «Eine Tombola?»

Thomas nickte. Mürrisch zeigte er seinen Gewinn. Es war ein dünnes dunkelgrünes Büchlein, mit Fettflecken darauf und zerfleddert.

Das Kochbuch von Frau Schminder!

Hastig nestelte Ludwig einen Geldschein aus seiner Hosentasche und hielt ihn Thomas unter die Nase.

«Ist das genug, damit du mir das Buch gibst?», stieß er hervor.

Über Thomas' Gesicht ging ein Leuchten.

«Ich glaube», sagte er bedeutend besser gelaunt, «Weihnachten ist doch nicht so doof!»

Ludwig nahm das Büchlein von ihm entgegen und stimmte ihm aus vollstem Herzen zu. Er nahm sich fest vor, sich nie wieder zu viel auf seine Kochkünste einzubilden. Rasch schlug er das Büchlein auf. Die Rezepte sprangen ihn förmlich an. Anleitungen zum Plätzchenbacken, ein Eiscremerezept, süßsaure Pilze, Tessiner Schnitzel, Gewürzkuchen, Roastbeef in Folienglanzseide, Sachertorte und ähnliches mehr. Ludwig stieß einen anerkennenden Pfiff aus. Würstchen und Kartoffelsalat hatte es bei Oma Schminder an Weihnachten wohl nur selten gegeben. Mit Ausrufezeichen und dem Vermerk «Heilig Abend» markiert, stach das Rezept für eine mediterrane Fischpfanne mit Goldstreusel aus ihren Notizen hervor. Goldstreusel! Das also war das «Besondere» von Oma Schminders Rezepten! Ludwig lächelte glücklich. Nun wusste er, was er der Familie Schminder als Hauptgang servieren würde, damit sie auch weiterhin zufriedene Gäste des Hotels blieben …

Mediterrane Fischpfanne mit Goldstreusel

(für 4 Personen)

500 g Fischfilet (z. B. Rotbarsch), 250 g Riesengarnelenschwänze (frisch oder tiefgefroren), 500 g gegrillten Paprika, enthäutet und süßsauer eingelegt, 4 Tomaten, enthäutet, 2 Zehen in Öl eingelegten Knoblauch, ein Sträußchen Dill, zwei Rosmarinzweige, ⅛ l Sud vom eingelegten Paprika, ¼ l Weißwein, lieblich, Öl, Pfeffer, Salz

Die Fischfilets mit Weißwein angießen. Sud von eingelegter, gegrillter Paprika zufügen. Das Dillsträußchen, die Knoblauchzehen (im Ganzen) und die Rosmarinzweige dazulegen und auf kleiner Flamme so lange schmoren lassen, bis die Flüssigkeit um gut ⅔ reduziert ist. Paprika klein schneiden, Tomaten blanchieren und häuten und ebenfalls dazugeben (ggf. können auch Tomaten aus der Dose verwendet werden).
Die Riesengarnelenschwänze auftauen lassen und knusprig anbraten.
Die Fischpfanne mit Salz und Pfeffer abschmecken.
Auf Tellern anrichten, die gebratenen Riesengarnelenschwänze darauf platzieren, mit frischen Rosmarinzweigen dekorieren. Als Highlight feine Goldflocken aus dem Streuer darüber verteilen.
Dazu: Basmatireis.

Andreas Obster

Nicht nur mit den Fingern, sondern mit der Seele

Heiligabend in der Hotelbar

Die Hotelbar war großzügig weihnachtlich dekoriert. Viele kleine Lichter strahlten am Tannenbaum, und auf den Tischen brannten Kerzen in Silberhaltern. Nur ein verliebtes junges Pärchen saß an einem der hinteren Tische.

Mit langsamen Schritten steuerte Christoph auf den Tresen zu. Er war Mitte dreißig, seine halblangen dunklen Haare lagen ungekämmt am Kopf. Über der schwarzen Hose trug er ein dunkelrotes zerknittertes Hemd. Er hievte sich auf einen Barhocker und stützte den Kopf auf seine Hände.

«Guten Abend, was darf ich Ihnen bringen?»

Er schaute auf. Eine freundliche Kellnerin mit vollem Gesicht und schwarzem hochgestecktem Haar stand hinter dem Tresen.

«Etwas mit viel Alkohol, das diesen Abend erträglich macht.»

«Wie wäre es mit unserem Weihnachtscocktail? Der ist heute im Angebot, weil Heiligabend ist.»

Er verzog das Gesicht. «Geht in Ordnung. Aber bitte erwähnen Sie kein Wort, das entfernt etwas mit Weihnachten zu tun hat. Ich kann es nicht mehr hören und sehen – dieses Weihnachtsgerede und Glöckchengebimmel.» Er deutete auf den weihnachtlichen Schmuck um ihn herum und die Lautsprecher, aus denen klassische Weihnachtsmusik erklang. Sie ging zur Musikanlage und verringerte die Lautstärke.

«So schlimm? Warum sind Sie dann hier in die Bar gekommen?»

Sie füllte den Shaker mit verschiedenen Zutaten.

«Ich habe es oben im Zimmer nicht mehr ausgehalten.»

«Ich weiß, was Sie meinen. Es ist schwer, an Heiligabend alleine zu sein», sagte sie mitfühlend.

Er winkte ab. «Es kann doch nicht sein, dass die Welt an Weihnachten ganz anders sein soll als den Rest des Jahres! Das ist alles nur Illusion.»

«Finden Sie es nicht schön, an Weihnachten die Familie zu treffen?»

«Ich habe keine Familie. Auf mich wartet niemand.»

Sie wurde nachdenklich. «Ich habe einen kleinen Sohn, acht Jahre alt. Er ist bei meinen Eltern. Wir feiern morgen zusammen Weihnachten. Das ist Tradition, weil ich jedes Jahr an Heiligabend hier arbeiten muss. Feiern Sie gar nicht?»

«Nein. Ich muss morgen ein Solokonzert in der Philharmonie geben.»

«Das Weihnachtskonzert am Piano? Ich habe davon gelesen. Also geht das Weihnachtsfest doch nicht an Ihnen vorbei?»

«Mir ist egal, was ich spiele. Es wird gut bezahlt.»

Sie leerte den Shaker in ein Cocktailglas und stellte es ihm auf die Theke.

«Bitte schön.» Sie hielt inne und zupfte die weihnachtliche Dekoration am Glasrand ab. «Wenn Sie für Weihnachten nichts empfinden, wie können Sie dann Weihnachtsmusik in der Philharmonie spielen? Ein Musiker spielt doch nicht nur mit seinen Fingern, sondern viel mehr mit seiner Seele. Das hat mein Vater immer gesagt.»

Er blickte sie skeptisch an und probierte von seinem Cocktail.

«Aber genützt hat es nichts», fügte sie hinzu. «Als Kind hatte ich einfach keine Lust, Querflöte zu spielen. Irgendwann hat er es aufgegeben und mich abgemeldet.»

Das Pärchen am Tisch winkte die Bedienung zu sich herüber, um zu zahlen. Christoph leerte sein Glas mit einem Zug und stellte es ab. Er überlegte, ob er zugeben sollte, dass der Cocktail ausgezeichnet war. Sein Blick schweifte durch den Raum. Er bemerkte den Klavierflügel hinter dem Tannenbaum.

«Wer spielt hier auf dem Flügel?», fragte er, als sie zurückkam.

Wir haben jeden Abend Livemusik. Aber heute nicht, weil Heiligabend ist.»

Christoph stand auf und ging hinüber.

«Ein edles Modell. Darf ich?»

«Ja, natürlich.» Sie schaltete die Musikanlage aus. Er setzte sich an den glänzenden schwarzen Flügel. «Aber kein Weihnachtsstück. So etwas habe ich heute lange genug geprobt.»

Sie kam herüber. «Sie dürfen spielen, was sie möchten. Außer uns beiden hört es niemand.»

Christoph strich sanft über die Tastatur und begann mit Beethovens Klavierkonzert op. 19. Er spielte mit Routine, aber sein Gesicht war verkrampft. Sie setzte sich an einen Tisch neben dem Flügel und schaute ihm zu.

Er hielt inne und spielte ein anderes Stück. Argwöhnisch schaute er sie an und brach wieder ab. Er fuhr sich durchs Haar.

«Das passt alles nicht. Wie heißen Sie eigentlich?»

«Bordmann. Steht doch auf meinem Namensschildchen.»

«Ja, ich meine Ihren Vornamen», erklärte er.

«Celine.»

«Celine, dieses Stück ist für Sie zu Heiligabend.»

Er spielte «Am Weihnachtsbaume die Lichter brennen» in einer improvisierten, getragenen Version. Seine Finger glitten mit Leichtigkeit über die Tasten. Sie war überwältigt und genoss es.

Als er das Stück beendet hatte, sagte sie gerührt: «So

etwas Schönes hat mir noch niemand zu Weihnachten geschenkt.»

«Frohe Weihnachten, Celine.»

«Ja, frohe Weihnachten.»

Angelika Gardiner

Das Herz einer arabischen Prinzessin

Der ehemalige Landsitz einer Sultanstochter auf der Insel Sansibar lädt Verliebte zum Träumen ein

Was hat sich das Mädchen bloß dabei gedacht? So blind kann Liebe doch gar nicht machen, dass man als Prinzessin dafür ein Leben in fürstlichem Luxus, umgeben vom tropischen Zauber Sansibars, gegen das kühle, graue Hamburg eintauscht, noch dazu in einer Zeit, in der die Hansestadt alles andere als liberal und weltoffen war … Wusste sie überhaupt, worauf sie sich da einließ?

Eine sanfte Brise weht den Duft von tausend Blüten über die schattige Terrasse von *Salomes Garden*. Türkisgrün schimmert das Meer zwischen Kokospalmen, Frangipani und Flammenbäumen. Aus der Ferne sind die Stimmen der Fischer zu hören, die am Ufer eine Dhau flott machen. Der ehemalige Landsitz der Sultanstochter ist ein verwunschenes Refugium für Liebespaare mit dem nötigen Kleingeld, auch wenn die Villa im arabischen Stil heute nur noch ein matter Abglanz der Pracht ist, in der Sultan Said von Oman und Sansibar im 19. Jahrhundert mit seinem riesigen Hofstaat lebte. Durch den Handel mit Sklaven, Elfenbein und Gewürznelken war er unermesslich reich geworden. Bei seinem Tod im Jahr 1856 besaß er 45 Nelkenplantagen, auf denen rund achttausend Sklaven schufteten.

Said hatte nur eine einzige legitime Ehefrau, die zwar kinderlos blieb, aber über einen Harem mit 74 Nebenfrauen herrschte. Diese Frauen, die der arabische Fürst nach und nach kaufte, gebaren ihm 36 Kinder. Salme oder Salome, sein jüngstes Mädchen, kam 1844 als Tochter der tscherkessischen Haremsfrau Djifan zur Welt und wuchs mit vielen

Stiefmüttern und Halbgeschwistern auf, umsorgt von Sklaven und Eunuchen, die für ihr leibliches Wohl zuständig waren. Mit fünfzehn besass Salme bereits drei eigene Nelkenplantagen und den Landsitz bei Bububu, zehn Kilometer nordwestlich der Hauptstadt von Sansibar.

Wie sie das wohl fände, dass heute in den Mauern ihrer Jugend europäische und amerikanische Brautpaare verschwiegene Flitterwochen verbringen? Und dass an Weihnachten auf ihrer Terrasse ein vier Meter hoher Lichterbaum steht? «Es ist zwar keine Tanne oder Fichte, aber ein Baum, der entsprechend festlich geschmückt werden kann, finden wir im Dschungel immer, no problem», sagt Tito, der muslimische Manager von *Salomes Garden* und dem benachbarten kleinen Strandhotel *Imani Beach Villa*, in dem auch die Gäste aus dem Haus der Prinzessin speisen können. Weihnachten im arabischen Stil – das hat was. Es gibt Huhn in Kokosnusscreme, Barracuda Carpaccio, Fischravioli in Mandelsauce oder Prawns Masala, alles ganz frisch, denn der Strand, an dem die Fischer ihren Fang anlanden, ist nur wenige Schritte entfernt. Dazu trinkt man anständige italienische Weine, schließlich haben sich die Italiener die Insel Sansibar schon vor Jahren zum Lieblings-Traumziel auserkoren.

In Salmes acht Meter hohen Räumen, durch die die junge Prinzessin und ihre Tanten, Halbschwestern und Stiefmütter um 1860 die schwarzen Sklaven scheuchten, ist es angenehm kühl. In den Gästezimmern stehen geschnitzte arabische Himmelbetten mit Moskitovorhängen – für verliebte Paare die ideale Kuschelkulisse. Zum Essen gehe ich nach nebenan und setze mich leger an einen der niedrigen Tische, die für zivilisationsgeschädigte Bandscheiben eine gewisse Herausforderung darstellen. Aber alles wird gut, sobald ich ein Kissen im Rücken und noch eins unter den steifen Knien habe. Ich könne natürlich auch in einer anderen Ecke des luftigen Restaurants an richtigen westlichen Tischen essen und auf richtigen Stühlen sitzen, meint die verständnisvoll lächelnde Subira, während sie heißen Spice Tea mit viel Ingwer, Pfeffer und Kardamom serviert. Sie hat hier schon manchen Ausländer gesehen, der nach einem Essen auf arabische Art kaum noch hochkam, weil ihm die Füße eingeschlafen waren, erzählt sie. Da in beiden Häusern zusammengerechnet selten mehr als zwanzig Gäste wohnen, hat Subira Zeit, die Besucher von Tag zu Tag liebevoller zu betreuen und mit ihnen zu schwatzen, zum Beispiel über Prinzessin Salme.

Kein Besucher Sansibars kommt an ihr vorbei. Auf alten Postkartenfotos, die überall zu kaufen sind, sieht Salme den Betrachter mit ernsten Augen an, eine dunkle Schönheit mit prachtvollem Kopfschmuck, kostbaren Gewändern und Juwelen an Armen und Beinen. Sie muss ein eigenwilliges Mädchen gewesen sein. Als einer ihrer Halbbrüder gegen den Thronfolger – auch er war ein Bruder – putschte, schloss sie sich der falschen Seite an und wurde von den siegreichen Verwandten ins Exil geschickt. Aber das war noch nicht das Schlimmste. Nach ihrer Verbannung aufs Land zog sie wieder in die Stadt, nach Stonetown, und dort wohnte im Nachbarhaus der junge Hamburger Rudolf Heinrich Ruete, ein Agent des Handelshauses Hansing & Co. Von ihrer Dachterrasse aus konnte Salme direkt in seinen Salon blicken und deutsche Gastlichkeit beobachten. In ihren Memoiren deutet sie nur sehr diskret an, wie die Beziehung begann. Fest steht nur: Der deutsche Kaufmann und die arabische Prinzessin verliebten sich leidenschaftlich.

Die Romanze wurde zu einem Skandal, der die zwei Lager der verfeindeten Sultansfamilie noch weiter spaltete. Als Salme 1866 schwanger wurde, wollte sie aus Angst vor der Rache ihrer Familie fliehen, um außerhalb der moslemischen Welt Sansibars mit dem Mann aus dem Norden zusammenleben zu können. Auf einer Dhau ließ sie sich zu dem britischen Kriegsschiff «HMS Highflyer» bringen und brannte mit ihrem künftigen Ehemann durch. Bei einem Zwischenstopp in Aden trat sie zum christlichen Glauben über und ließ sich kurz vor der Hochzeit schnell auf den Namen Emily taufen. Als das Paar in Hamburg eintraf, war aus der Prinzessin Sayyida Salme bint Said bin Sultan Albusa'id von Sansibar und Oman die schlichte Kaufmannsgattin Emily Ruete geworden.

Der Alltag in Hamburg muss die ehemalige Prinzessin ziemlich ernüchtert haben. Sie war Christin geworden, im Herzen aber blieb sie zeitlebens Muslimin. Salme-Emily litt unter Heimweh, kam mit den gesellschaftlichen Zwängen und der Zugeknöpftheit der Hanseaten nicht zurecht. In ihren Briefen in die Heimat beklagte sie, dass sich in Hamburg «fast alle ausschließlich am Geld orientieren.» Rasch nacheinander bekam sie ihre drei Kinder Antonie, Rudolf Said und Rosalie, doch die Ehe endete schon bald tragisch. Im Winter 1871 verunglückte ihr Mann bei einem Trambahnunfall tödlich. Für die junge Witwe begannen schwierige Jahre. Damals waren Frauen in Hamburg noch nicht erbberechtigt. Auch ihr väterliches Erbteil von umgerechnet etwa 360000 Mark blieb ihr verwehrt, da der neue Sultan, ihr Halbbruder Bargasch, ihr Vermögen auf Sansibar eingezogen hatte. Zum ersten Mal in ihrem Leben hatte die Prinzessin Geldsorgen. Die Hamburger Behörden schikanierten Emily, die sich als Arabischlehrerin durchschlug. 1886 brachte sie ein damals recht erfolgreiches Buch heraus, in dem sie in sehnsuchtsvollen Sätzen ihre Kindheit und Jugend auf Sansibar schilderte.

Immer auf der Suche nach angenehmeren Lebensumständen zog Emily Ruete von Hamburg nach Dresden, London, Rudolstadt, Berlin und Jena – heimisch wurde sie nirgends. Als sie 1875 erfuhr, dass ihr Bruder Bargasch in London erwartet wurde, fuhr sie hin, um ihn zu treffen. Doch die britische Regierung, die Sansibar zu ihrem Protektorat gemacht hatte, legte ihr nahe, das zu unterlassen.

Dafür wurde ihr Unterstützung bei der Ausbildung ihrer Kinder zugesagt. Ein Foto aus späteren Jahren zeigt Emily Ruete mit braver Pelzkappe, hochgeschlossenem Kragen und mit einem schwermütigen Ausdruck im spitz gewordenen Gesicht. Nichts mehr verrät das romantische, wilde Mädchen von früher.

Zu allem Überfluss geriet Emily Ruete auch noch in den Strudel der deutschen Kolonialpolitik. Der berüchtigte Gründer der Deutsch-Ostafrikanischen Gesellschaft, Carl Peters, der auf oft betrügerische Weise Land an sich gerissen hatte, war auch dem Sultan von Sansibar in die Quere gekommen. Als dieser sich bei Kaiser Wilhelm beschwerte, setzte Reichskanzler Otto von Bismarck Kriegsschiffe in Marsch. Mit an Bord war Emily Ruete mit ihren drei Kindern. Es gab sogar Spekulationen, dass Bismarck ihren Sohn Rudolf Said zum neuen Sultan von Sansibar machen wollte. Doch während die Prinzessin hoffte, als Mittlerin wirken zu können und wieder nach Sansibar zurückkehren zu dürfen, hatten die Deutschen eher kriegerische Absichten: Sie verlangten vom Sultan, die von Carl Peters zusammengerafften «Schutzgebiete» ohne Wenn und Aber anzuerkennen. Sollte der deutschen Staatsbürgerin Emily Ruete – so die Überlegung – während ihres Sansibar-Aufenthalts etwas zustoßen, wäre das ein willkommener Anlass, die Insel zu beschießen. Doch angesichts des feuerbereiten Geschwaders gab der Sultan klein bei, und damit verlor Emily Ruete ihren Wert als Faustpfand. Die Deutschen ließen die Prinzessin fallen wie die sprichwörtliche heiße Kartoffel. Bismarck hatte das handschriftlich so angeordnet. «Für ihr Schicksal und ihre schönen Augen können wir die deutschen Reichsinteressen nicht einsetzen», lautete seine Notiz an den deutschen Konteradmiral Knorr, von dem sich Emily Ruete vergeblich die Wahrung ihrer Ansprüche erhofft hatte. Auch der Sultan sah keinen Anlass, seine verstoßene Halbschwester wieder in Gnaden aufzunehmen. Enttäuscht und verletzt kehrte sie im Herbst 1885 nach Deutschland zurück. Kurz danach zog sie für einige Jahre nach Beirut und Jaffa, verbrachte jedoch ihre letzten Lebensjahre wieder in Deutschland.

Mit knapp 80 Jahren starb Emily Ruete 1924 in Jena, immer noch krank vor Heimweh nach ihrem geliebten Sansibar. Begraben wurde sie auf dem Friedhof in Hamburg-Ohlsdorf. Nachfahren ließen auf ihren Grabstein ein Zitat von Theodor Fontane eingravieren. «Der ist in tiefster Seele treu, wer die Heimat liebt wie Du.»

Salmes Memoiren liegen auch heute noch in jeder Buchhandlung und jedem Hotel auf Sansibar aus. Auch im Museum am Hafen von Zanzibar Town, im «House of Wonders», ist ihr ein eigener Raum gewidmet. Allerdings wird nur ganz vage geschildert, warum die Prinzessin ihre Heimat verließ. Ihren einstigen Landsitz in Bububu finden nur Reisende, die gezielt danach suchen. Von der Hauptstraße Richtung Norden führt ein holpriger Weg zwischen Kokospalmen, Hühnerställen und Mülltüten zum Strand, der auf dieser Seite der Insel nicht ganz so weiß und weit ist wie im Norden und Osten. Dort verbirgt sich *Salomes Garden* hinter einer hohen grauen Mauer, ein verwunschenes Palmenparadies mit Bambus, Strelitzia und Bougainvillea in allen Farben. Lavendelblau blühende Schlingpflanzen ranken sich an den Außenwänden eines kleinen Gebetshauses hoch, alte Treppenaufgänge sind von tropischem Grün überwuchert. Ein Großteil des ehemaligen Palasts ist seit langem verschwunden. Schon als Emily Ruete 1875 zum ersten Mal an die Stätte ihrer Jugendjahre zurückkehrte, beklagte sie Verfall und Vernachlässigung, um dann resigniert festzustellen: «Araber bauen lieber etwas Neues, als alte Häuser zu renovieren.»

Auf dem Gelände, das früher um ein Vielfaches größer gewesen sein muss, wachsen sogar ein paar Nelkenbäume – letzte Erinnerungen an die Quelle des Reichtums, den die Prinzessin in ihrer Jugend kannte. Sansibar ist auch heute noch die Gewürzinsel schlechthin – alles, was Lebkuchen & Co. so verführerisch nach Weihnachten duften lässt, ist vor der Küste Ostafrikas zu Hause. Vanille und Zimt, Kardamom, Ingwer, Piment, Koriander, Pfeffer, Muskat und vor allem: Gewürznelken. Doch weder in Salmes ehemaligem Garten, noch in den Plantagen der Umgebung ist von den Aromen klassischer deutscher Adventsbäckerei viel zu merken. Die feuchtwarme Luft ist getränkt vom Rauch naher Herdfeuer, vom Dunst verrottenden Laubs und modriger Erde. Kleinbauern – die meisten von ihnen sind Nachfahren der Sklaven, die Sultan Bargash und die anderen Großgrundbesitzer auf Geheiß der britischen Verwaltung 1873 freilassen mussten – leben heute hauptsächlich von «Spice Tours», geführten Rundgängen durch ihre Pflanzungen. Es lohnt sich für sie nicht mehr, Gewürze im großen Stil anzubauen, solange die Produktionskosten die Erlöse übersteigen. Da ist es ökonomisch allemal reizvoller, Touristen gegen Gebühr zu zeigen, wie das wächst, was bei ihnen zu Hause im Küchenregal steht. Einzig die Gewürznelken wären ein rentables Geschäft, doch die privaten Farmer müssen per Gesetz ihre gesamte Nelkenernte bei staatlichen Stellen abliefern, die den Preis diktieren. Die großen Plantagen betreibt der Staat in eigener Regie – schließlich kommen 80 Prozent aller Gewürznelken, die weltweit verkauft werden, aus Sansibar und von der Nachbarinsel Pemba, die beide zu Tansania gehören. Gewürznelken sind für das arme afrikanische Land ein so wichtiger Exportartikel, dass Nelkenschmuggel streng bestraft wird. Bis zu zehn Jahre Gefängnis drohen Farmern, die ihre Ernte heimlich übers Meer nach Kenia schaffen.

Prinzessin Salme fand schon, die Freilassung der Sklaven auf Sansibar sei ein schrecklicher Fehler. Sicher hätte ihr auch die sozialistische Entwicklung ihrer Heimat nicht gefallen oder der moderne Tourismus mit seinen Discos und fast nackten Badeschönheiten oder der Weihnachtsbaum auf ihrer Terrasse. Oder vielleicht doch? Wer weiß schon, wie das Herz einer zum Christentum konvertierten arabischen Prinzessin heute schlagen würde …

Prawns Masala *(kamba wa salo)*
Für vier Personen:

600 Gramm Langustinen, geschält und gesäubert, 2 mittelgroße Zwiebeln, kleingehackt, 6 mittelgroße Tomaten, gehäutet und kleingehackt, 3 grüne Chillies, fein gehackt, 1 Teelöffel Knoblauchpaste, 1 Teelöffel Ingwerpaste, 1 Teelöffel Garam Masala, 1 Teelöffel gemahlenen Kreuzkümmel, ½ Teelöffel Kurkuma, 4 Esslöffel Speiseöl, Saft von 2 Zitronen, Salz und Pfeffer, Korianderblätter zum Garnieren

Zwiebeln im heißen Öl bräunen. Gehackte Tomaten, Zitronensaft und alle Gewürze hinzufügen und unter ständigem Rühren fünf Minuten köcheln. Langustinen zugeben und 10 bis 15 Minuten kochen. Bei Bedarf etwas Wasser zugeben und weitere 5 Minuten kochen. Vor dem Anrichten mit klein geschnittenen Korianderblättern garnieren. Mit Reis oder Fladenbrot servieren.

Gabriele Schulze-Spahr

Merry Christmas in feierlichem Wildwest

Weihnachten in der Lake Placid Lodge

Schon am Vorabend hat es in Manhattan angefangen zu schneien. Nach so vielen Jahren ohne weiße Weihnachten kann es keine schönere Einstimmung auf den Heiligabend geben. Und so steigen wir am 24. Dezember frühmorgens voller Vorfreude und Spannung in die zwanzigsitzige Propeller-Maschine, die uns nach Norden nach Saranac Lake, 30 Kilometer von Lake Placid entfernt, bringen soll. Der Schneefall wird immer stärker. Es ist wunderschön, aus dem Flugzeugfenster die weiße Zuckerbäckerlandschaft zu betrachten. Der Pilot beendet seine Sicherheitsansage weihnachtlich gestimmt: «Sehen Sie, dort unten ist schon überall Rudolph The Rednosed Reindeer unterwegs.»

Nach anderthalb Stunden: Landeanflug auf einen verschneiten Acker mit einer kleinen Holzbude. Na dann, das kann ja heiter werden. Wir sind die beiden einzigen Passagiere, die aussteigen. Die anderen wollen offensichtlich noch weiter. Erstaunlich, dass wir unser Gepäck nicht selbst aus dem Flieger holen müssen.

Ich hatte das Hotel gebeten, uns ein Taxi zum Abholen zu schicken, aber das einzige Auto, das wir vor dem so genannten Flughafengebäude stehen sehen, ist ein Ford, der wohl aus der Goldgräberzeit stammt. Auf dem Beifahrersitz schläft ein alter Schäferhund. «Hi», knirscht uns sein Herrchen grimmig zwischen den Zähnen entgegen. «To the Lodge?» Yes, damit sind wohl wir gemeint. Also los. Wir wuchten unser Gepäck in den Kofferraum, wobei der Alte lediglich als interessierter Zuschauer fungiert.

Auf der Fahrt taut er dann allerdings auf. Er sei Tony, und

sein Hund, der Shaddy, sei sehr alt und besonders lieb. «Toll, dass ihr da seid. Weihnachten in der *Lake Placid Lodge*, das ist ‹was ganz Besonderes›. Heute Abend, das wird bestimmt super. Eine Freundin von mir, Margret, die singt während eures Dinners.»

Allmählich platze ich schier vor Vorfreude. Und dann sind wir da. Der Anblick ist einfach überwältigend: viele pittoreske Blockhäuser, Tannenbäume und winterliche Figuren um die Lodges herum, alle mit Tausenden von Glühlämpchen geschmückt, erwarten uns in der winterlichen Dämmerung. Wir verabschieden uns von Tony und Shaddy und werden mit zwei Gläsern «Christmas-Punch» von der Hotel-Chefin Kathryn begrüßt. «Willkommen in der *Lake Placid Lodge*. Wir haben auch schon das Feuer im Kamin in Ihrer ‹Birch Lodge› angezündet. Wenn Sie zwischendurch Hunger haben sollten, dann bitte nur einen kleinen Snack zwischendurch. Heute Abend wird es nämlich lecker, üppig und fröhlich.»

Wir stapfen durch den Neuschnee zu unserer «Birken-Lodge». Die Beleuchtung, die vielen Glühlämpchen, die erleuchteten Fenster der anderen Lodges sind Romantik pur. Wir nehmen uns noch auf dem verschneiten Balkon unseres Hauses mit dem Blick auf den zugefrorenen und verschneiten See in die Arme und wünschen uns frohe Weihnachten. Da ist es gerade halb fünf am Nachmittag. Wie wollen wir uns denn bloß noch steigern. Heute weiß ich, dass es geht!

Nach einer gemütlichen Tee-Stunde mit Toasts und köstlichen Marmeladen, einem ausgiebigen Bad in «seiner» und «meiner» Badewanne – wir haben tatsächlich getrennte «He»- und «She»-Badezimmer» – können wir unser Weihnachts-Dinner am Heiligabend in der *Lake Placid Lodge* kaum noch erwarten.

Die verschneiten Wege zum Restaurant sind mit Fackeln geschmückt. Das im Wildwest-Stil gehaltene Restaurant ist mit Kerzen, Mistelzweigen, roten Schleifen und einem wunderschönen Weihnachtsbaum dekoriert.

Wir freuen uns auf die gebratene Ente auf grünen Salaten mit Mandarinen, gegrillten Feigen in einem Balsamico-Jus, aber auch der Hummer mit gefüllten Portobello-Pilzen klingt unglaublich. Die Hauptgerichte versprechen einen Hochgenuss, und das Nachtisch-Trio ist Sünde pur. Ich überlege heimlich, ob ich nicht mit meinen Klamotten im Koffer für den Silvester-Abend in Schwierigkeiten gerate.

Nach einem eisgekühlten Champagner haben wir einen süffigen, aber gefährlichen Chardonnay aus dem Napa-Valley ausgesucht. Der französische Küchenchef serviert uns als Gruß aus der Küche eine klitzekleine Enten-Leber-Terrine. Sie schmeckt mit dem bisschen Gelee und dem Confit von Waldbeeren sensationell.

Kathryn, ganz im «feierlichen Wildwest» gekleidet, wünscht den Gästen frohe Weihnachten.

Dann wird das Licht gedämpft, und der Chor, The Stand Ins, tritt auf. Sechs junge Herren und Damen intonieren mit kräftigen Stimmen Jingle Bells und Silent Night, Holy Night.

Wenn mir das jemand vorher erzählt hätte, wäre mir sicherlich das Wort Kitsch kurz durch den Kopf gegangen. Aber hier mit dem Blick nach draußen über die verschneiten Blockhäuser ist es einfach nur friedliche weihnachtliche Romantik.

Währenddessen wird die Vorspeise serviert. Meine Rich Caramelized Shallot Broth mit dem trockenen Sherry und der würzigen Gruyere-Kruste kommt doch aus einer anderen Sternenküche als eine herkömmliche Zwiebelsuppe. Auch der Salat ist eine überaus gelungene kreative Mischung, denn die gegrillten Feigen harmonieren köstlich mit den unterschiedlichen würzigen Salaten.

Danach lässt man uns eine Pause, und wir genießen wieder den Chor mit den Holiday Carols. Diesmal sind es sehr schöne, uns allerdings unbekannte Lieder. Nach dem Preiselbeer- und Apfel-Calvados-Sorbet wird meine Wild-Lende in Honig-Pfeffer-Gemüse-Sauce mit einem Ragout von wilden Pilzen und Sellerie-Püree und – man staunt – einer geschmackvollen Schokoladen-Sauce aufgetragen. In Konkurrenz dazu steht der Heilbutt mit einer Parmesan-Kruste mit gewürztem Kürbis, Kastanienrisotto, Perlzwiebeln, gegrillten Artischocken in einer schwarzen Trüffel-Creme-Sauce – einfach unschlagbar.

Die Chormitglieder haben jetzt jeder einen braunen Korb in der Hand, jeweils mit roten Christbaumkerzen darin. Sie dekorieren den Weihnachtsbaum, eine mindestens 2,50 Meter hohe Tanne – bei uns wäre es eine Nordmann – neu. Unter dem Gesang der Damen des Chors fordern die männlichen Mitglieder die anwesenden Damen auf, den Baum gemeinsam neu zu entzünden. Wir sind natürlich mit Begeisterung dabei.

Als ich zum Tisch zurückkomme, erwartet mich das Dessert, das kaum zu beschreiben ist. Auf einem überdimensionalen weißen Teller liegen ein exotisch dekoriertes Stückchen karamellisierter Preiselbeer-Birnen-Strudel, ein Schokoladen-Kastanien-Käsekuchen und ein bisschen Eistorte mit Zimt-Creme.

Die Qualität des Diners und unsere Begeisterung schildern wir Francois, dem Küchenchef, der von Tisch zu Tisch geht und sich sehr freut, in uns Gäste aus Good Old Europe zu haben.

Die erste Flasche Chardonnay geht zur Neige, aber auch unsere Kondition. Wir haben den Jetlag unterschätzt. Wir lassen uns zu einem weiteren Schluck Chardonnay bei uns, in der «Birch-Lodge», überreden. Und während die anderen Gäste noch einmal die amerikanischen Weihnachtlieder von den Stand Ins genießen, machen wir uns auf den Heimweg. Wir hören in der kalten Winternacht die Stimmen aus dem Restaurant, die Cowboys des Ortes im Zigarren-Rauch unten in der Bar, und ich bilde mir ein, von weitem auch den Ruf eines wilden Tieres zu erkennen.

Der Kellner hat den Wein schon nach oben gebracht. Das Feuer in unserem Kamin wird von mir nochmal aktiviert. Als ich nach dem letzten Gute-Nacht-Schluck gemütlich in der Indianer-Bettwäsche einschlafe, denke ich, dass ich diesen Heiligabend mein ganzes Leben lang nicht vergessen werde, und frage mich, was wohl unser Taxi-Fahrer Tony und sein Shaddy zu Weihnachten bekommen haben …

Gesa Krell

An Heiligabend wegen Streik geschlossen

Zum ersten Mal auf Teneriffa ohne Mutter

Seit meinem zehnten Lebensjahr war es mein sehnlichster Wunsch, einmal mit meiner Mutter zu verreisen. Sie stand damals den ganzen Tag in dem kleinen Milchgeschäft meines Stiefvaters, hatte kaum Freizeit und noch nie Urlaub gemacht.

Erst viele Jahre später – im Oktober 1973 – sollte sich mein Wunsch endlich erfüllen. Jetzt lebte meine Mutter allein und arbeitete als Schwesternhelferin, während ich mein erstes Examen als Lehrerin bestanden hatte.

Kurz entschlossen gingen wir in ein Reisebüro und buchten eine Woche Sonne auf Teneriffa.

Es war eine unvergessliche Zeit, in der ich meine Mutter so fröhlich und ausgelassen erlebte wie schon lange nicht mehr. Hier, in diesem schönen Hotel mitten im Orotavatal, schienen alle Sorgen um ihre Krebserkrankung zu verblassen. Die Woche ging viel zu schnell vorüber, und schon auf dem Rückflug hatten wir nur einen Gedanken: «Wann buchen wir die nächste Reise?»

Es blieb nicht bei einer zweiten Reise. Wir waren siebenmal in «unserem Hotel» und hießen inzwischen nur noch «Mama» und «Pepita». Vielleicht ahnten wir beide, dass es darum ging, unsere verbleibende gemeinsame Zeit so schön wie möglich zu verbringen. Denn der Krebs kam wieder, und über Weihnachten 1976 sollte unsere letzte gemeinsame Reise gewesen sein. Beim Abschied von «unserer Insel» waren wir so traurig, als fühlten wir, dass es für uns das letzte Mal sein würde.

Wenige Monate später starb meine Mutter, und ich fühlte

mich mit meinen 25 Jahren mutterseelenallein – im wahrsten Sinne des Wortes.

Im Herbst des Jahres deprimierte mich schon allein der Gedanke an das nächste Weihnachtsfest. Verzweifelt rief ich Elke in Bühl und Ingo in Köln an. Beide waren Urlaubsbekanntschaften und Teneriffa-Fans. Ich erzählte ihnen, was passiert war und dass mir vor Weihnachten graute. Schließlich fragte ich sie, ob wir uns nicht in «unserem Hotel» auf Teneriffa treffen könnten. Zu meiner großen Erleichterung versprachen mir beide, sofort zu buchen.

Einen Tag vor Weihnachten landete ich zum ersten Mal allein auf Teneriffa. Während der Fahrt zum Hotel hatte ich sehr gemischte Gefühle. Einerseits war ich froh, dem sentimentalen Weihnachtsfest zu Hause entflohen zu sein, andererseits hatte ich Angst vor den Fragen nach meiner Mutter.

An der Hotelrezeption wurde ich sehr herzlich begrüßt, aber natürlich auch sofort gefragt, warum ich allein gekommen sei. Auf meine Antwort folgte Bestürzung, begleitet von ehrlichem Bedauern und Mitgefühl. Ich schlich auf mein Zimmer und holte erst einmal tief Luft. Es ging mir aber schnell besser, denn ich war da, wo ich sein wollte, und würde mich gleich mit Elke und Ingo treffen. Als wir drei am Abend an der Hotelbar saßen und uns unterhielten, lag eine eigenartige Stimmung in der Luft. Wir hörten von anderen Hotelgästen, dass in einigen Hotels gestreikt wurde.

Heiligabend war eine gewisse Unruhe zu spüren, aber niemand wusste so recht, was los war. Kurz vor dem Weihnachtsessen hielten wir uns mit vielen anderen Hotelgästen vor dem Speisesaal auf. Elke, Ingo und ich standen nicht weit von der Rezeption entfernt, und ich sah, wie Paco, der Barkeeper, mir ein Zeichen machte. Ich ging zu ihm.

Noch bevor ich etwas fragen konnte, flüsterte er mir in seinem spanisch gefärbten Englisch zu: «No christmasdinner, only ...», und er zeigte auf Lunchpakete in Tüten.

Es wurde gestreikt, und meine Enttäuschung war riesengroß. Ein kleines Stückchen heile Welt, das ich gerade so dringend brauchte, ging für mich verloren. Kein Weihnachtsessen ... Paco sah es mir wohl an. Er zog bedauernd die Schultern hoch und sagte leise: «Lo siento mucho.» Ich spürte, dass es ihm sehr leidtat, versuchte ein schiefes Lächeln und bedankte mich.

Nachdem ich Elke und Ingo die Lage erklärt hatte, wollten wir nur noch weg, egal wohin. Wir bestellten ein Taxi und gingen hinaus in die milde subtropische Abendluft. Unser Taxi kam. Dass sich Weihnachtsengel als Taxifahrer verkleiden, wussten wir zu diesem Zeitpunkt noch nicht. Mit meinem lückenhaften Spanisch bat ich den Fahrer, uns zu irgendeinem Restaurant zu bringen, wo wir etwas essen könnten, denn in unserem Hotel würde gestreikt. Unser Fahrer, ein Einheimischer mittleren Alters, wiegte bedenklich den Kopf. Nach kurzem Zögern fuhr er mit uns zunächst in das nahe liegende Puerto de la Cruz. Dort hielt er vor jedem Restaurant, aber an allen Türen hing das Schild «Cerrado» – geschlossen. Er sah mich fragend an. Nach kurzer Absprache mit meinem Team auf der Rückbank bat ich ihn, nach Santa Ursula zu fahren, einem kleinen Ort in der Nähe. Aber auch dort hatten wir kein Glück. Da saßen wir nun und wussten nicht weiter. Plötzlich schlug unser Fahrer mit der Hand auf das Lenkrad, ließ ein Trommelfeuer spanischer Flüche los und gab Gas.

Auf meine vorsichtige Frage, wohin wir fahren würden, gab er mir eine Antwort, von der ich nur «familia» und «fiesta» verstand. Wir fuhren eine ganze Weile bergauf und hielten vor einem einsamen Gebäude. Es sah aus wie eine überdimensionale Garage. Davor stand ein großer Grill mit Fleisch, das köstlich nach Kräutern duftete. Mein Magen zog sich zusammen und knurrte laut. Unser Fahrer verschwand in dem Gebäude, kam aber nach kurzer Zeit mit einem breiten Lächeln zu uns zurück. Seiner wortreichen Erklärung entnahm ich, dass seine Familie hier Weihnachten feierte und wir herzlich willkommen seien.

Wir betraten etwas gehemmt einen großen ungeschmückten Raum, der so gar nicht weihnachtlich wirkte, aber erfüllt war von temperamentvollen Menschen und fröhlichem Lachen. Die herzliche Begrüßung nahm uns sofort alle Bedenken, und blitzschnell stellte man für uns einen Holztisch mit Stühlen auf. Kaum saßen wir, wurden aromatisch duftende Köstlichkeiten gebracht. Es war wie in dem Märchen vom «Tischleindeckdich», und ich kann mich nicht erinnern, jemals wieder so lecker gewürztes Hühnerfleisch gegessen zu haben. Wir aßen mit solchem Genuß, dass man uns immer wieder Nachschub brachte. Unser «Weihnachtsengel» pendelte zwischen seiner Familie und uns hin und her, freute sich über unseren gesegneten Appetit und unsere strahlenden Gesichter. Im ganzen Raum herrschte eine ausgelassene Stimmung, zu der auch der gute Landwein beitrug.

Als es langsam Zeit zum Aufbruch wurde, gab es eine kurze Diskussion. Die Rechnung für das Essen war viel zu niedrig, deshalb legten wir erheblich mehr Geld auf den Tisch und versuchten mit Worten und Gesten, unsere Dankbarkeit für diesen unverhofft schönen Weihnachtsabend zum Ausdruck zu bringen.

Um den Stolz der Gastgeber nicht zu verletzen, schlug ich vor, das Geld den Kindern zu geben. Damit waren schließlich alle zufrieden, und unser verkleideter Weihnachtsengel fuhr uns zum Hotel zurück. Dort verabschiedeten wir uns wie von einem alten Freund, mit Umarmung und Küsschen. Zu dem lächerlich niedrigen Fahrpreis gaben wir ihm ein fürstliches Trinkgeld, obwohl er uns einen eigentlich unbezahlbaren Weihnachtsabend geschenkt hatte.

Elke, Ingo und ich gingen noch an die Hotelbar, denn Paco streikte nicht und hörte sich unsere abenteuerliche Geschichte von der Suche nach einem Weihnachtsessen schmunzelnd an.

Es war der ungewöhnlichste Heilige Abend, den ich je erlebt habe. Inzwischen sind fast dreißig Jahre vergangen, aber meine Erinnerung ist so lebendig geblieben, dass ich mit geschlossenen Augen das gegrillte Hühnerfleisch riechen kann.

Margit Begiebing

Paris – Berlin mit Zwischenfall

Chris saß auf einem Fensterplatz und konzentrierte sich. Sie tat ihr Möglichstes, die deutschen und französischen Wortfetzen um sich herum zu ignorieren.

Plötzlich stieß jemand gegen ihren Arm, entschuldigte sich, sprang auf und entschuldigte sich nochmals. Chris spürte, wie ihre Konzentration nachließ. Ohne es zu wollen, öffnete sie die Augen und erblickte vor ihr ein grünlichblasses Gesicht. «Flugangst», krächzte das Gesicht. Das Wort genügte. Chris fühlte, wie ihr der Schweiß ausbrach. Sie sprang auf. Fast gewaltsam schob sie den Mann zur Seite.

Erst als sie in dem Warteraum angekommen war, in dem sie eine Dreiviertelstunde vorher mit ihrem mentalen Anti-Flugstress-Training begonnen hatte, beruhigte sie sich wieder. «Okay», flüsterte sie vor sich hin. «Okay, okay, okay.»

Eine Stimme ließ sie herumfahren: «Und was machen wir jetzt?», fragte der grünliche Typ aus dem Flugzeug.

Chris stöhnte. Durch die Glasscheibe sah sie den Silbervogel zur Startbahn rollen.

«Was Sie machen, weiß ich nicht. Ich werde jedenfalls heute in kein Flugzeug mehr steigen. Ein Leihwagen, das ist es, was ich brauche.»

«Kann ich mit? Bitte. Ich hasse fliegen.»

Sie sah ihn an. «Mit mir zu fahren ist wohl das kleinere Übel, wie?»

«Entschuldigen Sie. Ich bin ganz durcheinander. Bitte nehmen Sie mich mit. Ich beteilige mich auch an den Fahrtkosten.»

«Das ist ja mal ein großzügiges Angebot ...» Sie grinste amüsiert. «Na, kommen Sie schon. Da ich Sie schätzungsweise sowieso nicht loswerde ...»

Chris setzte sich ans Steuer. Sie nahm eine Straßenkarte aus dem Seitenfach und warf sie dem Mann auf den Schoß. Dann lenkte sie den Wagen in den Verkehr. «Was ist? Schauen Sie auf der Karte nach, wie ich fahren muss. Beifahrer müssen sich nützlich machen.» Er sah unglücklich aus. «Ich ... ich kann keine Karten lesen. Ich ...»

Chris verdrehte die Augen. «Was können Sie eigentlich?»

«Musik», antwortete er, so, als habe sie die Frage ernst gemeint. «Ich bin Dirigent. Mein Name ist Berg, Magnus Berg.» Er wartete sichtlich auf eine Reaktion, aber es kam nur ein kurzes «Aha». Chris schielte zu ihm hinüber. «Er hat so einen verletzlichen Zug um den Mund, wie ein Kind, das Angst vor Schelte hat», dachte sie und lächelte.

«Warum lächeln Sie?» Chris kam sich ertappt vor. «Ich lächle nicht, ich habe mich verfahren.» Das kam schroffer, als sie wollte. Sie hielt an und studierte die Karte.

«Wissen Sie jetzt Bescheid?», fragte Magnus, als sie mit aufheulendem Motor anfuhr. Chris antwortete nicht. Sie erreichten die Autobahn.

«Jetzt, wo es nur noch geradeaus geht, könnten Sie mir vielleicht Ihren Namen verraten?» Chris suchte gerade den 5. Gang, musste aber einsehen, dass dieses Auto keinen hatte. Während sie also im 4. Gang weiterfuhr, meinte sie: «Chris Thanner, eigentlich Christiane, aber ich hasse lange Namen. Sie stehlen einem die Zeit und die Energie, sich auf das Wesentliche zu konzentrieren. Ich arbeite in einer Agentur. In Paris habe ich ein Projekt vorgestellt, und der Kunde hat angebissen. Jetzt muss ich so schnell wie möglich zurück nach Berlin und das Konzept ausarbeiten. Hätten Sie sich nicht neben mich gesetzt», sie schaute demonstrativ auf ihre Armbanduhr, «könnte ich jetzt in Tegel landen.»

Darauf wusste Magnus nichts zu sagen.

An der französisch-deutschen Grenze wurden sie durchgewinkt.

Irgendwann meinte Chris: «Pause.» Sie fuhren von der Autobahn ab und in den nächsten Ort. Magnus sah plötzlich unglücklich aus. «Ich habe soeben bemerkt, dass ich überhaupt kein Geld bei mir habe. Meine Geldbörse ist, vermute ich, in meinem Koffer, und der ist mit dem Flieger nach Berlin geflogen. Ich bin also auf Ihre Gnade angewiesen. Bitte, lassen Sie mich nicht verhungern.» Chris musste lachen.

Im Stehen tranken sie eine Tasse Kaffee und aßen dazu Apfelkuchen, dann gingen sie zurück zum Auto. Der Motor gurgelte kurz beim Anlassen, danach ging er sofort wieder aus. Ein zweiter Versuch brachte das gleiche Ergebnis. Chris wartete eine Weile, bevor sie einen dritten Versuch startete, wieder ohne Erfolg. Ob Vollgas oder ohne Gas – nichts. Sie mühte sich ab, schimpfend und fluchend: «So ein Mist. Am Benzin kann's nicht liegen. Blödes Vehikel.»

Im Gegensatz zu den Männern, die Chris kannte, sagte Magnus kein Wort.

Sie gingen in das kleine Hotel, vor dessen Eingang sie zufällig geparkt hatten. Die Wirtin rief einen Reparaturdienst an. Chris schilderte dem Mechaniker das Problem.

«Sie schleppen das Auto zur Werkstatt. Wir sollen hier warten», informierte Chris Magnus. Sie bestellte Kaffee, breitete ihre Papiere aus und begann zu arbeiten. Magnus blätterte in seinen Partituren. Irgendwann klingelte Chris' Handy. «Ja … ja … o nein. Natürlich, irgendwie schon … nun …» Magnus schaute sie fragend an, als sie mit einem «Bockmist» das Gespräch beendete.

«Das Auto wird erst morgen früh fertig!» – «Und was jetzt?», fragte Magnus.

Chris zuckte die Schultern. «Wir sind doch in einem Hotel, oder?»

Sie gingen zur Rezeption und drückten die Klingel. Die

Chefin kam aus der Küche, ein Hauch von Bratenduft umwehte sie. Sie fragten nach zwei Einzelzimmern.

«Tut mir leid. Nur noch ein Doppelzimmer. Vertretertagung.»

«Na ja, dann … dann eben das Doppelzimmer», meinte Chris.

«Sie sind … verheiratet?»

«Nun», meinte Chris und setzte ihr charmantestes Lächeln auf. «Das gerade nicht. Aber … aber wir sind Geschwister. Es macht uns nichts aus, ein gemeinsames Zimmer zu bewohnen.» Sie stieß Magnus den Ellenbogen in die Seite. «Das ist dann wie früher, stimmt's, Mag?» Magnus brummte etwas Unverständliches. Chris nahm strahlend den Zimmerschlüssel entgegen.

«Abendessen gibt's nur auf Bestellung. Wollen Sie …?»

Chris war schon die Treppe hinauf. Magnus warf ihr einen fragenden Blick hinterher, dann nickte er der Wirtin zu.

Das Zimmer war wider Erwarten sehr hübsch eingerichtet, Biedermeiermöbel, geblümte Vorhänge, ein passender Überwurf über dem Doppelbett.

Sobald er die Tür hinter sich geschlossen hatte, fuhr Magnus Chris an: «Wie haben Sie mich genannt? Mäc oder so? Also das ist doch …»

«Langsam, langsam, Bruderherz. Ich hasse lange Namen, das habe ich dir bereits gesagt. Kein Grund zur Aufregung also. Wer geht zuerst ins Bad?» Sie zog die dunkelblaue Kostümjacke aus und knöpfte die Bluse auf. Beides hängte sie über eine Stuhllehne. Dann verschwand sie betont langsam im Bad.

Magnus ließ sich an dem runden Biedermeiertisch mit den geschwungenen Beinen nieder und blickte in seine Notenblätter. Von nebenan drang das Rauschen der Dusche zu ihm. Seine Konzentration ließ zu wünschen übrig.

Die Tür klappte. Magnus spürte einen Schwall heißer,

feuchter Luft im Nacken. Er hörte Chris' Schritte hinter sich, spürte ihre Nähe, aber er drehte sich nicht um. Erst als er das Geräusch des Föhns hörte, wandte er den Kopf. Sie stand in ein weißes Badelaken gewickelt im feuchten Dunst vor dem beschlagenen Spiegel und versuchte, ihre Haare mit einem Kamm in Schwung zu bringen. Jung sah sie aus, jung und sehr süß. «Wie alt bist du eigentlich?» Die Frage war ihm einfach so herausgerutscht. «Wie bitte?» Sie schaltete den Föhn nicht ab. «Wie alt du bist, habe ich gefragt», brüllte er gegen den Lärm an. Ihr Nicken zeigte, dass sie seine Frage jetzt verstanden hatte. «Fünfundzwanzig. Und du?» Ob die Antwort sie interessierte, war nicht klar, denn als er eher leise «Neununddreißig» murmelte, nickte sie zwar bestätigend, konnte die Antwort aber kaum verstanden haben.

«Das Bad ist jetzt frei, Mag.»

«Ich will nicht, dass du mich so nennst. Noch nie hat mich jemand so genannt.»

«Deine Freunde haben eben keine Phantasie. Mag passt ausgezeichnet zu dir.»

Sie begann, sich aus dem Badetuch herauszuschälen. Magnus flüchtete ins Bad. Das Erste, was er dort sah, war ihre Unterwäsche, die auf den Boden tropfte. Er drehte auf dem Absatz um. Sie stopfte gerade die Bluse in den Rockbund.

«Was … was …?» Er stotterte.

«Was ich drunter anhabe? Nichts.»

«Aber … Du kannst doch nicht … so …»

«Lieber Mag», meinte sie mit einem boshaften Grinsen, «enge Röcke wie dieser neigen nicht dazu, beim kleinsten Windhauch über dem Kopf zusammenzuschlagen. Da muss ich dich enttäuschen.»

Chris telefonierte mit ihrem Chef. Magnus bemühte sich nicht zuzuhören, aber es entging ihm nicht, dass sie ihn «Bert» nannte und ziemlich vertraut mit ihm sprach. «Kann ich auch mal?» Er streckte die Hand nach dem Handy aus, als Chris geendet hatte. Umständlich suchte er in seinem Aktenköfferchen herum und wählte schließlich eine Nummer. Dann erklärte er kurz, dass er erst morgen komme.

«Deine Frau?», fragte Chris neugierig.

«Mein erster Geiger.» Sein Blick glitt zu dem Ring an seiner rechten Hand. «Den trage ich nur noch aus Gewohnheit. Geschieden, vor drei Jahren.» Er sah zu Boden, als sei das seine Schuld.

Sie gingen hinunter. Die kleinen Tische waren liebevoll gedeckt. Einige Männer saßen da, anscheinend von der Vertretertagung.

Die Wirtin war augenscheinlich in Personalunion alles, was dieses Hotel ausmachte. Nun kam sie mit dampfenden Tellern aus der Küche. «Tomatensüppchen à la Frère, danach Rindsrouladen, ebenfalls à la Frère», verkündete sie laut. «Beides nach Rezepten meines Bruders. Er kocht in einem Kloster, und wenn's den heiligen Brüdern schmeckt, wird's den unheiligen wohl auch munden.» Sie lachte über ihren eigenen Witz. «Wohl bekomm's.» Es schmeckte köstlich. Hausmannskost, aber Hausmannskost vom Feinsten.

Chris lehnte sich im Stuhl zurück, rundherum zufrieden: «Ich kann nicht mehr.» Aber es kam noch ein Nachtisch, Windbeutel mit heißen Kirschen und Sahne. «So ein Essen jeden Tag, und ich kann mich spätestens nach einem Monat rollen», meinte sie und stand auf. Ihr Haar hing jetzt offen über die Schultern. Magnus blickte ihr nach, als sie durch den Raum ging. Beim Gehen wiegte sie leicht die Hüften. Plötzlich durchzuckte ihn das Wissen, dass sie unter dem Kostüm nackt war, und er senkte den Blick.

«Lesestoff für den Abend», meinte sie, als sie mit einem Stapel Zeitschriften unter dem Arm zurückkam.

Später lösten sie gemeinsam Kreuzworträtsel. Irgendwann konnten sie das Zubettgehen nicht mehr verzögern. Peinlichkeit kam auf. Es war nicht mehr die Fremdheit zwischen ihnen, die den anderen egal sein lässt, aber sie kannten sich auch nicht so gut, als dass die selbstverständliche Vertrautheit von Freunden sie verbunden hätte.

Magnus stand am Fenster und rieb sich vor Verlegenheit die Hände, als er Chris' Stimme hörte: «Das Bad ist frei.» Er war es gewohnt, sich in jeder Art von Bekleidung souverän zu bewegen, aber nur mit Boxershorts vor einer jungen Frau herumzulaufen, die ihn noch dazu ungeniert beobachtete, als er das Badezimmer verließ, das war zu viel. Er spurtete los und schwang sich auf der freien Seite ins Doppelbett. «Du brauchst keine Angst zu haben, ich tu dir schon nichts.» Chris' Stimme verriet ihr Kichern.

Magnus drehte sich schnell zur Seite.

Am nächsten Morgen kam dann die gute Nachricht, die Werkstatt hatte das Wunder vollbracht, der Automotor schnurrte wieder wie eine Nähmaschine. Chris fuhr wie eine Verrückte. In rekordverdächtiger Zeit waren sie in Berlin und hielten vor der Agentur. Magnus bestellte sich ein Taxi. Die Verabschiedung war kurz, beide hatten es eilig.

Eine Woche verging. Chris arbeitete wie besessen und dachte nicht an Magnus, zumindest gestand sie es sich nicht ein. Eines Abends, sie hatte gerade die Beine hochgelegt und genehmigte sich ein Glas Rotwein, klingelte es. Sie erwartete niemanden und beeilte sich nicht zu öffnen.

«Mag!» Ihr Herz machte einen Sprung. «Du …?»

«Ja, ich. Es war so … langweilig ohne deine respektlosen Bemerkungen.» Er lächelte schüchtern. «Außerdem muss ich doch noch meinen Anteil an den Kosten …»

Chris strahlte ihn an. «Ich warne dich, Mag! Paris – Berlin kann teuer werden.»

Tomatensuppe

1 kg Fleischtomaten, 1 Zwiebel, ½ l Fleischbrühe, Toastbrot, 1 Knoblauchzehe, 100 g Roquefort oder anderer würziger Edelpilzkäse

Tomaten überbrühen, häuten und würfeln. Zwiebel hacken. Zwiebelwürfel in Öl dünsten. Tomatenstücke zugeben. Brühe angießen, mit Pfeffer und evt. 1 Spritzer Tabasco würzen. 20 Minuten köcheln.
In der Zwischenzeit Toastbrotwürfel in Öl anrösten. Knoblauch dazupressen.
Den Roquefort in kleine Würfel schneiden. Ganz zum Schluss in die Suppe rühren und leicht anschmelzen lassen. Suppe vorsichtig abschmecken, da der Käse sehr würzig ist. Mit Brotwürfeln bestreut servieren.

Rouladen

4 Rinderrouladen, 50 g roher Schinken, 1 Bund glatte Petersilie, 1 Bund Basilikum, ½ Kästchen Kresse, 1 EL Kapern, 2 EL Crème fraîche, 1 TL Zitronenschale, 1 Möhre, 1 Selleriestange, 1 Zwiebel, ⅛ l Rotwein, 250 g passierte Tomate (evt. Dose), Salz, Pfeffer

Die Hälfte der Petersilie und des Basilikums fein hacken, ebenso die Kapern. Kresse abschneiden. Alles mit der Crème fraîche verrühren und mit Zitronenschale und Salz und Pfeffer würzen.
Rouladenscheiben ausbreiten. Pfeffern. Die Würzmischung auf den Fleischscheiben verteilen und glatt streichen, aufrollen und mit Spießchen feststecken.
Sellerie, Möhre und Zwiebel in feine Würfel schneiden.
Öl im Schmortopf erhitzen. Rouladen rundum scharf

anbraten, salzen, herausnehmen. Gemüse in den Topf geben, unter Rühren andünsten. Mit Rotwein ablöschen. Die Flüssigkeit um die Hälfte reduzieren. Die Tomaten einrühren. Rouladen wieder in den Topf geben und zugedeckt 1 Stunde bei milder Hitze schmoren. Sauce mit Salz und Pfeffer abschmecken. Mit Petersilie und Basilikum garnieren.

Windbeutel

¼ l Wasser, Zitronenschale, 80 g Butter, 1 Messerspitze Salz, 200 g Mehl, 4 Eier

Für den Teig das Wasser, die Butter, das Salz und die Zitronenschale zum Kochen bringen. Das Mehl auf ein Stück Papier sieben. Mehl in die kochende Flüssigkeit schütten und gleichzeitig kräftig rühren, bis sich der Teig vom Topfrand löst und einen Kloß bildet. Den Teig in eine Schüssel geben. Nach und nach die Eier darunter rühren. Den Brandteig in einen Spritzbeutel mit großer Sterntülle füllen und kleine Rosetten auf ein Backblech spritzen. Backofen auf 230° C vorheizen und Windbeutel in dem vorgeheizten Backofen 20 Minuten backen. Wichtig: Backofen die ersten 10 Minuten nicht öffnen. Die Windbeutel erkalten lassen, waagrecht durchschneiden und mit geschlagener Sahne füllen. Die heißen Kirschen dazugeben.

Thomas Migge

Ein italienischer Weihnachtstraum

Simona schenkte sich noch ein Glas Wein nach, Hauswein von den Feldern draußen, die ganz mit Schnee bedeckt waren. Flaschen gab es genug. Die «padroni della casa», unsere Hausherren, hatten uns reichlich mit ihrem Rebensaft versorgt.

«Dann ertragen Sie die Situation besser», meinte die junge Frau – eine Art Hausmädchen –, das sich um uns kümmerte.

«Welche Situation?», fragten wir sie.

«Na, das Schneechaos und die abgebrochenen Ferien», antwortete sie und erklärte uns, wo Kekse, hausgemachte Kekse, und etwas Salziges zu finden waren.

«Mehr ist nicht im Haus», entschuldigte sie sich, «schließlich ist ja niemand so richtig auf diesen Wettereinbruch vorbereitet gewesen.»

Dann verließ sie den Salon. Die alte Holztür, die sie ganz vorsichtig schloss, knarrte jämmerlich.

Wir waren wieder allein, und glücklich. Was hätte uns Besseres passieren können!

Ein altes Haus, eine Residenz fast schon, ein großer barocker Kamin mit einem lodernden Feuer, das den ganzen Raum mit einer wohligen leicht trockenen Wärme erfüllte, umgab uns; weiche tiefe Sofas, Wein en masse, etwas zu essen und hohe Fenster, die den Blick auf ein stürmisches Schneegestöber freigaben, auf einen weißen Teppich, der Konturen verwischte und Raum und Zeit aufzuheben schien.

Sicherlich, wir waren zu spät losgefahren. Wir hatten zu

lange geschlafen. Anstatt um 7 Uhr verließen wir das Haus erst um 9 Uhr. Es war der 24. Dezember.

Düstere Wolken begleiteten anfangs unsere Fahrt von Rom aus Richtung Norden. Es war die Fahrt in die Ferien, in die Winterferien mit Schnee und Ski, Langlauf und das Wiedersehen mit alten Freunden, die man sich vornimmt, mindestens einmal im Jahr zu treffen, und dann wird doch nie etwas daraus. Doch an diesem Weihnachts- und Silvesterfest sollte alles anders werden.

Wochenlang hatten wir in Rom und die Freunde in Berlin nach einem geeigneten Quartier gesucht, um gemeinsam Weihnachten und Silvester zu verbringen. Wir wollten eine Holzhütte mit Kamin, irgendwo ganz oben in den Bergen, fern von dem lauten Skirummel angesagter Wintersportorte und den astronautenähnlichen Plastikfiguren, die jede Piste zu einem futuristisch anmutenden Rummelplatz machen. Wir waren auf der Suche nach etwas Originellem und bereit, dafür auch etwas tiefer als gewöhnlich in den Geldbeutel zu greifen.

Simona war fündig geworden: Ein einsam gelegenes Holzhaus in den Alpen der französischen Schweiz, ein Chalet wie aus dem Bilderbuch, alt und urgemütlich, nur mit einem Geländewagen zu erreichen und mit einem Besitzer, der uns alle zwei Tage mit frischen Lebensmitteln versorgen würde.

Auf unserer Fahrt Richtung Turin – von dort aus sollte es weiter in die französische Schweiz gehen – begann es kurz nach Viterbo nördlich von Rom erst zu regnen und dann zu schneien. Wir freuten uns: Schnee, den bekommen wir in Rom so gut wie nie zu sehen. Das letzte Mal hatte es in den späten achtziger Jahren geschneit, so stark, dass wir mit unseren Skiern rund um das Kolosseum fahren konnten.

Nach ungefähr einer halben Autostunde verging uns die Freude über die weißen Flöckchen. Inzwischen waren sie zu Flocken geworden, und das konnte – schließlich leben wir seit Jahren in Italien und kennen die hiesigen Verkehrsverhältnisse bei unerwarteten Wettereinbrüchen – nichts Gutes bedeuten. Im Gegenteil:

Nicht nur die Landschaft wurde weiß, nicht nur die kerzengeraden Zypressen, die schließlich wie weiße Flammen aussahen, nicht nur die Schirmpinien mit ihren schlanken Stämmen und ihren breiten grünen Nadelästen, auch die Bauernhäuser und die kleinen mittelalterlichen Ortschaften jenseits der Autobahn versanken von Fahrtminute zu Fahrtminute tiefer unter einem weißen Mantel. Was anfangs romantisch, ungewohnt und wunderschön aussah, wurde für uns schließlich zu einer bösen Vorahnung.

Wir schalteten das Radio ein, den Verkehrsfunk. Die Nachrichten überschlugen sich. Plötzlicher und unerwarteter Wintereinbruch in Mittelitalien, hieß es da. Und dann kam die Horrornachricht: «Es muss damit gerechnet werden», warnte uns eine monotone Frauenstimme, «dass es zu Behinderungen des Verkehrs auf den Autobahnen kommt.»

Mit jeder Minute, die es schneite, wurde die Fahrbahn weißer. Natürlich hatte niemand vorgesorgt und Salz ausgestreut. In fast jedem Winter kommt es bei heftigen Schneefällen auf Italiens Autobahnen zu enormen Behinderungen für den Verkehr. Wir haben nie verstanden, warum sich die private Gesellschaft, der die Autobahnen gehören, nicht für so einen Wetternotfall vorbereitet.

Hinter Arezzo und kurz vor Florenz kam der Verkehr ins Stocken. Eis bildete sich auf der Autobahn. Wir sahen schwarz.

Was tun? Die Freunde, die bereits im Chalet angekommen waren, wurden über Handy benachrichtigt. Wir würden später kommen, erklärte Simona. Wann? Wer weiß.

Die Autos kamen nur noch im Schrittempo voran. Es schneite wie verrückt. Nur noch per Scheibenwischer war es möglich, halbwegs etwas zu sehen. Das Radio meldete Staus ohne Ende.

Nach mehreren Stunden hatten wir uns an die nördliche Autobahnabfahrt Florenz herangeschlichen, ganz langsam und mit verschiedenen Mozart-CDs zur Beruhigung. Simona und ich schauten uns an. «Runter!», sagte sie, und ich folgte ohne Wenn und Aber ihrer Aufforderung. Vor Jahren hatten wir schon einmal wegen eines Staus die Nacht auf der Autobahn verbracht. Eine Erfahrung, die wir nicht unbedingt wiederholen wollten, denn damals ging uns auch noch das Benzin aus, es war tiefer Winter und wurde eiskalt.

Vorsichtig und langsam fuhren wir auf eine Hauptstraße, die in Richtung Prato führte. Niemand räumte den Schnee von der Fahrbahn. Viele Leute hatte ihre Wagen einfach am Straßenrand abgestellt und waren zu Fuß weitergegangen.

Wohin sollten wir?

Wir riefen eine Freundin in Pisa an, ob sie nicht eine Unterkunft in der Nähe von Prato wisse. «Si!», sagte sie nach kurzem Überlegen, «da gibt es ein wunderbares Bed & Breakfast, etwas außerhalb von Prato.» Sie suchte ihren B & B-Guide, beschrieb uns die Anfahrt, gab uns die Rufnummer und wünschte uns viel Glück, denn schließlich war Heiligabend, ein Tag, an dem die meisten privaten Unterkünfte und Hotels geschlossen sind, vor allem in einer Provinzstadt wie Prato.

Simona übernahm den Anruf. Als typische Sizilianerin schilderte sie unsere Situation in dramatischen Tönen, ohne allerdings zu sehr ins Theatralische und Unglaubhafte abzurutschen. Man hatte Erbarmen mit uns. Eine Frauenstimme beschrieb ihr den Weg.

Von Prato aus ging es über eine Landstraße, die immer schmaler wurde, in die Hügellandschaft des südlichen Apennin. Hinter einem altem und verlassen wirkenden Kloster mit schwarzen Fenstern mussten wir rechts abbiegen. Hohe Bäume und Weinreben kamen in Sicht und dann das Haus. Der Palazzo. Die Villa. Ein riesiges Gebäude, dessen einzelne Baukörper, das war gleich auf den ersten Blick zu erkennen, aus verschiedenen Jahrhunderten stammten. Simse und Fenster, Säulen und Dächer waren in Weiß getaucht: ein Traum von einem Haus, eine winterliche Erscheinung.

Zum Haupteingang der *Villa Rucellai* führte eine schmale Treppe. Rechts davon lag ein kleiner Teich, der bei unserer Ankunft zugefroren war und auf dem zwei Schwäne saßen, die ihre Köpfe tief in ihr weißes und winterdickes Federkleid gesteckt hatten. Es war eiskalt und schneite heftig. Auf dem Rücken der Schwäne hatten sich kleine Schneekuppen gebildet.

Eine junge Frau öffnete uns, und aus dem Empfangssaal strömte uns Wärme entgegen. Ein Plastik-Weihnachtsbaum dominierte den Saal. Die bunten Birnen der elektrischen Lichterketten, mit denen er behängt war, leuchteten in unregelmäßigem Rhythmus auf.

Durch eine breite alte Tür führte uns die Signorina in einen Salon mit dem großen Kamin, den weichen Sesseln und der Hausbar. «Das ist der Aufenthaltsraum für unsere Gäste», erklärte sie uns. «Da Sie unsere einzigen Gäste sind, gehört er Ihnen!»

Vom Salon aus gelangten wir durch eine kleine und unscheinbare Tür in unser Schlafzimmer, ein langgezogenes Zimmer mit Gründerzeitmöbeln. Ein wenig kalt war es, denn die alten Heizungen funktionierten nicht richtig, aber urgemütlich. Auch das Badezimmer strahlt Großmuttercharme aus.

Die Signorina wies uns darauf hin, dass das Frühstück morgens im zweiten Salon, der vom Kaminzimmer aus zu erreichen sei, serviert werde. Auch hier, wie im ersten Salon, standen alte Möbel, aus dem 17. und 18. Jahrhundert, und hohe bemalte Decken und große Fenster gaben dem Zimmer eine warme Atmosphäre. Wir riefen unsere Freunde im Schweizer Chalet an. An ein Durchkommen sei nicht zu denken. Sie müssten vorerst allein bleiben.

Wir badeten gemeinsam in der gusseisernen Wanne. In einer Schublade ihres Nachttischschränkchens fand Simona

Kerzen und stellte sie um die Wanne herum auf. Das Baden im heißen Wasser entspannte uns, und der Schneestress verflog.

Nach dem Bad machten wir es uns, nur in unsere Schlafanzüge gekleidet, im Kaminsalon gemütlich. In der Zwischenzeit hatte ein guter Geist Holz im Ofen nachgelegt. Wir waren versorgt bis zum nächsten Tag. Draußen schneite es immer weiter.

Die *Villa Rucellai* ist ein typisches Renaissance-Anwesen. Sie war immer noch im Besitz der Familie Rucellai, die vor Jahrhunderten zu den mächtigsten und einflussreichsten Sippen der Arnometropole gehörte. Die heutigen Besitzer sind Landwirte. Zur Villa gehört auch die Fattoria di Canneto. So heißt das familieneigene Landgut. Von dort kommt der Landwein, den wir in der Weihnachtsnacht tranken, ein einfacher und ehrlicher Tropfen, ein Wein, den man gerne zu einem Stück Salami und Parmesankäse trinkt.

Simona öffnete die Flügeltür, die vom Speisesaal auf eine Loggia führte. Dicke Schneeflocken wehten uns ins Gesicht. Nur undeutlich war der Park zu erkennen, ein geometrisch angelegter Garten mit zugeschneiten Buchsbaumhecken. Wir erkannten die barocken Würfel, auf die im Frühjahr die tönernen Vasen mit den großen Zitronenbüschen und Palmen gesetzt werden, die vor der kalten Jahreszeit in der «Limonaia» geschützt werden, dessen Gebäude wir bei unserer Anfahrt gesehen hatten.

Wieder zurück im Kaminzimmer, schenkten wir uns Wein ein. Der Wind pfiff um das Haus. «Ein traumhafter Abend», flüsterte Simona.

In ihrem Nachttischschränkchen hatte Simona neben den Kerzen auch ein Buch entdeckt: ein Märchenbuch mit Kindergeschichten aus der Toskana, 1924 veröffentlicht. Abgegriffene alte Seiten.

«Es war einmal eine alte und ganz krumm gehende Frau, die in den dichten und düsteren Wäldern bei Prato lebte ...»

Simona begann zu lesen. Das brennende Holz im Kamin knisterte. Hinter den mehr als einen Meter dicken Mauern der Villa trieb der Winter sein Unwesen.

Die Stunden vergingen. Wir lasen abwechselnd und legten Holz nach. Wir tranken Wein und aßen die hausgemachten Plätzchen der Signora Rucellai. Wir lagen zusammen auf dem Sofa und schwiegen. Wir genossen die Stille und das Knacken der Deckenbalken, die Beißgeräusche von Holzwürmern, das Entkorken der neuen Flasche, das Zischen des brennenden Holzes und die Geräusche unserer Küsse …

Am nächsten Morgen strahlte die Sonne in unser Schlafzimmer. Der Himmel war azurblau. Die Schneewolken vom Vortag hatten sich verzogen. Unter dem dicken Federbett war es kuschelig warm, das Zimmer eiskalt. Simona lief ins Bad und drehte die Dusche auf. Heißes Wasser füllte den Raum mit dichten Dampfschwaden. Nach einigen Minuten war das Badezimmer warm.

Klares Morgenlicht durchflutete Kaminzimmer und Speisesaal. In den hohen Kaminen der beiden Zimmer brannten wärmende Feuer. Der Park und die Bäume, die Skulpturen, die Göttinnen und Götter der Antike darstellten, und einige vergessene Stühle, die an den vergangenen Sommer erinnerten. Alles war weiß.

Die Signorina, die wir am Vorabend kennengelernt hatten, präsentierte sich mit einer weißen Spitzenschürze. «Buon giorno e Buon Natale», sagte sie, «Guten Tag und frohe Weihnachten!» Auf einem silbernen Tablett brachte sie uns Tassen, Teller und gläserne Behälter, die selbstgemachte Marmelade enthielten. In Silberkannen standen frischgebrühter Kaffee und Tee bereit.

Ein altes Radio, das wir in der Nacht zuvor entdeckt hatten, berichtete vom Schneedrama des vergangenen Tages und der Nacht und informierte uns über die nun endlich wieder benutzbaren Autobahnen. Allmählich dachten wir an eine Weiterfahrt.

«Leider», meinte Simona. Schweigend packten wir unsere Sachen zusammen, zahlten, verabschiedeten uns von der Signorina und fuhren los, vorbei an dem Kloster und an Prato, auf die Autobahn, Richtung französische Schweiz, wo wir abends ankamen. Die Freunde, das gemeinsame Essen, das Lachen, das Trinken, ein Käsefondue ..., diese besondere Nacht kommt uns noch heute wie ein Traum vor, fern und anders als alles, was wir bisher erlebt hatten. Ein Weihnachtstraum.

Sabine Rheinhold

Der Rössleschreck ist wieder da!

Weihnachten im Schwarzwald mit der Familie

Da ist dieser vertraute Geruch!

Es duftet nach Toilettenseife, draußen im Gang vor der Gaststube, nach gekochtem Rind, Bouillon und Meerrettich. Es gibt Ochsenfleisch, eine badische Spezialität, zu jedem Mittagessen am Samstag, solange Jonas denken kann: Ochsenfleisch mit Brühkartoffeln, Meerrettichsauce und Gurkensalat. Sein Vater wollte deshalb immer samstags um die Mittagszeit ankommen. Aber das Lieblingsessen der Kinder gab es immer sonntags: Brathähnchen mit Spätzle und Pommes, danach Eis mit Meringue und Schlagsahne. Und dann ging es gleich wieder raus auf die Piste, zum Anstellen am Skilift, rauf auf den Hausberg und runter im Schuss. Und wieder rauf, wieder runter bis zum Abend, wenn die frühe Dämmerung die schnelle Abfahrt nicht mehr zuließ.

Jonas steigt vor den andern aus dem Auto, eilig, um erst mal allein reinzukommen. Jetzt steht er in der niedrigen, großen Gaststube und ist verlegen. Er war schon viele Jahre nicht mehr hier und hat ein wenig Sorge, was die Kinder von diesem Hotel wohl halten und seine Frau Tine, die sich allenfalls ihm zuliebe auf Skier stellt, aber eigentlich das Flachland liebt. Während ihrer Anfahrt herauf in die Höhe wurde Jonas auf halbem Wege plötzlich nervös, direkt an der Stelle, wo die graubraunen Felder übergehen in graugrüne Hänge und wo die Lücken zwischen den kahlen Stämmen noch Spuren des jüngsten Orkans zeigen. Dann folgte der Berg mit dem merkwürdigen Namen Notschrei, der seine Nachkommen zu teils ängstlichen, teils blutrünstigen Phantasien reizte, je nach Temperament. Nach dem Berg ging es nochmal ins Tal hinab, weg von der Hauptstraße und hinein in den Wald. Riesige Tannen, nicht grün wie Weihnachtsbäume, sondern schwarz.

Schwarzwald eben.

«Du hast versprochen, wir kriegen Schnee!» Die Zehnjährige auf dem Rücksitz klang weinerlich. «Kommt noch.» Jonas beruhigte sie und dabei auch sich selbst. «Bernau ist ein Schneeloch.» Die Straße wand sich in den Berg. Haarnadelkurven. Verstehen die Kinder so einen Begriff eigentlich noch? Seine Tine auf dem Nebensitz versteifte sich und zeigte ihr «Nun-pass-doch-auf-Gesicht.»

Eine Kehre von 180 Grad folgt, noch eine, endlich Schnee, zuerst graumatschige Flecken, dann weiße, durchgehende Fläche. Das vertraute Geräusch einer festgefahrenen Schneedecke klingt in den Ohren. Rechts liegt der Steinbruch, links stehen die zwei besonders großen Tannen, eine Biegung noch, und sie sind angekommen, im Thoma-Tal.

Hans Thoma stammte von hier oben, der Maler des Schwarzwalds, der blühenden Wiesen, der bäuerlichen Familien, aber auch der Schneelandschaft, einer Landschaft, wie sie nun vor ihnen liegt: ein paar geduckte Gehöfte, drei größere Dörfer, eingebettet in verschneite Hügel und richtige Berge, felsige Inseln auf den Kuppen, Tannenwälder, schroffer Stein hie und da, ein Bach, die Bernauer Alp. Es hat ihm den Atem verschlagen vorhin am Steuer, weil so viele Erinnerungen übereinanderpurzelten – zwanzig Jahre lang haben sie jedes Weihnachtsfest hier oben verbracht; immer in den Skiferien.

Zuerst als Knirps von fünf Jahren. Hoch bis zum ersten Stock lag der Schnee damals auf den Nordseiten der niedrigen Häuser. Nur auf Vaters Schultern konnte Jonas damals über die weißen Wälle links und rechts der engen Dorfstraße schauen. Seine ersten Ski-Versuche, die Eltern auf alten Brettern vorweg, erprobte er hier. Die große Schwester zog ihn am Skistock den Kinderhügel hoch – diese Schwester! Geliebt, bewundert, beneidet. Damals war sie schon Sport-Studentin und mit ihren Kommilitonen hier im Tal auf einem Ski-Lehrgang. Sie wohnten zusammen im *Gasthof zum Rössle.* Die große Schwester logierte wie alle Studenten im alten Haus, hinten im Hof. Früher stand da die Brauerei, wo sie bis in die vierziger Jahre Schnaps gebrannt haben. Ein riesiger Schlafsaal war über die Leiter zu erreichen. «Männlein und Weiblein» durch Bretterverschläge getrennt, und immerfort klang Gejohle, Geschrei und vergnügte Gesellschaft heraus. Der Knabe schlief mit den Eltern und Großmutter im «richtigen» Gasthof: Zimmer mit fließend Wasser, ein langer Flur mit rotem Sisalteppich, sechzehn Zimmer, zwei Toiletten und eine Dusche für alle am Ende des Flurs – so war es üblich in den späten fünfziger Jahren, und so war es gut.

Und jetzt steht er also unten in dieser Gaststube, hält Ausschau nach den Wirtsleuten, betrachtet den riesigen Kachelofen und hat sogleich Bilder von damals im Kopf. Den vom Skilaufen feuchten Hosenboden auf der heißen Ofenbank, die nassen Schuhe unten in der Wölbung des Ofens, die Hände an der Kachelwand, die langsam wieder warm werden. «Dass man dich nochmal sieht», eine spöttische Stimme lässt ihn zusammenfahren. Es ist der Wirt, der jetzt aus der Küche kommt, die riesigen Pranken am Küchentuch abwischt, das Gesicht zum fröhlichen Grinsen verzieht und brummt: «Der Rössleschreck.« Jonas befällt ein Glücksgefühl, als er die vertrauten Brumm-Laute hört, und sogleich überkommt ihn die Erinnerung an begangene Untaten, die ihm diesen Ehrentitel eingebracht hatten: Die eingeschlagene Glastür, ein ausgekipptes Tintenfass oder die zusammengebundenen Nachthemden der weiblichen Hausbewohner; die Tracht Prügel vom Vater des heutigen Hausherren, der Ärger mit den Eltern, wenn er und die anderen Kinder der Gäste mal wieder zu laut, zu frech, zu ungestüm gewesen waren.

«Gibst du mir den Schlüssel zur Hintertür», fragt er im Umgangsbadisch den Wirt, «dann kann ich auspacken und die Familie reinholen.» Der Schlüssel hängt, wo er immer hing, das Auto wird leergeräumt und die Familie in die Zimmer verfrachtet: Die Eltern wohnen in einem Apartment. Dort wo früher die Studenten im Heu geschlafen haben, sind in den Siebzigern zwei Stockwerke moderner Zimmer ausgebaut worden, alle mit Bädern, manche mit Wohnraum und ein Schwimmbad im Untergeschoss, hinter dessen großen Fenstern die Winterlandschaft ausgebreitet liegt. Das Zimmer für die Geschwister ist inzwischen auch mit Bad und Toilette modernisiert worden – nur die großen, weichen Plumeaus sind geblieben: «Die Plümohs?» Der Sohn ist misstrauisch. «So nennt man die dicken Federbetten auf Französisch», erklärt ihm die Mutter, die noch immer nicht recht versteht, was ihren Jonas an diesen Ort zurückzieht.

Um neunzehn Uhr wird gegessen: jeden Tag. Zuerst gibt es Suppe. Die Wirtin trägt eine große Terrine aus Edelstahl von Tisch zu Tisch und teilt mit der Schöpfkelle Kartoffelsuppe aus, Flädlesuppe, solche mit Zwiebeln und solche mit Eierstich, eine mit Blumenkohl oder eine mit Nudeln – mittags und abends dieselbe, doch jeden Tag eine andere und immer frisch gekocht vom Wirt in der riesigen Küche. «Was war deine Lieblingssuppe?», will die Tochter wissen, und Jonas antwortet, ohne zu überlegen: «Kartoffel». Dabei überschwemmt ihn die nächste Erinnerungswelle. – Er sah die alte Tante des heutigen Hausherrn vor sich, die auch schon mit der Suppenschüssel von Tisch zu Tisch ging, jahraus, jahrein im schwarzen Kleid mit Schürze. Ihre Schwester hatte einen Berliner geheiratet und war zu Fuß bei Kriegsende mit ihren Kindern von Berlin hierhergewandert. Das hatte ein halbes Jahr gedauert. Dann war der Berliner nachgekommen und hatte mit im Gasthof «geschafft», wie man hier sagt. Streng war das Regiment der Schwestern. Der Jonas von heute erinnert sich wohl an die Angst des Knaben nach begangenen Untaten. In der Küche hat damals der Bruder der beiden Frauen gestanden, der Chef. Er stand am großen niedrigen Herd, warf Eierkuchen mit der eisernen Bratpfanne in die Luft und fing sie wieder auf und produzierte gewaltige Portionen von Braten, Kartoffeln, Salaten und schwere, wohlschmeckende Saucen. «Saucen-Mäule» hatten sie ihn im Krieg bei den Franzosen genannt, als er die Soldaten bekochen musste.

«Noch Suppe?», fragt die Wirtin in seine Gedanken, und Jonas nickt – es gibt nämlich Kartoffelsuppe, danach kalte Platte, Salat, hartgekochte Eier und Graubrot, nahrhaft und bodenständig. Die Kinder essen hungrig, und seine Tine kaut nachdenklich, aber nicht unzufrieden an einem Schinkenbrot. Er hat sich ein Viertele Wein von der Theke geholt – Auggener, wie ihn der Vater schon getrunken hat, die Kinder nehmen «Spezi».

Tine stellt die Teller zusammen – sie hat gehört, dass die Gäste hier in der Gaststube mithelfen und schon mal die Tische im großen Speisesaal decken, wo jeder Gast seinen festen Platz hat, fürs Frühstück, für Mittagessen und Abendbrot. Serviettentaschen werden beschriftet, im Lesezimmer laufen Fernsehnachrichten, die Hausfrau bügelt dabei, und ihr Sohn macht Schulaufgaben. Noch ist das *Rössle* leer, denn die meisten Gäste werden erst am nächsten Tag kommen – und dann ist Weihnachten.

Vorn in der Gaststube, da wo drei lange Holztische stehen, ist inzwischen Dorfbevölkerung eingetroffen. Zwei Alte sitzen beim Wein, der eine war Schindelmacher früher, Amtsschreiber der andere. Am Stammtisch neben dem Ofen trinkt der reiche Mann des Dorfes, den sie Zigarettenkönig nennen, weil er ein Vermögen mit Glimmstängeln gemacht und sich dann ins Bernauer Tal zurückgezogen hat. Viel Geld hat er hergetragen und hiergelassen. Damals hat er dem Dorf den ersten Skilift gebaut und Tag für Tag mit dem alten Wirt am Stammtisch gesessen und «Franz zu Fuß» gespielt, ein geheimnisvolles Kartenspiel, eine Art Skat zu zweit eben. Am Uhrentisch gleich neben der Tür hängt, was dem Tisch seinen Namen gibt: die Wanduhr. Früher war alle halbe Stunde ein handbemalter Kuckuck rausgekommen, und das hatte einem Gast so gefallen, dass er die ganze Pracht klammheimlich mitgenommen hat. Seitdem hängt dort eine moderne Version der Kuckucksuhr. Ein Spielautomat frisst Kleingeld, eine Würfelrunde lärmt gemütlich, und die Kinder fangen an, die Gaststube zu erobern. An der Theke gibt es Spiele. Jonas lehnt dort und redet von alten Zeiten mit dem Wirt. Bisweilen brandet Gelächter auf. Die Mutter hat sich mit der Zeitung vom Vortag an den Ofen gesetzt.

Der nächste Morgen bringt mehr Schnee und neue «alte» Gäste: den Ingenieur aus dem Schwäbischen mit Frau und Tochter, inzwischen auch mit Enkeln, das Ehepaar aus der Pfalz, das immer die Neujahrsmusik organisiert hat – grau sind beide geworden, die zwei Schwestern aus der nahen Schweiz, wohlgerundet und heiter die eine, zierlich, aber nicht weniger vergnügt die andere. Der Wirt hat sie mit seinem Traktor holen müssen, weil der Kleinwagen der Damen die glatte Steigung kurz vor dem Bernauer Tal nicht mehr geschafft hat.

Unversehens sieht Jonas sich zurückversetzt in den Jungen von damals, sagt wohlerzogen guten Tag, gibt Auskunft über Beruf und Familie, schüttelt Hände, umarmt den einen oder anderen und bleibt doch immerfort ein wenig verlegen. Als dann aber seine Tine von draußen hereinstürmt, ein überaus gesundes Rot im Gesicht und ganz kalt vom Frost, und seine Kinder hinterdrein stapfen und alle drei lautstark prusten, den Schnee von Köpfen und Schultern schütteln, da wird er locker, stolz und gesprächig. Er ist angekommen im *Gasthof zum Rössle* in Bernau im Schwarzwald als erwachsener Mann mit Hausstand, Beruf und Verantwortung und voller Vorfreude auf Weihnachten.

Der Ingenieur aus dem Schwäbischen und zwei Helfer schleppen eine riesige Tanne in den Speisesaal, die Wirtin und ihre Mutter bringen Kartons mit Lametta und Silberkugeln und Kerzen, die Kinder des Hauses und die Kinder der Gäste haben sich zusammengerauft und toben umher und bringen die schmückenden, fluchenden, lachenden Erwachsenen zum Stolpern. In der Küche hockt der Chef auf einer Tischkante, hat einen riesigen Topf vor sich und schabt die Spätzle direkt vom Brett ins kochende Wasser – so schnell geht das und so glatt, dass die Zuschauer vom Kücheneingang her begeistert Beifall klatschen.

Der Knecht Max tritt ein im schöngestrickten Weihnachtspullover. Eine wortkarge Begrüßung mit Verlegenheit auf beiden Seiten folgt, aber man ist sich zugetan. Der alte Mann hatte dem Jungen vor Jahren geholfen, das richtige Skiwachs zu nutzen, hat ihm und seiner gleichaltrigen Freundin als Erstes die neuen Kälbchen gezeigt – damals, als das Rössle noch eigenes Vieh im Stall hatte – und ein paar Schweine, sechs Kühe und natürlich Geflügel. Und Heu! Einen Heuboden zum Träumen, zum Spielen, zum Toben und für die Mutproben hatten sie gefunden. Wie stolz war er nach dem Sprung tief runter gewesen und wie froh, dass seine Freundin aus der Stadt sich nicht getraut hatte.

Ach, diese Freundin!

Sie kam jedes Jahr inmitten ihrer großen, lauten, fröhlichen Familie aus dem Norden, mit Großmutter, die an die neunzig war, mit Papagei, mit älteren Schwestern, Mutter und Vater. Ein Patriarch war der Alte, unsportlich, liebenswürdig und gesellig, lebhaft die Mutter: «Kinder, wie gut haben wir es hier!» Schier unerträglich erschien ihm die Kleinste, Marie, so unerträglich, wie nur Mädchen zuweilen sein können – zuweilen, aber eben nicht immer.

Jonas lächelt bei der Erinnerung, als Max ihn hinters Haus winkt. Dort stehen ein paar winzige Tannen in Töpfen mit Erde: Weihnachtsbäumchen für die alten Hausgäste auf ihren Zimmern. «Suchst dir halt eine aus, ich stell sie euch nuff», knurrt Max. Er zeigt auf eine kleine, nicht mal ein Meter, aber gerade und ebenmäßige Tanne. Das Rüstzeug hat Tine auf seine Bitte hin eingepackt: Kerzen, Halter und ein paar bunte Anhänger, die die Kinder in früheren Jahren gebastelt haben.

Am Abend dann wird das Bäumchen im Elternzimmer stehen, und kurz vor dem Abendessen, wenn alle sich umgezogen haben, ist dort Bescherung. «Muss ich wirklich die Fliege umbinden?» Der Sohn ist missgelaunt. Der Tochter dagegen kann es kaum fein genug sein: «Darf ich das Rote mit dem Ausschnitt anziehen?» Die Mutter besteht auf Fliege im einen und Jacke über dem «Roten mit Ausschnitt» im anderen Falle.

Die Kerzen werden angezündet, die Geschenke angeschaut, und Jahr für Jahr liest reihum einer die Weihnachtsgeschichte vor – auch hier im Hotel, die Bibel liegt ja auf dem Nachttisch. Jonas ist dran in diesem Jahr und fühlt sich wieder zurückversetzt in die eigene Kindheit. Seine Stimme wird ein wenig spröde, dann putzt er sich entschlossen die Nase und treibt alle zum Gang in die Gaststube.

Die ist geschmückt, der Pfälzer spielt am Klavier «Ihr Kinderlein, kommet», und die große Tanne ist nun ein richtiger Weihnachtsbaum.

«O Mama, guck mal!» Mama guckt, sieht die herausgeputzte, aufgeregte Schar der Gäste und versteht plötzlich, warum ihr Jonas unbedingt hierher zurückkommen wollte mit ihr und mit den Kindern. Sie ist bewegt, sogar ein wenig eifersüchtig, weil so viele der Älteren ihn schon seit Jahrzehnten kennen – länger als sie selbst. Sie ist hochgestimmt, weil ihre Kinder ihr jetzt gleich am Abend noch das Pferdchen aus Schnee zeigen wollen, das sie draußen gebaut haben, und natürlich weil Weihnachten ist, das Fest des Friedens auf Erden und der Liebe unter den Menschen. Zum Festessen gibt es Geflügelsalat mit Baguette, Schollenfilet mit Lachskern und Safransauce, dann ein Kräuterrahmsüppchen, dann eine Pause. Alle singen Weihnachtslieder. Alle Jahre wieder, O Tannenbaum, Stille Nacht. Danach gibt es Feldsalat mit Sprossen an Himbeer-Dressing, gefolgt von Hirschmedaillons mit Preiselbeerbirne. Die Kinder stöhnen wohlig. «Ich dachte, hier gibt's Weihnachten immer nur Gulasch» – Tine ist beeindruckt und nimmt ein zweites Mal von Pfifferlingen, Rosenkohl, von Spätzle und Kroketten. «Zimt-Eis?» Der Sohn ist neugierig – Eis ist immer gut. «Christstollen-Parfait», haucht die Tochter und übt die Aussprache schon mal, um in der Schule zu glänzen mit der Menufolge.

Jonas denkt an das Gulasch von früher und ist ein klein wenig unsicher, was ihm wohl mehr behagt – das Damals oder das Heute. Er schlendert beiläufig in die Küche, in der die Wirtsfamilie auch am Weihnachtsabend in der Ecke neben dem Herd beim späten Abendessen sitzt. Sie essen Gulasch natürlich. «Machst du Silvester deinen Heringssalat?», fragt er den Chef, der aufschaut, grübelt und sich dann aufs mächtige Knie schlägt und sagt: «Nä! Nix mehr! Die Leute wollen's anders heute. Also machen wir's anders!» Dabei war sein Heringssalat die Krönung eines jeden Jahreswechsels, die Leidenschaft jener, die allzu viel vom guten Roten oder Weißen getrunken hatten, von «Kalter Ente» oder Bowle, Punsch oder Sekt – kurz: Wer neue Grundlage im Magen brauchte, der fand sie darin, in Alberts phänomenalem Heringssalat.

Später an diesem Weihnachtsabend wird es trubelig in der Gaststube. Kinder vergleichen ihre Geschenke, Eltern reden von früher. Die ganze Familie, obgleich evangelisch, geht zusammen in die katholische Christmette um Mitternacht – gegenüber in der kleinen Kirche mit dem zwiebeligen Glockenturm und dem riesigen Hans-Thoma-Bild neben dem Altar. Es riecht nach Wachskerzen, Weihrauch und feuchter Wolle. Die Orgel spielt, der Pfarrer predigt, und den Kirchgängern ist warm ums Herz. Nachher, drüben im Rössle beim Schnaps an der Theke, brummt der Wirt in Richtung seines alten Spezi, was der nicht genau hört. Jonas versteht es erst eine Woche später, als er in der Neujahrsnacht sein Fenster öffnet, um noch einmal die gute, klare Schwarzwaldluft ins Zimmer zu lassen: Auf dem schmalen Fenstersims steht, unscheinbar, mit einer Untertasse abgedeckt gegen Tiere, Schnee und andere Gefahren, eine kleine Schüssel von Alberts lebensrettendem Heringssalat.

Alberts lebensrettender Heringssalat

1 kg Hering in Salzlake über Nacht wässern (wenn nötig) und in Streifen schneiden, 1 kg gekochtes Rindfleisch in Streifen schneiden, 4 Essiggurken in Streifen schneiden, 1 Zwiebel würfeln, 1 Handvoll Walnüsse hacken

Alles mit (natürlich selbst gemachter) Mayonnaise anmachen und mit den Scheiben von 4 gekochten Eiern garnieren.

Jeannette Porlein

Eingeschneit

Seit einigen Jahren verbringen mein Mann, meine Freundin Irene, ihr Mann Heinz und ich das Weihnachtsfest in einem kleinen Familienhotel oberhalb von Meran. Es gibt nur sechs geräumige Zimmer, die gleich groß und sehr exklusiv eingerichtet sind. Die Besitzer Paola und Enrico, zu denen wir ein fast freundschaftliches Verhältnis haben, sind stets darauf bedacht, ihren Gästen den Aufenthalt so schön wie möglich zu machen. Paolas Bruder Claudio ist der Küchenchef und berühmt für seine Kochkünste. Unterstützt wird er von seiner Frau Ramona, deren Stärke hervorragende Süßspeisen und Kuchen sind.

Während der Feiertage liefen die beiden zur Höchstform auf und verwöhnten die Gäste jeden Abend mit neuen Köstlichkeiten. Paola hatte das gemütliche Restaurant festlich geschmückt, und die große bis auf den Boden reichende Fensterfront bot einen herrlichen Blick auf den tiefverschneiten Garten und die Berge rundherum.

Man konnte hier auf der Höhe wandern oder Skilanglauf machen, und für den kleinen Hunger gab es auch einen Berggasthof, der zum Verweilen einlud.

Meran und Bozen waren mit dem Auto schnell zu erreichen, falls man Lust zu einem Einkaufs- oder Schaufensterbummel hatte.

Am Morgen nach den Feiertagen waren Paola und Enrico jedoch völlig verzweifelt. Im Haus befanden sich nur zwei junge Mädchen, die hier wohnten und für das Frühstück und die Zimmer zuständig waren. Das gesamte Personal sowie Claudio und Ramona wohnten unten in Meran oder in der Umgebung, und es gab keine Möglichkeit für sie, herauf ins Hotel zu kommen. Es hatte die ganze Nacht geschneit, und solche Schneemengen hatte es die letzten zehn Jahre nicht mehr gegeben. Auch für die Lieferfahrzeuge war es aussichtslos, das Hotel zu erreichen, denn es schneite immer weiter, sodass guter Rat teuer war. Als Hobbyköchin bot ich Paola sofort meine Hilfe an, denn Kochen war so gar nicht ihr Ding. Es waren außer den zwölf Gästen auch Paola, Enrico und die zwei Mädchen zu verköstigen. Zunächst machten Paola, meine Freundin Irene und ich in der Küche und im Vorratsraum eine Bestandsaufnahme. Bisher gab es im Hotel ja nur Abendessen. Mittags waren die Gäste unterwegs. Jetzt musste auch für Mittag etwas vorbereitet werden, denn niemand konnte das Hotel verlassen.

Da Claudio nur frische Erzeugnisse verwendete und diese teils selbst auf dem Markt einkaufte, gab es außer den Grundnahrungsmitteln wenig Brauchbares. Da entdeckte ich im Kühlraum mehrere Entenkeulen. Davon machen wir für das Abendessen «Marokkanische Ente», sagte ich zu meiner Freundin, die mir sofort zustimmte. Wir waren ein eingespieltes Paar, weil wir zu Hause oft zusammen kochten. Sofort machten wir uns auf die Suche nach getrockneten Aprikosen und Pflaumen und allen anderen Zutaten, die wir brauchten. Als wir auch noch einige Gläser Lachskaviar fanden und uns Enrico noch eine Flasche trockenen Weißwein aus dem Keller holte, war das Abendessen gerettet.

Das Mittagessen bereitete uns weniger Kopfzerbrechen, denn es fanden sich noch Karotten, Bohnen, Petersilienwurzeln und ein Stück Tafelspitz, woraus sich ein toller Eintopf machen ließ. Danach konnte es Apfelkrapfen und Vanille-Eis geben.

Das «Diner» war da schon schwieriger, denn die Gäste waren ja verwöhnt. Zum Glück fanden wir im Kühlraum auch noch einige Riesengarnelen und Obst. Als Vorspeise gab es kleine Reibekuchen mit einem Tupfer Crème fraîche und Lachskaviar. Gebratene Riesengarnelen auf Kartoffelschaum reichten wir als Zwischengericht. Das Hauptgericht bestand aus der Marokkanischen Ente mit Reis, und als Dessert zauberten wir leckere Eisbecher aus dem vorhandenen Eis, Sauerkirschen, Kirschlikör und Sahne. Danach servierten wir noch einen Cappuccino mit Mandellikör.

Die Gäste waren begeistert, und meiner Freundin und mir hat es großen Spaß gemacht.

Am nächsten Tag war der Spuk vorbei und das Hotel wieder erreichbar.

Marokkanische Ente

(für 4 Personen)

8 Entenkeulen ohne Haut werden mit einer Mischung aus 1 TL Salz, Pfeffer aus der Mühle, ½ TL Zimt und ½ TL gemahlenem Koriander sowie 1 EL Orangensaft von allen Seiten eingerieben.
Je 100 g getrocknete Aprikosen und Pflaumen ohne Stein werden in ½ Liter trockenem Weißwein eingeweicht.
1 Glas Geflügelfond, 400 ml z. B. von Lacroix erwärmen und je 1 Msp. gemahlene Nelken und Muskatblüte sowie 1 EL gekörnte Gemüsebrühe dazugeben.
In einer Pfanne 2 TL Butter braun werden lassen und die Entenkeulen scharf anbraten. Danach in einen Römertopf oder feuerfeste Form mit Deckel geben, die Früchte mit dem Wein, sowie den Fond dazugeben und bei 160 Grad ca. 1 ½ Stunden schmoren lassen.
Mit körnig gekochtem Reis servieren.

Renate Giesler

Es braucht mehr als drei Sterne

Weihnachtliche Livemusik im Bayerischen Wald

Es fängt wirklich gut an. Der ICE Richtung Nürnberg verlässt am 24. Dezember pünktlich um 8:05 den Hamburger Hauptbahnhof. Und zu unserer Überraschung befinden sich unsere reservierten Plätze in einem Wagen der ersten Klasse. Gleich vier Sessel belegen wir mit Zeitungen, Proviant, Wolltuch für die Füße und machen es uns gemütlich. Bernd entkorkt die mitgebrachte Sektflasche, ich krame Plastikbecher und Kekse aus der Dose. Die Elbbrücken liegen längst hinter uns – und der Stress der letzten Tage ist schon vergessen, als wir durch die Lüneburger Heide rollen. Welch wunderbare Aussichten: Weihnachten in einem Hotel mitten in einer wildromantischen Landschaft. Galamenü, Musik und Tanz inklusive. Eine Kleinanzeige in einer Wochenzeitung hatte mich auf die Idee gebracht, das Fest einmal ganz anders zu feiern: Ohne Trennung von Bernd am Heiligen Abend wie alle die Jahre zuvor, ohne Probleme mit dessen Ex-Familie und den üblichen Strapazen mit Elternbesuch, ohne lästige Rituale und Küchendramen.

Die Welt draußen wirkt friedlich. Ich atme auf und strahle meinen Liebsten an. In knapp sieben Stunden sind wir am Ziel: Grafenau im Bayerischen Wald. Nur noch zweimal umsteigen, einmal in Plattling und fünfzig Minuten später in Zwiesel. Bernd würdigt mit kritischem Blick den Hotelprospekt und zitiert, was uns erwartet: «Wellness für die Seele und ein Ambiente zum Wohlfühlen – und das alles in einer intakten Kulturlandschaft.» Ich packe die Butterbrote aus und denke insgeheim: Hoffentlich geht alles gut. Bernd wäre lieber auf die sonnigen Kanaren geflogen als in einen abgelegenen Zipfel Deutschlands zu reisen, dem das Image anhaftet, Familienurlaub zu moderaten Preisen zu bieten. Mein Argument, dort könne man auf jeden Fall gepflegt tanzen, überzeugte ihn. Sich beim langsamen Walzer tief in die Augen sehen, ist eben etwas anderes, als am Pool zu liegen und sich zu langweilen. Wir lieben beide den Tango, uns gefällt dieser ständige Wechsel zwischen Dynamik und Sanftmut. Tanzen haben wir gelernt, und dabei harmonieren wir beide wunderbar – normalerweise.

Die Stunden verfliegen wie im Nu. Das Tageslicht wird schwächer, wir nähern uns dem Bahnhof von Zwiesel. «Hoffentlich enttäuscht uns das *Hotel Waldblick* im wildromantischen Mittelgebirge nicht», unkt Bernd und lächelt mich von der Seite an. Ich atme tief durch und wiederhole, was der nette Herr von der Rezeption des Drei-Sterne-Hotels am Telefon bestätigt hat: Jeden Abend Livemusik und Tanz bis Mitternacht. Die Gäste würden, was das Alter betraf, prima zu uns passen.

Punkt 16:30 Uhr erreichen wir unser Ziel. «Herzlich willkommen bei uns im Bayerischen Wald», begrüßt uns Frau Christel mit festem Händedruck. Die Chefin des Hotels Waldblick trägt Trachtenlook und unterstreicht auf ihre Art den familiären Charakter des Hauses. Sie bittet uns gleich zu Glühwein und Zimtsternen in die rustikale Stube im Erdgeschoss. Dort sitzen bereits Gäste, die ebenfalls heute eingetroffen sind. Es herrscht Schweigen. Frau Christel hat zu tun, sie eilt zurück an die Rezeption. Artig stellen wir uns vor, die anderen nennen nun auch ihre Namen. Doch ich bin zu müde, um sie mir zu merken. Uns reicht man den Teller mit Weihnachtsgebäck, wortlos. Weltmeister im Smalltalk scheint hier keiner zu sein. Wie gut, dass der Kamin in Betrieb ist. Das Knistern des Feuers sorgt für eine Spur Atmosphäre an diesem Heiligen Abend. So richtig warm werden wir nicht mit den Damen und Herren aus Dresden, Hof und Nordhessen. Auch das zweite Glas Glühwein ändert daran nichts. Bernd rollt die Augen und gibt mir zu verstehen: Nichts wie aufs Zimmer.

Funktional ist der Raum eingerichtet: Doppelbett mit Nachttisch, Einbauschrank, zwei Stühle, Tisch mit Weihnachtsdeckchen, ein Fernseher auf einem Regal und das Telefon am Bett, an der Wand ein gerahmtes Bergmotiv aus einem Kalender, vor den Festern Stores, die unseren Blick auf Winterlandschaft und Lichterkette trüben. Gut 45 Minuten bleiben uns noch bis zum Abendmenü. Wir packen aus und beschließen, sogleich die Bescherung zu erledigen. So nüchtern wie der Raum ist auch die Prozedur. Die eine mitgebrachte Kerze wirkt eher peinlich als stimmungsvoll. In zehn Minuten ist alles vorbei. Krimi und eine Fliege für Bernd, für mich Parfüm und eine CD mit Tanzmusik. Bernd knüllt das Geschenkpapier zusammen und mahnt zum Umkleiden. Wir putzen uns raus, Bernd bindet die neue Fliege um. Schließlich wartet ab 21 Uhr die Tanzfläche auf uns. Der Kellner führt uns an einen Zweiertisch in den schlauchförmigen Nebenraum des Restaurants. Weihnachten findet hier nicht statt. Die anwesenden Familien löffeln bereits die Rahmsuppe mit Räucherlachs. Ich habe das Gefühl, wir sind am falschen Ort. Bernd stupst meinen rechten Fuß an und deutet mit der Gabel in Richtung Nachbartisch. Dort sitzen Gäste in Puschen. «Ist doch gemütlich», bemerke ich und knipse ein Lächeln an für die Frau, die in dem Moment zu mir schaut.

Ich kann es kaum erwarten, bis der Nachtisch serviert wird, es gibt Bayerische Creme. In der Lobby werden bereits der Teppich eingerollt und Sessel zur Seite geschoben. Kurz vor 21 Uhr erscheint ein Alleinunterhalter. Der Mann greift beherzt in die Tasten des Keyboards, ein elektronisches Instrument, das eine Tanzkapelle ersetzen soll. Als «Last Christmas» ertönt, gibt es auch für uns kein Halten mehr. Endlich Cha-Cha-Cha. Wir zeigen, was wir können: Fächer nach rechts und links, gehen seitwärts in Promenadenstellung. Wir tanzen Varianten, als ginge es hier im Bayerischen Wald um eine Meisterschaft in Lateintänzen. Unsere Stimmung ist bestens. Noch gehört uns der Raum, keiner tritt mir auf die Füße, keiner rempelt an. Beim Langsamen Walzer ist der Andrang schon größer. Unser Goldstar-Standard kommt aus Platzgründen nicht zur Geltung. Doch so schnell geben wir nicht auf. Beim Rumba zeigt Bernd den Mittänzern, was gute Führung heißt. Erst als der Mann am Keyboard «O Tannenbaum» spielt, flüchten wir an die Bar. Ich hoffe auf morgen.

Am 25. Dezember frühstücken wir lange, ziehen uns dann Stiefel an und wagen uns in das Schneegestöber. Das Thermometer zeigt vier Grad unter Null, der Wind pfeift. Das Herz des Bayerischen Waldes ist ziemlich arm an Bäumen. Wir fliehen in ein Gasthaus und trinken Grog. Dann machen wir uns auf den Rückweg. Die Zeit reicht noch zum Aufwärmen und Entspannen in der Wellnesslandschaft des Hotels. Punkt 19 Uhr startet am ersten Weihnachtstag das groß angekündigte Galamenü. «Hoffentlich platzieren die uns nicht wieder in den Nebenraum. Noch einmal Puschen ertrage ich nicht», stellt Bernd beim Betreten des Dampfbades klar. Es war laut genug. Eine Frau, die Anne Wills ältere Schwester sein könnte, blickt keck in unsere Richtung.

Als sich die ersten Schweißperlen auf meiner Haut bemerkbar machen, haben wir schon fast Freundschaft geschlossen. Uschi stellt uns später Peter vor. Beide kommen aus Hamburg. Auch sie haben auf die Anzeige in der Wochenzeitung reagiert und erstmals Weihnachten im Hotel gebucht. «Machen wir das Beste draus», kommentiert Peter unsere Lästerei über andere Gäste und das Drei-Sterne-Ambiente. Wir beschließen, am Abend gemeinsam an einem Tisch im Restaurant Platz zu nehmen. Dort steht der festlich geschmückte Christbaum.

Es wird ein vergnüglicher Abend. Bis zu dem Moment, als ich darauf bestehe, den Alleinunterhalter um Tangomusik zu bitten. Beim Tango müssen die Tanzpartner exakt die Schritte setzen. Eigentlich klappt das bei uns immer gut. Aber heute, am ersten Weihnachtstag, ist der Wurm drin. Widerwillig folgt mir Bernd auf die Tanzfläche, dabei stolpert er über eine Ecke des zusammengerollten Teppichs. Er schafft es noch, wieder die Balance zu finden – in diesem Moment trifft ihn schwungvoll der Arm eines anderen Tänzers am Hinterkopf. Kein guter Start für einen Tango. Auch der Alleinunterhalter ist heute nicht in bester Form – oder aber er nimmt es mir übel, dass ich statt deutscher Weihnachtslieder lateinamerikanischen Rhythmus wünsche. Die Klänge, die an mein Ohr dringen, verwirren. Sie taugen für einen Schieber, nicht für den König der Standardtänze. Ich belaste zu kurz, schließe zu spät und fluche leise. Warum spielt er nicht wenigstens «Kein Schwein ruft mich an»? Bernd setzt noch zu einem letzten Wiegeschritt an, dann führt er mich von der Tanzfläche. «Es reicht», schimpft er. Wir trinken mit Uschi und Peter noch ein letztes Glas Rotwein. Weihnachten und Tango, das funktioniert nicht in Grafenau, das klappt nur in Buenos Aires.

Am nächsten Abend sitzen wir wieder zu viert am Tisch, aber etwas eingeklemmt in einer langen Tischreihe. Zwanzig Gäste aus Grafenau essen heute Abend mit im Restaurant, es gibt ein 7-Gänge-Menü. Die Kellner rennen hektisch hin und her, sie stehen unter Strom. Wir bestellen deutschen Riesling, er wird zu warm auf den Tisch gestellt. Endlos warten wir, bis die Vorspeise, eine Gänsebrust an Salat, uns von links gereicht wird. Baguette wird gebracht, als ich schon aus Verzweiflung die für Diabetiker gebunkerte Notration Knäckebrot aus der Handtasche gezogen und gerecht verteilt habe. Gäste am Nachbartisch sind einen Gang weiter. Aber aus der hinteren Ecke dröhnt jetzt laut: «Wir haben Hunger, Hunger, Hunger ...!» Es ist 21:45 Uhr, als endlich das Hauptgericht, Rehkeule an Preiselbeerrotkraut, serviert wird. Bernd blickt gequält, selbst Peters gute Laune ist auf dem Tiefpunkt. «Auf das Schokoladensoufflee mit Orangenspalte kann ich gut verzichten», verrät Uschi. «Ich auch», ruft Bernd und sagt in einem Ton, der keine Widerworte duldet: «Tanzen fällt heute auch aus!» Ich ringe nach Fassung und Bernd, der sich beim Trinken verschluckt, nach Luft. Für schöne Weihnachten braucht es mehr als drei Sterne.

Dietrich Schilling

Erwins Genesung

Nach dem Tod seiner Frau hatte Erwin noch ein paar schöne Jahre. Kaum war sie unter der Erde – in einer der hinteren Grabzeilen auf dem Kirchenfriedhof –, bestellte er die Handwerker und gab die kleine Terrasse vor der Küche in Auftrag, die er sich zeitlebens gewünscht hatte.

«Kommt nicht infrage!», hatte Friedel jedes Mal gesagt, wenn Erwin einen neuen Versuch unternahm, die kleine Terrasse durchzusetzen. Er hätte so gerne vor der Küche gesessen und über die Felder geguckt. «Da trägst du nur Dreck in die Küche. Kommt nicht infrage. Nur über meine Leiche.»

Genauso kam es. Schon beim Leichenschmaus verhandelte Erwin mit der ortsansässigen Firma «Rolf und Söhne – Steine und Platten». Man wurde sich schnell einig über das «Wann» und «Wie». Zu aller Überraschung schienen auch die Kosten keine große Rolle zu spielen. Alle im Dorf fragten sich, woher Erwin die Summe nehmen wollte, die «Rolf und Söhne – Steine und Platten» veranschlagt hatte. Denn dass er und seine Friedel nicht wie die Maden im Speck gelebt hatten – das wussten alle, die auch nur einmal an ihrem maroden Häuschen vorübergegangen waren. Die alte Anne von gegenüber hatte sie jeden Herbst aufgefordert, wenigstens neue Fenster einsetzen zu lassen. Im Alter soll man vorsichtig sein mit Kälte vom Fenster her! Pastor Holzgrefe hatte behutsam darauf hingewiesen, dass der Preis für die Reparatur der Regenrinne auch nach irdischen Maßstäben nicht unerschwinglich sei – und für den Giebel, der seit Jahren vor sich hin bröckelte, bestimmt eine Wohltat. Vergeblich. Da waren Friedel und Erwin sich ausnahmsweise einig. Ihr Häuschen verfiel immer mehr. Und als Friedel sich ins Sterbebett legte, machten sich alle im Dorf große Sorgen um Erwin.

Was sollte aus ihm werden ganz allein?

Konnte er überhaupt kochen?

Alle Sorgen waren fehl am Platz. Erwin blühte auf, kaum dass Friedel begraben war. Zum ersten Mal seit vielen Jahren band er sich eine Krawatte um, setzte sich in den Bus und fuhr in die Kreisstadt. Als er mit dem Nachmittagsbus zurückkam, trug er zwei prall gefüllte Einkaufstüten. Am Abend trat er in die Gaststube des Hotels «Zum Finken», bestellte Schlachtplatte mit allem und ein großes Pils. Beim dritten Pils geriet der Finkenwirt ins Grübeln, und als Erwin mit dem vierten auch noch einen doppelten Korn verlangte, setzte er sich zu ihm an den Tisch, um der Sache auf den Grund zu gehen. Das war nicht weiter schwierig, denn Erwin befand sich im Zustand fortgeschrittener Seligkeit und erzählte dem Finkenwirt auf dessen geschickt formulierte Fragen ohne Umstände, dass er, Erwin, heute belohnt worden sei für manches magere Jahr und dass seine Friedel sich im Grab umdrehen würde, wenn sie wüsste, dass er alles herausbekommen habe. Prost!

Der Wirt schwieg, denn er wusste, dass Schweigen eine Aufforderung zum Weitererzählen ist.

Also berichtete Erwin mit schwerer Zunge, dass er sein geheimes Sparkonto bei der Kreissparkasse aufgelöst habe. Und dass der Leiter der Sparkasse ihn von der Existenz eines weiteren ansehnlichen und ebenfalls geheimen Sparkontos auf den Namen seiner Frau in Kenntnis gesetzt hätte, über das er selbstverständlich verfügen könnte, sobald er einen Erbschein vorgelegt habe. Das hätte sich die – was dann folgte, war wegen des Bieres und einer heftig aufschäumenden Emotion nur schwer zu erraten –, das hätte sie sich wohl nie träumen lassen, dass er jetzt davon als erstes die kleine Terrasse bezahle.

Und die wurde ein Prachtstück! Der Blick über die Felder entschädigte für manches verlorene Jahr. Erwin saß dort, stundenlang, die Küche im Rücken, vor Augen die Felder. Manchmal, wenn er an seine Frau dachte, holte er ein Bier aus dem Kühlschrank und freute sich seines Lebens, machte Pläne, ging regelmäßig in den «Finken», wurde gesprächig, besuchte seine Nachbarn und lud sie ein. Die Regenrinne wurde repariert, die Fenster erneuert. Als der Bürgermeister zu Spenden für einen Spielplatz aufrief, übernahm Erwin die Kosten für eine Rutschbahn. Als für einen Weihnachtsbaum vor dem Rathaus gesammelt wurde, trug er großzügig dazu bei. Und regelmäßig montagmorgens erschien er auf dem Kirchenfriedhof und sah nach dem Rechten. Die Buchsbaumhecke war zu jedem Zeitpunkt akkurat gestutzt, die Inschrift der Grabplatte stets makellos sauber: «Meiner Friedel in ewiger Dankbarkeit!»

So vergingen die Jahre.

Und als er eines schönen Sommerabends wieder auf seiner kleinen Terrasse vor der Küche saß und sich nicht besonders gut fühlte, nahm er das nicht sonderlich ernst. Er ging nur ein halbes Stündchen früher als gewöhnlich zu Bett, stand auch am nächsten Morgen ein bisschen später auf, weil er ein wenig matt war. Den Montag darauf musste er zum ersten Mal, seit Friedel ihn verlassen hatte, auf die Grabpflege verzichten. Und als es Herbst wurde, ging er in die Sprechstunde von Dr. Müller. Der machte ein nachdenkliches Gesicht. Und tags darauf wusste das halbe Dorf Bescheid.

Am ersten Advent stand Erwin nicht mehr auf. Die alte Anne von gegenüber war aber bald zur Stelle und kümmerte sich um ihn. Was sie nicht schaffte, übernahm die Frau vom Finkenwirt. Und als für den Weihnachtsbaum vor dem Rathaus gesammelt wurde, drückte Erwin dem Pastor, der ihn besuchte, einen Schein in die Hand.

Dr. Müller, der jeden Nachmittag zur Visite erschien,

wusste allerdings bald keinen Rat mehr. Obwohl … Er fand es eigenartig, dass sich an Erwins Zustand so recht nichts veränderte. Er lag im Sterben – und doch wiederum nicht. Als ob er zögere. Oder noch etwas Wichtiges bedenken müsse.

So kam der zweite Advent – und ging auch wieder.

Genauso der dritte.

Erst am vierten, als Pastor Holzgrefe ans Krankenbett trat, fiel die Entscheidung. Alle waren sie dabei: Die alte Anne, die Frau vom Finkenwirt, Dr. Müller – alle konnten sie später bezeugen, was niemand glauben wollte. Der Pastor, bezeugten sie, habe Erwins rechte Hand gestreichelt und ihm etwas ins Ohr geflüstert. Daraufhin sei ein Ausdruck tiefen Schreckens auf dessen Gesicht erschienen. Er habe sich mühsam aufgerichtet und eine Stulle mit Wurst verlangt …

Am nächsten Tag verließ Erwin zum ersten Mal seit Wochen das Bett. Und als der Heiligabend kam, machte er sich auf den Weg in Holzgrefes Kirche. Dort sang er «O du fröhliche», schloss Friedel in sein Dankgebet ein und betrat pünktlich um sieben die Gaststube im Hotel «Zum Finken», wo er mit Gänsefleisch, Klößen und Rotkohl ein weiteres mal die Geburt feierte.

Dr. Müller allerdings, der sich später zu ihm gesellte und der sich über die schier unglaubliche Genesung seines Patienten eigentlich hätte freuen müssen, quälte nur ein Gedanke: Was zum Teufel hatte Pastor Holzgrefe dem todkranken Erwin ins Ohr geflüstert?

Ingrid Genz

Der Mädchentraum als Weihnachtsgeschenk

Heiligabend im Hamburger Hotel Atlantic

Da stand es, das große weiße Haus mit der Weltkugel auf dem Dach: Das Hotel *Atlantic.*

Dieser wunderbare Spätherbsttag hatte Michael, mit dem ich seit 36 Jahren verheiratet bin, und mich ins Freie gelockt, und wir hatten beschlossen, bevor es endgültig Winter wurde, noch einmal einen langen Spaziergang um die Außenalster zu machen. Wir lieben dieses Schmuckstück von Hamburg. Und Schmuckstücke sind fürwahr auch all die traumhaft schönen Gebäude, die sich so stolz um das Rund dieses Wassers präsentieren. In diesem Teil Hamburgs wohnt man nicht, nein – hier residiert man.

Ich war stehen geblieben. Da lag es am gegenüberliegenden Ufer, das große weiße Prachtgebäude. Die Sonne, die uns an diesem Tag noch einmal ihr ganzes Strahlen schenkte, ließ es noch weißer und fast kulissenhaft unwirklich erscheinen. Es wehte eine ganz leichte Brise. Und auf den kleinen Wellen der Alster tanzten unzählige silberne Lichter.

Michael legte den Arm um mich. «Na, ist er wieder da – dein Traum?», fragte er. Ja, er war wieder da. Ich hatte gedacht, es sei ein Traum meiner Kindheit und Jugend gewesen. Aber er war geblieben. Jetzt war der Herbst meines Lebens angebrochen. Und in der Tat, es gibt Träume, die einen das ganze Leben lang begleiten, von denen man sich jedoch nur allzu oft verabschieden muss, ohne sie jemals erfüllt zu bekommen.

Die warme Sonne auf meinem Gesicht und dieser besondere Duft von Wasser, der wie ein Hauch zu mir heraufstieg, ließen mich die Augen schließen. Und plötzlich zählte ich wieder 14 Lenze; war wieder dieser schwärmerische «Backfisch». «Backfische», das waren die Teenagermädchen der fünfziger Jahre.

Mich hatte die Kriegs- und Nachkriegszeit geprägt. Die Erlebnisse meiner Kindheit waren die eines ganzen Menschenlebens gewesen. Ich hatte früh lernen müssen, mich anzupassen. Und ich passte mich nicht nur an – ich ordnete mich unter. Ich war ein sehr schüchternes junges Mädchen. Wie man mir später erzählt hat, soll ich gar nicht so «hässlich» ausgesehen haben. Doch ich bildete es mir ein. Ganz besonders meine Sommersprossen machten mir arg zu schaffen. Diese kleinen braunen Pünktchen breiteten sich über mein ganzes Gesicht aus. Und die Nase war geradezu übersät mit ihnen. Meine Freundinnen hatten sich nicht mit so etwas herumzuplagen. Sie neckten mich. Und das trug nicht gerade dazu bei, meine Sommersprossen zu akzeptieren, und schon gar nicht, mein Selbstbewusstsein zu heben. Ich träumte davon, schön zu sein, schön wie mein großer Schwarm Zarah Leander.

Damals erlebten in den großen Hamburger Kinos viele Filme ihre Erstaufführung. Zu diesem Ereignis kamen auch die großen Stars in unsere Stadt, um sich und ihre Filme persönlich vorzustellen. Meine Freude war unbeschreiblich, als eines Tages auch die von mir so verehrte Zarah Leander ihren neuesten Film aus der Taufe heben wollte. Das *Atlantic* sollte für ein paar Tage ihr Domizil sein. Für mich war klar: Ich musste sie unbedingt sehen. In der Nacht, bevor sie ankommen sollte, machte ich kein Auge zu. Schon morgens machte ich mich auf den Weg. Ich war eine der Ersten, die sich vor dem *Atlantic* platzierten, und schaffte es, in der ersten Reihe meinen Platz zu verteidigen. Die Bewunderer standen Spalier entlang des roten Teppichs, der bis zur Straße reichte. Ihre Zahl war so groß, dass der Empfang einer Königin gebührt hätte.

Ich weiß nicht, wie lange wir gewartet hatten. Bei jedem Auto, das hielt, schlug mir mein Herz bis zum Halse, aber es war immer noch nicht Zarah, die ausstieg. Doch plötzlich ging ein Raunen durch die Menge. Und in der Tat: Dieses Mal stieg aus dem Fonds des haltenden Autos wirklich und wahrhaftig mein Schwarm – Zarah Leander. Wahrlich königlich schritt sie durch die wartende Menge. Ich wagte kaum zu atmen. Und dann geschah ein Wunder. Sie blieb bei mir stehen, ausgerechnet bei mir! «Du hast auch Sommerrrsprrrossen», sagte sie in dieser unvergleichlich dunklen Stimme mit dem prägnanten R. «Ist nett mit Sommerrrsprrrossen!» Mein Herz klopfte wie wild, und ich merkte, wie mir die Röte ins Gesicht schoss und sich mit diesen von so hoher Stelle gelobten Sommersprossen vermischte. Verlegen senkte ich den Kopf. Dabei fiel mein Blick auf den Arm meines Idols. Der halblange Ärmel war etwas hoch gerutscht, und ich sah, dass der Arm und die Hand mit Sommersprossen übersät waren. Im Gesicht sah man sie nicht, weil es sorgfältig geschminkt war. Von diesem Moment an liebte ich meine Sommersprossen. Ja – ich war stolz auf sie. Und dass mich meine Freunde viel später «Pippi Langstrumpf» nannten, hat mich dann nicht mehr gestört.

Damals tauchte zum ersten Mal der Wunsch in mir auf, ein einziges Mal in so einem Hotel residieren zu dürfen. Nur ein einziges Mal die Treppe mit dem roten Teppich hinaufgehen und eintreten zu dürfen in die prunkvolle Halle.

Ich erwachte aus meinen Träumen und war wieder im Hier und Heute angekommen. Noch einmal ging mein Blick hinüber zum *Atlantic*, zu diesem wunderschönen weißen Prachtbau. Dann setzten Michael und ich unseren Weg fort und genossen das unvergleichliche Flair, das an diesem Spätherbsttag von dem See ausging, der inmitten einer Weltstadt lag, von einer winzigen unscheinbaren Quelle gespeist wurde und einen so weit weg trug von all dem Alltagstrubel.

* * *

Die Wochen waren wie im Fluge vergangen. Die letzten schönen Herbsttage lagen hinter uns, und es ging auf Weihnachten zu. Wir hatten schon den ersten Advent gehabt. Ich war in der Stadt gewesen und hatte nach einem Nikolausgeschenk für Michael gesucht. Jetzt klingelte ich an der Haustür. Michael öffnete, und das Erste, was er sagte, war: «Du wirst am 24. ab 14 Uhr erwartet.» Ich wusste damit natürlich nichts anzufangen. «Wo werde ich erwartet?», fragte ich irritiert. «Im *Atlantic*», antwortete Michael. «Wir feiern dort Weihnachten, und ich habe für eine Nacht ein Zimmer mit Heiligabend-Menu gebucht.» «Was?!» Mehr konnte ich nicht sagen. Doch dann begann ich, mich unbändig zu freuen. Ein Herzenswunsch hatte sich nach über fünfzig Jahren erfüllt.

Dann kam der 24. Dezember, und um alles perfekt zu machen, hatte Michael ein Taxi bestellt. Jetzt war ich es, die vor dem *Atlantic* vorfuhr. Jetzt hielt mir der Wagenmeister die Tür auf. Jetzt durfte ich die Treppe mit dem roten Teppich hinaufschreiten. Michael ging an die Rezeption und ließ sich die Schlüssel geben. «Sie haben die Suite 424 im vierten Stock«, hörte ich die nette junge Dame am Empfang sagen. Hatte ich richtig gehört? «Eine Suite?», fragte ich Michael. Aber er schwieg und sah mich nur mit einem Lächeln an. Der Fahrstuhl brachte uns in den vierten Stock. Wir gingen einen sehr langen Gang entlang. Fast ehrfurchtsvoll schritt ich über den dicken Teppichboden. Dann waren wir am Ende des Ganges angekommen. Auf der linken der beiden letzten Türen las ich «Gerhart-Hauptmann-Suite«, auf der rechten stand nichts außer der Nummer 424. Diese Tür schloss Michael auf.

Fast zaghaft trat ich ein. Es war viel schöner als in meinen Träumen. Die großen Fenster der Suite gingen hinaus auf die Alster, die in ihrer ganzen Schönheit uns zu Füßen lag. Die Einrichtung ließ keine Wünsche offen. Es war einfach an alles gedacht. Beim Eintreten fiel mir gleich die schwere

Polstergarnitur ins Auge. Auf dem Tisch davor waren auf einer Etagere Obst und weihnachtliches Gebäck bereitgestellt. Zwei Fernseher gab es, einen im Wohnbereich, der zweite stand vor den breiten Betten. Und das Bad: Es war so groß wie unser Wohnzimmer. Sogar für unser Gepäck gab es einen Extraraum. Vor den großen Fenstern stand ein wunderschöner alter Schreibtisch. Saß man vor ihm, fesselte den Blick das gegenüberliegende Alsterufer mit all seinen schönen Villen. Vielleicht hat sogar Zarah Leander damals von dieser Suite aus diesen unvergleichlichen Blick genossen. Ich setzte mich in einen der mächtigen Polstersessel. Zunächst wollte ich einfach nur alles auf mich wirken lassen.

* * *

Bis zur Einnahme des opulenten Menus mit dem anfänglichen Champagnerempfang am Kamin hatte ich Muße, unser Domizil für diesen Abend zu genießen. Als wir aus dem Fahrstuhl stiegen, hatten sich schon einige festlich gekleidete Gäste unter dem riesigen, prächtig geschmückten Weihnachtsbaum versammelt. Der große Kamin in der Lobby verbreitete eine behagliche Wärme. Genussvoll schlürften wir unseren Champagner. Dann wurden wir zu dem für uns reservierten, festlich gedeckten Tisch geführt und konnten uns ganz den gebotenen Köstlichkeiten widmen. Die Speisekarte hatte schon so vielversprechend geklungen, und jetzt hielt sie das Versprochene:

Trilogie von Hummer und Jacobsmuscheln mit Mango

Getrüffeltes Schwarzwurzelschaumsüppchen mit Ravioli von der Périgord Gänseleber

Steinbuttfilet mit Imperial-Kaviar auf Selleriepüree und rosé Champagnerschaum

Rehrückenfilet im Briochemantel auf Rosenkohlblättern mit Haselnussschupfnudeln und glasierten Kronsbeeren in Cassis

Lebkuchensoufflé mit Gewürzorangen und Eis von der Tonkabohne

Rezept für das Steinbuttfilet mit Kaviar auf Selleriepüree und rosé Champagnerschaum:

Zutaten – Pürree

200 g abgeriebene Sellerie, 1 Zitronenscheibe, 0,25 l Milch, 10 g Butter, Salz, weißer Pfeffer, Muskat, 20 g Sahne

Zutaten – Champagnerschaum

0,25 l kräftige Fleischbrühe, 0,25 l trockener Riesling, 0,1 l trockener Champagner – rosé, 8 Eigelb, 100 g kalte Butter (kleine Stücke), Saft einer halben Zitrone, Salz, frisch gemahlener weißer Pfeffer

Zutaten – Steinbuttfilet

4 Steinbuttfilets, Salz, Pfeffer, 1 EL Öl, 4 Löffelchen Kaviar

Die Sellerie mit der Zitronenscheibe abreiben (der Farbe wegen), in Stücke schneiden und in der Milch weichkochen. Anschließend die Milch abschütten. Die Sellerie zusammen mit der Butter fein pürieren (Mixer), mit Salz, Pfeffer und Muskat abschmecken und die flüssige Sahne langsam unterrühren. Die Fleischbrühe mit dem Riesling mischen und zum Kochen bringen. Nach etwa zehn Minuten, um ein Drittel eingekocht, vom Feuer nehmen. Danach den Champagner hinzugießen. Die Eigelbe mit vier EL der heißen Flüssigkeit verquirlen und nach und nach mit einem Schneebesen einschlagen. Dabei die Soße nur bis kurz vor dem Kochen erhitzen. Nachdem sie cremig-flüssig geworden ist, die Butter mit dem Schneebesen unterschlagen und schließlich mit Zitronensaft abschmecken. Mit Salz und Pfeffer würzen. Sofort mit dem Fisch (folgt sogleich) servieren.

Die Steinbuttfilets salzen und pfeffern. In einer Pfanne (Gusseisen oder beschichtet) ein EL Öl erhitzen und die Filets darin auf jeder Seite etwa zwei Minuten braten. Die Filets auf dem Püree anrichten. Den Champagnerschaum um das Püree geben und den Fisch mit dem Kaviar krönen.

* * *

Das Essen hat übrigens vier ganze Stunden gedauert. Und als ich – überwältigt von all den Köstlichkeiten und ein wenig beschwipst von den wunderbaren Weinen – wieder in unserer Suite war, habe ich noch lange am Fenster gestanden und auf die Häuser geschaut, die sich an diesem Heiligen Abend noch bis nach Mitternacht hell erleuchtet in der Alster spiegelten.

Käthe Hergert

Das kommt vom Warten aufs Christkind!

Heiligabend, und alle haben Dienstschluss außer mir

Fünf Jahre hatte ich als Hotelfachfrau im Ausland gearbeitet, dann zog es mich wieder nach Deutschland. Ich hatte Glück bei meinen Bewerbungen und übernahm am 1. September eine verantwortungsvolle Aufgabe in einem großen Hotel in Frankfurt. Der Besitzer, ein älterer Herr, wünschte sich eine Mitarbeiterin zur Entlastung und gelegentlichen Vertretung. Man bot mir ein Apartment im Haus an und ich nahm dankend an, denn während der anstrengenden Einarbeitungszeit blieb mir wenig Freizeit.

Mit den Kolleginnen und Kollegen gab es kaum Probleme, sie waren freundlich und hilfsbereit und akzeptierten mich als Vertretung des Chefs. Im November schien es mir an der Zeit, mit den Damen der Rezeption den Dienstplan für die Feiertage aufzustellen. Ich selbst freute mich riesig, nach vielen Jahren der Abwesenheit den Heiligen Abend wieder einmal mit Eltern und Geschwistern zu feiern.

«Nun», sagte Claudia als Sprecherin ihrer Kolleginnen, und sie schien mir etwas verlegen, «unserer Meinung nach ist eigentlich alles klar. Bisher war es immer so, wer zuletzt im Haus angefangen hat, wird für den Dienst am Heiligen Abend und am 1. Feiertag eingeteilt.»

Im ersten Moment war ich sprachlos, dann wollte ich energisch widersprechen, schließlich sagte ich nichts. Vor solchen Überraschungen ist man in unserem Beruf nie sicher!

So kam der 24. Dezember. Unser Restaurant war geschlossen, das Hotel aber überraschenderweise sehr gut belegt. Unser Chef hatte vor einigen Jahren eine Marktlücke entdeckt und bot die Zimmer zu einem absoluten Sonderpreis an. Einige der angereisten Gäste waren bereits Stammkunden und nutzten die Möglichkeit, nach einem Abend im Familien- oder Freundeskreis eine ungestörte Nacht zu einem günstigen Preis in einem komfortablen Hotelzimmer zu verbringen. Bis Mittag trafen die meisten ein, und wenig später leerte sich das Haus schon wieder. «Frohes Fest», «Gesegnete Weihnachten!» wünschten sich alle gegenseitig. Angehörige holten ihre Verwandten ab und bewunderten die Dekoration der Hotelhalle. Taxen fuhren vor, und Autos starteten. Gegen 15 Uhr war alles ruhig. Mein Chef rief noch einmal an und vergewisserte sich, dass alles normal lief und ich die Nummer des Portiers griffbereit hatte.

«Wenn Sie Hilfe brauchen, ist Thomas in zwei Minuten bei Ihnen. Er hat Bereitschaft heute Abend und kommt sowieso um 23 Uhr. Fröhliche Weihnachten kann ich Ihnen wohl kaum wünschen, trotzdem einen guten Abend.»

Draußen war es inzwischen dunkel, und es war ein seltsames Gefühl, der einzige Mensch in dieser weiträumigen glitzernden Weihnachtskulisse zu sein. Ich nahm mir ein Buch und richtete mich in einer der mit Tannengrün geschmückten gemütlichen Nischen im Foyer ein. Mit der prächtigen Blautanne im Blick, einer brennenden Kerze vor mir und der Obst- und Gebäckschale in Reichweite würde ich den Abend schon herumbringen. Der große Baum war mit silbernen Kugeln geschmückt und mit vielen kleinen Engelsfiguren behängt. Sie schienen im Baum leicht auf- und abzuschweben, und ihre Flügel glitzerten im Kerzenlicht. Ich versuchte, mich an die Weihnachtsabende der letzten Jahre zu erinnern. So mutterseelenallein war ich eigentlich nie gewesen! Plötzlich riss mich das laut gestellte Telefon aus meinen Gedanken. Meine Eltern konnten es nicht sein, wir hatten ausgemacht, nicht zu telefonieren, sondern einfach den Heiligen Abend um drei Tage zu verschieben.

«Hier Taxi-Unternehmen Schneider, ich habe einen

Fahrgast, einen älteren Herrn, der ein Zimmer für eine Nacht sucht. Haben Sie noch etwas frei?»

«Ja, sicher, das ist kein Problem. Wann kommen Sie?»

«Wir sind schon ganz in der Nähe des Hotels und gleich bei Ihnen.»

Kaum hatte ich aufgelegt, da kamen die Lichter der Scheinwerfer die Auffahrt hoch. Ich kannte den Fahrer, es war der Chef des kleinen Unternehmens, er half einem zierlichen Herrn beim Aussteigen und rollte seinen Koffer vor die Rezeption.

«Guten Abend, da sind wir ja Leidensgenossen», lachte mich Herr Schneider an. «Sie haben auch Dienst, aber ich mache jetzt Schluss, frohes Fest allerseits!»

Ich gab ihm ein paar Süßigkeiten für seine Kinder, dann legte ich meinem Gast den Meldezettel zum Ausfüllen vor. Blass und schmal stand er da und suchte umständlich nach seiner Brille. Wie traurig waren seine Lebensumstände, wenn er sich in seinem Alter am Heiligen Abend allein ein Hotelzimmer suchen musste! Er tat mir aufrichtig leid, und ich war froh, ihm wenigstens den günstigen Zimmertarif nennen zu können.

«Hier ist Ihr Schlüssel, Herr Walter. Ihr Zimmer ist gleich in der ersten Etage, und dort drüben ist der Fahrstuhl. Wenn Sie etwas benötigen, melden Sie sich bitte, ich bin den ganzen Abend hier.» Sehr gesprächig war mein Gast nicht, sein «Danke» war fast unhörbar.

Einige Minuten später ging ich wieder an meinen Platz und zu meinem Buch zurück, aber ich konnte mich nicht auf den Text konzentrieren. Schließlich machte ich mir einen Tee. Ich musste wieder an den alten Mann denken, der allein in seinem Zimmer saß. Er würde vielleicht gern eine Tasse Tee mittrinken. Kurz entschlossen griff ich zum Telefon. Ich erschrak ein bisschen, so schnell meldete er sich. Sicher hatte er direkt neben dem Apparat gesessen.

«Hier ist die Rezeption», begann ich, «ich mache mir gerade einen Tee, Herr Walter, und würde mich freuen, wenn Sie eine Tasse mittrinken, immerhin ist ja heute ein besonderer Abend.»

«Das ist sehr liebenswürdig von Ihnen, ich komme sehr gern.»

Rasch richtete ich ein zweites Gedeck und legte zu den Plätzchen noch ein paar Stücke Stollen. Da kam schon der Fahrstuhl.

«Wunderschön ist das hier, dieser herrliche Baum!», sagte der alte Herr mit einem bewundernden Blick rundum, «und Sie machen sich so viel Mühe meinetwegen. Meine Frau hat auch immer Stollen gebacken, das gehörte zum Christfest.» Und nach einer Pause: «Sie ist vor zwei Jahren verstorben.»

Wir tranken schweigend unseren Tee. Langsam taute Herr Walter auf und begann zu erzählen. Seit dem Tod seiner Frau kümmerte sich sein Sohn rührend um ihn, musste ihn aber vor Weihnachten zu einer unaufschiebbaren Operation ins Krankenhaus bringen. Nach seiner Entlassung – das war selbstverständlich – sollte er das Fest bei Sohn und Schwiegertochter verbringen. Die junge Frau erwartete ihr erstes Kind und musste überraschend vor dem errechneten Termin in die Klinik, und gerade heute kündigte sich die Geburt an. Ihr Mann wollte in diesen Stunden unbedingt bei seiner Frau bleiben und konnte seinen Vater nicht vom Krankenhaus abholen. In seiner Wohnung lief die Heizung seit seiner Abwesenheit auf niedrigster Stufe, und es war empfindlich kalt, er konnte unmöglich nach Hause gehen. Ich war erleichtert, dass sich für die unerklärlich scheinende Lage von Herrn Walter eine so harmlose Erklärung fand. Nun machten wir uns gemeinsam Sorgen um die werdende Mutter. Im Radio kamen immer wieder die alten Weihnachtslieder vom Kind in der Krippe. Wir saßen uns schweigend gegenüber und warteten. Unsere Geduld wurde auf eine harte Probe gestellt!

Die Küche hatte für mich einen Geflügelsalat und einen

bunten Vorspeisenteller in den Kühlschrank gestellt, doch ich mochte nichts essen, und das Gesicht meines Gegenüber wurde immer blasser und angespannter. Endlich – es war kurz vor 21 Uhr, klingelte sein Handy auf dem Tisch.

«Frohe Weihnachten, Großvater!», schallte eine laute Stimme durchs Telefon, dann folgte ein längeres Gespräch, und ich lief hinaus, um eine Flasche Sekt und Gläser zu holen. Mein Gast war kaum wiederzuerkennen.

«Es ist ein Junge», rief er mir entgegen, «und Mutter und Kind sind gesund und wohlauf! Gott sei Lob und Dank. Morgen früh kommt mein Sohn.»

«Fröhliche Weihnacht, und das ist ein Gruß des Hauses zur Geburt des Christkinds», sagte ich und schenkte die Gläser voll. Dann kamen auch noch der Salat und was sonst noch da war zu Ehren.

Als um 23 Uhr der Nachtportier kam, war Herr Walter nach diesem aufregenden und ereignisreichen Tag bereits in sein Zimmer gegangen – müde und glücklich. Thomas, der mich für den Rest der Nacht ablöste, wunderte sich sehr über meine fröhliche Stimmung und fragte neugierig nach dem Grund.

«Das kommt vom Warten auf das Christkind», sagte ich nur kurz.

«Und ist es denn gekommen?», erkundigte er sich mit etwas ironischem Seitenblick.

«Selbstverständlich, es hatte nur etwas Verspätung! «

DAGMAR GÜNTHER

Der Zauber des Voodoo-Königs

Seine Majestät Kpodegbe Toyi Djigla, König von Allada (Republik Benin) – märchenhafter Gast im Berliner Abacus Tierpark-Hotel

Das Telefon schrillt: einmal, zweimal, dreimal, viermal. «Da ist aber einer unerbittlich», murmelt die Direktorin des *Abacus Tierpark-Hotels.* Sie hat einen harten Tag hinter sich – Reservierungen, Stornierungen, der Umbau des Wintergartens, der mal wieder stockt und doch bis Weihnachten abgeschlossen sein soll. Der alljährliche Vorweihnachtsstress eben.

«Also gut, in drei Gottes Namen.» Sie hebt den Hörer ans Ohr: «*Abacus* ...» – «Ich hätte da einen König bei Ihnen unterzubringen», schreit jemand am anderen Ende. Will der sie verschaukeln? Sie lässt sich in den nächstbesten Sessel fallen. Warum legt sie nicht auf?

«Hallo, hören Sie mich?»

Jetzt erkennt sie die Stimme: Das ist doch dieser Journalist.

«Sie sind ja kaum zu überhören. Aber ernst meinen Sie das nicht?», fragt sie müde.

«Habe ich jemals gescherzt in solchen Dingen?» Der Sprecher des Clubs der Tourismusjournalisten Berlin/Brandenburg ist nicht amüsiert.

«Nein, aber ...»

Er lässt sie gar nicht erst ausreden, sondern sprudelt los: Seit geraumer Zeit habe er Kontakt zum Generalbevollmächtigten für Europa-Angelegenheiten des Königs von Allada, Seine Königliche Hoheit Prinz Bokpe von Allada aus dem westafrikanischen Benin. Und eben der plane nun für

Seine Majestät Kpodegbe Toyi Djigla, den König von Allada, eine Deutschland-Tour. Prinz Bokpe habe ihn, den Journalisten, beauftragt, diese Reise zu organisieren. Klar, dass der König auch nach Berlin kommen würde. Und da könne er doch im Abacus wohnen.

Die Direktorin ist platt. Prominente waren schon oft in ihrem Vier-Sterne-Hotel zu Gast: die Radsportler Täve Schur und Jens Fiedler, der Boxer Sven Ottke, der Sänger DJ Bobo z.B. Aber ein König? Und noch dazu aus einem so fernen, fremden Land. Wenn das mal gut geht.

* * *

Auf dem Weg nach Hause besorgt sie sich Bücher über Benin und den König. Seit 1992, so erfährt sie, steht der König von Allada dem 700 Jahre alten Königshaus vor. Überlieferungen zufolge gingen nach Erbstreitigkeiten zweier Königsöhne aus dem Königreich Allada die Reiche Hogbonou (heute Porto Novo) und Dahomey hervor. 1960 erlangte Dahomey die Unabhängigkeit von Frankreich und trägt seit 1975 den Namen Benin. Als Vorsitzender des Obersten Rates der Afrikanischen Könige vertritt der König von Allada 30 Könige aus sechs westafrikanischen Ländern. Unter seiner Schirmherrschaft findet alljährlich im Januar das traditionelle Voodoo-Festival in Benin statt. «Voodoo, du meine Güte!» Die Direktorin erschrickt: «Was hat es damit nun wieder auf sich?» Sie will doch auf gar keinen Fall in irgendwelche Fettnäpfchen treten.

Weitere Literatur muss her. In Quidah, so entnimmt sie einem Reisebericht, zelebriert der Oberste Würdenträger des Voodoo, der Hohepriester Dagbo Hounon Hounan, in Anwesenheit des Königs das Ritual für die Geister der Ahnen. Er ist auserwählter Mittler zwischen Diesseits und Jenseits. Die Direktorin staunt, dass Benin als einziges Land der Welt Voodoo sogar zur Staatsreligion erklärte. Über 70 Prozent der Bevölkerung sind Voodoo-Anhänger. Mehr als 60 Millionen bekennen sich weltweit zu diesem Glauben, der sich mit christlichen und islamischen Elementen mischt.

Voller Faszination liest sie von Göttern, Geistern und Besessenen: Der König und der Oberpriester nehmen in einer Art Prozession die Huldigungen des Volkes entgegen. In einer Zeremonie wird die Gottheit des Meeres geweiht. Die Voodos, die Götter und Geister, müssen namentlich herbeigerufen und gütig gestimmt werden, damit sie Böses abwenden. Gerufen werden Legba und Dan, die Ahnen. Legba öffnet im Voodo-Kult die Schranke zu den Göttern. Sein Symbol ist das Kreuz. Dessen senkrechter Balken stellt die Verbindung der göttlichen zur irdischen Welt dar. Der waagerechte symbolisiert das Irdische. Im Schnittpunkt begegnen sich beide Welten. Über diesen Ort wacht Legba. Aber auch die anderen Gottheiten werden angefleht: Dambala – der Gott der Fruchtbarkeit, Agwe – der Herr der Meere, Dangbé – der Schlangengott, der für Reichtum, Wohlergehen und Gesundheit steht und auch den Regen bringt, Izili – die Göttin der Liebe …

Nun, solche Götter sind ihr nicht fremd. Aber dass, abgesehen von den Häuptlingen, jeder Afrikaner von einem Geist besessen werden kann, beeindruckt die Direktorin schon. Das Medium, so heißt es, fällt in eine Art Trance. Es dient einem Schamanen oder Medizinmann als Mittler, z. B. zu einem Ahnengeist, der um Rat befragt werden soll. Der Geist spricht aus dem Mund des geliehenen Körpers und verlässt ihn dann wieder. Doch zuvor werden den Göttern Opfer dargebracht, die zumeist mit dem Töten von Tieren einhergehen, allerdings nicht, ohne das Tier um sein Einverständnis zu bitten: Man setzt ihm Speisen vor. Frisst es nicht, wird es vom Opfer ausgeschlossen und durch ein anderes Tier ersetzt. «Da sind die Verfressenen aber dumm dran», denkt die Direktorin. Und wie der Besessene das ungekochte Blut eines Hahnes, einer Ziege oder auch eines Stiers trinkt, stellt sie sich gar nicht erst vor.

Sie lässt sich lieber von den rituellen Tänzen des Voodoo-Kultes verzaubern. Diese werden «von verschieden großen Trommeln, Flöten und Rasseln begleitet, dem ewigen ‹Heart-Beat of Africa›, den blutvollen Rhythmen von Liebe, Leben und Leiden». Die Direktorin verschlingt die Reiseberichte geradezu. Während das Fest seinen Lauf nimmt, so liest sie weiter, ziehen sich der König und der Oberpriester zum Meditieren und Beten zu den Göttern in den heiligen Hain zurück. Am heiligen See werden unter einem jahrhundertealten Regenwaldriesen, dem heiligen Baum und Sitz der Götter, die Orakel abgehalten und die Zukunft befragt.

* * *

Würde der König von Allada dem Voodoo-Kult auch in Deutschland frönen? Womöglich müssten das Hotelzimmer ganz anders hergerichtet oder Voodoo-Puppen aufgestellt werden. Der Journalist und der generalbevollmächtigte Prinz grinsen, als die Direktorin von ihren Studien berichtet. Sie beteuern, dass der Umgang mit dem König überhaupt nicht schwierig sei und alles ganz locker verlaufen würde. Das beruhigt die Direktorin keineswegs. Die konnten ihr ja viel erzählen. Vielleicht sollte sie doch noch den Direktor des benachbarten Tierparks benachrichtigen. Nicht, dass dem wieder einmal seine Straußen entwichen und auf der Hotelterrasse spazieren gingen. Wie sollte sie denen dann beibringen, dass sie auf keinen Fall etwas fressen durften, wenn sie nicht Opfer für einen Voodoo-Gott werden wollten? «Also das hätte mir ja gerade noch gefehlt», kichert sie nun selbst.

Schließlich ist es so weit. Per Handy kündigt der Journalist die Ankunft des Königs an. Zwei Taxis fahren vor. Aus dem ersten steigen der König, der Prinz und der Journalist, aus dem zweiten Djehami, die Gemahlin des Königs, und Prinzessin Annette, die Ehefrau des Prinzen. Sie sind wunderbar anzuschauen. Auf den glitzernden dunklen Umhängen des Königspaares prangen goldene Sterne. Der König trägt eine blauweiße Stoffkappe mit dem goldenen Panther als Symbol. Blaue Perlenbänder hängen von ihr herab und verdecken sein Antlitz. Ehrfurchtsvoll nähern sich die *Abacus*-Direktorin und der Hotel-Geschäftsführer. Durch seinen Perlenvorhang strahlt der König sie an. Er streckt ihnen seinen Regentenstab zur Begrüßung entgegen. Artig berühren sie ihn. Der Prinz im weiten gestreiften Gewand und mit einem Elefanten als Symbol auf seiner weißen Kappe übersetzt ein paar Worte aus dem Französischen. Und schon sind die Gäste im Fahrstuhl verschwunden.

Soll das alles gewesen sein? Nein, man würde sich ja beim Abendessen wieder treffen. Der Koch hat die herrlichsten Speisen bereitet. Küchen- und Servicepersonal sind neugierig, was der König essen würde. Dann die große Enttäuschung: Der König speist nicht in Gesellschaft. Das Essen, vom Prinzen vorgekostet und für gut befunden, wird aufs Zimmer gebracht. Aber dann finden die Jungs, die die Speisen hinauftragen, doch noch heraus, was der König bevorzugt. Schließlich sehen sie, was hineingeht ins Zimmer und was wieder herauskommt. Neben kunstvoll angerichteten Früchten liebt der König von Allada ein besonderes Dessert:

Eierlikör-Tiramisu

Zutaten für sechs Portionen:

250 g Mascarpone, 250 g Quark, 1 Dose Ananas,
100 g Zucker, 200 g Sahne, 30 g Amaretti, 10 g Butter,
100 g Mandelblätter

So wird's gemacht:

Mascarpone mit Quark in eine Schüssel geben. Ananas in ein Sieb gießen und 1/8 Liter vom Saft auffangen.

Mascarpone und Quark mit Ananassaft glatt rühren. Zucker unterrühren, Sahne steif schlagen und unter die Mascarponecreme heben. In eine Auflaufform etwas Mascarponecreme füllen, Amaretti darüber verteilen und mit gut der Hälfte Eierlikör begießen. Darüber die abgetropften Ananasstücke geben und mit der restlichen Marcarponecreme bedecken. Den Rest vom Eierlikör darüber träufeln. In einer Pfanne Butter auslassen, Mandelblätter bei mittlerer Hitze darin goldgelb rösten und etwas abkühlen lassen. Mandelblätter über das Eierlikör-Tiramisu verteilen. Bis zum Servieren kalt stellen.

Die Zimmermädchen tuscheln. Sie reißen sich darum, das Königszimmer, eines der 40 Quadratmeter großen Studios, sauber machen zu dürfen. Irgendetwas Zauberhaftes muss es hier doch geben. Aber nichts, rein gar nichts ist anders als sonst. Das Königspaar lebt zurückgezogen. Besondere Wünsche äußert es nicht. Der König trägt neben dem Zepter zwar stets auch den kleineren Voodoo-Stab, aber von Ritualen keine Spur. Aufsehen erregen lediglich die jedes Mal wunderbar aufeinander abgestimmten Gewänder und Schuhe, die König und Königin, Prinz und Prinzessin mit Eleganz zu tragen wissen. Die haben schon etwas von einem Märchen.

Tag für Tag geht dahin. Der König reist nach Tabarz, dem Geburtsort von Prinzessin Annette. Er besucht die Feengrotten in Saalfeld, macht sich über die Bier- und Burgenstraße auf den Weg in die Partnerstadt Kulmbach. Er gondelt durch den Wörlitzer Park, fährt durch den Park Sanssouci in Potsdam, besichtigt Magdeburg und ist unterwegs im historischen Stadtzentrum von Berlin. Die Direktorin sieht ihn kommen und gehen. Konversation scheint unmöglich. Allein sein Zepter, das er ihr ein ums andere Mal darbietet, darf sie berühren.

Schließlich gibt der König von Allada im *Abacus* einen Empfang. Seine Majestät erhebt sich plötzlich und ruft die

Hotel-Direktorin und den Journalisten zu sich. Der König lobt den Journalisten für die exzellent organisierte Reise. Dieser habe sich quasi als Zeremonienmeister qualifiziert und die guten Beziehungen zwischen Deutschland und Benin gestärkt. Der Direktorin dankt er für die Gastfreundschaft im *Abacus*. Er bittet sie niederzuknien. Ungläubig blickt sie ihn an. Der König hebt den Regentenstab und berührt sie auf der Schulter – beinahe wie beim Ritterschlag. Er segnet sie. Die Direktorin schaut ihm tief in die funkelnden Augen. O doch, er ist schon eine tolle Erscheinung in seinem weißen, weiten Gewand mit den goldenen Panthern. Groß und schlank und mächtig. Für einen Augenblick fühlt sie all denen nach, die sich wie die weiße Massai in eine Schönheit Afrikas verliebten. Er hängt ihr eine Kette mit wundervollen roten Perlen und Steinen aus seiner Heimat um. Auf einer Urkunde kann sie nachlesen, dass sie von nun an königliche Würdenträgerin ist.

Anderen Tags segnet der König das Hotel und dessen dienstbare Geister. Er wünscht allezeit gute Geschäfte und beste Gesundheit.

* * *

Schlecht war es seither nicht gelaufen, resümiert die *Abacus*-Direktorin, als wieder ein Jahr zu Ende geht. Immer wenn es, wie zu Weihnachten oder Silvester, besonders turbulent wird, nimmt sie die große schwere Königskette in die Hand. Sanft streichelt sie die schimmernden Steine. Irgendein Zauber geht wohl doch von ihr aus. Die Direktorin lächelt: «Heißt es nicht auch, man trifft sich stets zweimal im Leben?» Vielleicht würde der König von Allada irgendwann ins *Abacus Tierpark-Hotel* zurückkehren.

Margot Ernst

Zum Abschluss Rundstück warm

Das Strandhotel Steinberghaff ist immer noch eine beliebte Adresse

Windmann Steinberghaff, das war ein Begriff: bis in den frühen Morgen tanzen und feiern und dann auf die Ostsee schauen oder den kleinen Park genießen. Auch heute noch erinnern sich viele Menschen an die wunderschönen Feste und manche Liebesgeschichte, die dort ihren Anfang nahm. Am ersten Weihnachtstag wurde im großen Saal getanzt, und am zweiten gehörte die «Niederdeutsche Bühne» aus Flensburg mit einem Theaterstück zum festen Angebot. Danach wurde wieder getanzt. Im Winter gab es nur wenige Hotelgäste, weil die Zimmer bis in die fünfziger Jahre noch nicht geheizt werden konnten, und später wurde es Mode, über Weihnachten in die «Sonne», in den «Schnee», jedenfalls ganz weit weg zu fliegen oder zu fahren.

71 Jahre insgesamt, also von 1920 an befand sich das Strandhotel im Besitz der Familie Windmann. Dann kaufte es der Hotelier Andreas Dudek, doch das *Strandhotel Steinberghaff* ist eine beliebte Adresse an der Ostseeküste im Norden Schleswig-Holsteins geblieben. Mittags gibt es nicht nur zu Weihnachten Fasan, Ente, Rehbraten, Kraftbrühe oder Klöße oder wie all die Köstlichkeiten heißen. Inge Windmann, die das Strandhotel zusammen mit ihrem Mann Walter von 1952 bis 1991 führte und in diesen vielen Jahren am Herd stand, verrät noch heute gern den einen oder anderen kleinen Trick beim Kochen.

Die Speisekarte von 1960 weist als Weihnachtsmenü aus:

Kraftbrühe mit Einlage

Rehbraten «Diana»

Rahmsauce. Rotkohl und Pfifferlinge, Salzkartoffeln oder Kroketten, halbe Birne gefüllt mit Waldpreiselbeeren und Apfelkompott

Orangencreme mit Sahne

Zubereitung der Kraftbrühe mit Einlage:

Zutaten: Beinfleisch und Knochen vom Rind,
2 Zwiebeln, 2 Karotten, 2 Stangen Lauch, 1 Knolle
Sellerie, Lorbeerblatt, Selleriegrün, Petersilie
Einlage: Fleischklößchen, Eierstich

Beinfleisch und Knochen vom Rind waschen, in einen Topf legen und Wasser dazugeben. Ca. 1 Std. bei mittlerer Hitze zum Kochen bringen. Später den Schaum abschöpfen und Flamme auf klein stellen. Mit Gemüse und Kräutern länger bei schwacher Hitze weiter kochen, dann durch ein Sieb gießen und abschmecken.

Viele Geschäftsleute aus Flensburg waren Stammkunden bei den Windmanns, denn das Strandhotel war für gutes Essen bekannt. Immer sei sie auch gern auf Sonderwünsche eingegangen, erzählt Inge Windmann. Selbst an Kunden, die ihren Goldbutt mit Speck gebraten haben wollten, kann sie sich nach so vielen Jahren fast noch namentlich erinnern. Eingekauft wurde in den fünfziger und sechziger Jahren kistenweise – Rosinen, Korinthen, Milchpulver und viele riesige Dosen –, Computer oder Faxgerät gab es ja noch nicht. Der Vorrat wurde für eine Saison bestellt und dann auf Abruf geliefert. Nicht selten haben an Festtagen 150 bis 200 Schnitzelportionen die Küche verlassen, und zum Abschluss jeder Veranstaltung gab es «Rundstück warm» oder eine Bockwurst mit Salat. Das gehörte einfach als Abrundung zu jedem Fest oder Tanzvergnügen dazu.

Breiten Raum und viele Lacher nehmen in den Erinnerungen der Eheleute Windmann die Kellner ein, die für Festtage zusätzlich eingestellt wurden. Ein Ober etwa bestellte stets ein bis zwei Cognac extra, die er flink auf dem Flur selbst verputzte. «Ein anderer wollte unbedingt immer montags frei haben, bis wir dahinterkamen, dass seine Freundin Friseurin war und eben am Montag ihren freien Tag hatte. Einmal hatten wir auch einen richtig ausgebildeten Butler. Dieser, ein gebürtiger Italiener, sagte immer, er wolle so lange sparen, bis er sich ein Auto kaufen könne, und dann sei das Kellnerdasein für ihn vorbei. Eines Tages kamen seine italienischen Freunde mit einem Auto vorgefahren. Er stieg ein und fuhr auf Nimmerwiedersehen davon – er hatte sich seinen Traum zusammengespart.» An Jan-Peter Glockow, den singenden Kellner, erinnern sich beide ganz besonders. «Er hatte eine Ausbildung zum Opernsänger, und es gab Gäste, die stets bis zum Schluss einer Veranstaltung blieben und darauf warteten, dass Jan-Peter aus voller Brust einen Beitrag aus der Opern- oder Operettenkiste brachte.»

Die Geschichte des *Strandhotels Steinberghaff* lässt sich zurückverfolgen bis ins Jahr 1778, zu seinem Ursprung als Oestergaarder Krug- und Freiparzellenstelle *Uggelburg*. Laut «Chronik des Kirchspiels Steinberg» bestand damals eine enge Verknüpfung von Kruggerechtigkeit und Hökerei. Gehandelt wurde mit Salz, Gewürzen, Rauchwaren, Zucker, Tee, Kaffee und Steinzeug. Vor allem in den zwanziger und dreißiger Jahren des 19. Jahrhunderts nahm *Uggelburg*, wie die Gastwirtschaft damals hieß, einen starken Aufschwung und wurde in ganz Angeln bekannt. Hier fand nämlich alljährlich am Sonntag vor Brarup, also Ende Juli, ein vielbesuchter Markt statt. Dieser rührte daher, dass die Pferdehändler und andere Geschäftsleute von Ärrö und Alsen an dieser Stelle über die Förde setzten, um so auf dem kürzesten Wege nach Süderbrarup zu gelangen.

Als der Hamburger Kapitän Friedrich Schmidt den Betrieb im Jahre 1857 erwarb, schrieb dieser einen neuen Abschnitt in der Geschichte der Gaststätte. Aus *Uggelburg* wurde das *Ostseebad Steinberghaff.* Schmidt hatte sicherlich auf seinen Fahrten in der Nord- und Ostsee die damals neumodischen aus England stammenden Einrichtungen zum Meerwasserbaden kennengelernt und war angesichts des «kräftigen Wellenschlages» in der Geltinger Bucht auf den Gedanken gekommen, hier etwas Ähnliches aufzubauen. Er gab dem Platz den neuen Namen und damit als erstem Angler Ort die Bezeichnung «Bad». Er gestaltete das Wirtshaus zum Teil in ein Logierhaus um und errichtete unmittelbar davor aus Brückenplanken eine Badeanstalt. Zusätzlich schaffte er einen Badekarren an, Gartenstühle und eine Lampe für den Salon. Er war auf einen neuen Kundenkreis eingestellt, auf Gäste, die länger bleiben wollten, um sich zu erholen. Mit dem ersten Besucher, den Friedrich Schmidt 1857 mit seinem einzigen Badekarren in die Ostsee schob, begann der Fremdenverkehr in Angeln. Zeitgleich kam auch für Steinberghaff die große Zeit der «Lustfahrten» per Förde-Dampfschiff. Viele Flensburger nutzen die Gelegenheit, den «so schöne Aussichten bietenden» Ort auf bequeme Art zu besuchen; vorher war das nur «per Axe nach manchen heißen Stunden» möglich, heißt es in einem Bericht. Doch wurde das Unternehmen zehn Jahre später von einem Unglück getroffen, von dem sich Schmidt finanziell nicht mehr erholte. In der westlichen Ostsee tobte ein eisiger Nordoststurm, dem vor allem das exponiert liegende Haupthaus ausgesetzt war. Die Renovierungskosten waren so hoch, dass er seinen Besitz zwei Jahre später für 4360 Taler, die Summe seiner Schulden, verkaufen musste.

Danach wechselten die Käufer, ein schmucker Park mit einer Platanenallee, originellen Baumgruppen und Jasminlauben wurde angelegt, dazu Fußsteige im nahen Gehölz und an der Steilküste. Erst ab 1876 stabilisierten sich die Verhältnisse wieder. Der Fremdenverkehr rentierte sich nunmehr, zumal die Anzahl der Zimmer auf dreißig (insgesamt 45 Betten) stieg. Die Saison begann Ende Juni; einen Monat später war das Haus mit 62 Fremden «überbesetzt» (45 Erwachsene und 17 Kinder). Die Gäste stammten vorwiegend aus Norddeutschland, vor allem aus Hamburg und aus dem Holsteinischen. Alles war vertreten: eine Adlige, ein Bankdirektor, Doktoren, Rentiers; ein Kaufmann hatte für seine fünf Kinder eine «Dienerin» mitgebracht. Die Verweildauer umfasste vier bis sechs Wochen. Der Vollpensionspreis betrug bis 1914 konstant 5.00 Mark pro Person und Tag. Was trieben nun diese Gäste des *Ostseebads Steinberghaff* den ganzen Tag? Vor allem badeten sie, entweder von den Badebuden oder von Badekarren aus. Viele ruderten oder unternahmen Seepartien mit kleinen Seglern oder Dampfbooten, Spaziergänge und Wanderungen wurden unternommen. Im Gegensatz zu heute waren die Gäste für durchschnittlich vier Wochen recht eng an ihren Aufenthaltsort gebunden. Oft fanden deshalb gemeinsame Unternehmungen wie Gartenfeste oder Scheibenschießen am Strand statt. Durch den Bau der Kreisbahn Flensburg–Kappeln im Jahre 1886 nahm der Ausflugsverkehr noch stärker zu. Für die Besucher der «Großen Feier» (gemeint ist die Brarup-Tradition) wurden von Steinberg aus sogar Extrazüge nach Kappeln und Flensburg eingesetzt.

Der Erste Weltkrieg setzte dem allem ein Ende. Das Logierhaus des *Ostseebads* wurde Gefangenenlager; es war danach nicht mehr instandzusetzen und wurde später abgebrochen. Das Haupthaus, nun Hotel genannt, überstand den Krieg als Soldatensammelstelle. Doch durch den Abbruch des Logierhauses war der Hotelbetrieb zu klein und unrentabel geworden. Aus dieser Situation fand der neue Betreiber Willi Windmann einen guten Ausweg. Er erreichte, dass ihm mehrere Hausbesitzer in der Haffstraße Zimmer zur Verfügung stellten, die er dann als Privatquartiere vermietete. Die Beköstigung und weitere Betreuung der Gäste erfolgte durch das Hotel.

Gut 33 Jahre, von 1919/20 bis 1952, leiteten Sophie und Willi Windmann den Betrieb, für den nun die Bezeichnung *Strandhotel* üblich wurde. *Steinberghaff* wurde zur Sommerfrische des Flensburger Mittelstands. Apotheker, Kaufleute, Beamte mieteten sich für zwei, drei Wochen im Strandhotel ein. Wirtschaftswunder und zunehmende Motorisierung bewirkten nach dem Zweiten Weltkrieg einen grundlegenden Strukturwandel. Nun kamen – über die Nordstraße und über die Autobahnen – andere Urlaubergruppen aus anderen Gebieten an die Geltinger Bucht, während die Flensburger lieber nach Süden fuhren. Die neuen Gäste stammten zu 40 Prozent aus Nordrhein-Westfalen und zu je 10 Prozent aus Berlin, Hessen, Niedersachen und Baden-Württemberg. Auch das Urlaubsverhalten änderte sich und wurde mobiler, es löste sich von Pension und Hotel, von Strand und Park. Am Strand wurden keine Burgen mehr gebaut, und im Park wurde nicht mehr geküsst. Bootsausflüge, Camping, Urlaub auf dem Bauernhof, Ferienhaus mit Selbstversorgung, Aktivurlaub, Bildungsausflüge und Butterfahrten, so lauteten die neuen Devisen bis hin zum Auslands- oder Wellnessurlaub. Das *Strandhotel* ging mit der Zeit und lebt nun schon über zehn Jahre unter neuer Führung weiter. Es ist gut so, sagen beide Windmanns.

O ja, nun noch einmal zu Weihnachten. «Schon wieder Weihnachten, die Zeit vergeht immer schneller, je älter man wird», dieser Satz fällt im Gespräch mit Inge und Walter Windmann natürlich auch. Die Jahre waren ausgefüllt mit der Verantwortung und Arbeit für das Wohl vieler Gäste, sagt Inge Windmann. «Es hat sich ja immer wiederholt, den Weihnachtsschmuck und die Kerzenhalter wegräumen, von den Stuhlreihen nach dem Theaterspiel die Nummern einsammeln, die Tischdekoration von Engeln und Sternen einsammeln und was so alles im Haus an weihnachtlichem Schmuck verteilt war, die Tannennadeln wegsaugen und dann, recht bald … ist schon wieder Weihnachten.»

Zu den Autorinnen und Autoren

Margit Begiebing, geboren in Ansbach, lebt heute im fränkischen Langenzenn. Sie ist in vielen Bereichen engagiert, als ehrenamtliche Richterin, im Langenzenner Heimatmuseum und beim Freilichttheater Klosterhofspiele. Nachdem ihre Tochter ausgezogen war, fand sie, dass es nun an der Zeit sei, etwas für sich selbst zu tun, und begann wieder mit dem Schreiben. Seitdem ist der Computer ihr bester Freund, die Tochter die erste Korrektorin, und der Mann findet das Essen im – selbst geschriebenen – Kochbuch.

Jo Brauner kommt aus den ehemals deutschen Ostgebieten. 1945 verließ er mit seinen Angehörigen Breslau. Zweite Heimat wurde nach der Vertreibung Thüringen. Nachdem er Deutschlehrer werden wollte, verließ er die DDR vor dem Bau der Mauer. Die Immatrikulation an einer Pädagogischen Akademie und eine Wiederaufnahme des Studiums im Westteil Deutschlands scheiterten. So gelangte er nach Zwischenstationen bei einer graphischen Kunstanstalt und einer Versicherungsgesellschaft zum Radio. 1965 begann er als Nachrichtensprecher beim NDR. 1974 kam er zur Tagesschau, bei der er bis zu seiner Pensionierung im Oktober 2004 tätig war – neben vielen anderen Bereichen in Funk, Fernsehen, Werbung und in der freien Wirtschaft.

Margot Ernst, geboren in Wilster/Holstein, lebt in Norgaardholz, einem kleinen Badeort unmittelbar am Strand der Geltinger Bucht, arbeitet als freie Mitarbeiterin beim Flensburger Tageblatt. Das «Strandhotel Windmann Steinberghaff» ist eine kleine Zeitreise in ihre Jugendzeit.

Ingrid Genz, Jahrgang 1937, war viele Jahre Sängerin am Theater – von wenigen Abstechern abgesehen immer in Hamburg. Die Verfasserin zahlreicher Kurzgeschichten schreibt derzeit an ihrer bewegten Lebensgeschichte.

Renate Giesler, geboren 1953, arbeitet als freie Journalistin in Hamburg und ist Lehrbeauftragte der Universität Lüneburg.

Dagmar Günther ist Journalistin und lebt mit Mann, Sohn und Tochter in Berlin. Ihre Hotelgeschichte beruht auf einer wahren Begebenheit. Die Direktorin des Berliner Abacus Tierpark-Hotels, Karen Friedel, und der Sprecher des Clubs der Tourismusjournalisten Berlin-Brandenburg, Hans-Peter Gaul, wurden vom König von Allada tatsächlich zu königlichen Würdenträgern ernannt. Der Einladung in sein Heimatland Benin sind sie indes noch nicht gefolgt. Aber das wäre auch schon wieder eine neue Geschichte.

Käthe Hergert, Jahrgang 1927. Die gebürtige Pfälzerin studierte Sprachen und arbeitete drei Jahre in verschiedenen Jobs in Frankreich. Lebt in Weinheim, ist verheiratet, hat zwei erwachsene Kinder und schreibt Kurzgeschichten.

Renate Herzog, geboren 1928, ist in Oberbayern aufgewachsen, lebt aber seit knapp 50 Jahren in Hamburg. Fast 40 Jahre war sie Redakteurin bei Brigitte und verfasste außerdem zahlreiche Bücher der praktischen Lebenshilfe.

Marlies Kalbhenn wurde 1945 in Bad Salzuflen geboren. Nach einer Buchhandelslehre in Hamburg arbeitete sie in Münster in verschiedenen Buchhandlungen und einer Hochschulbibliothek. Seit 1974 lebt sie in Espelkamp, arbeitet in der Erwachsenenbildung und ist freiberufliche

Referentin, VHS-Dozentin und Autorin. 1999 gehörte sie zu den Preisträgerinnen und Preisträgern des Wilhelm-Busch-Preises.

Sigrun Kiesewetter, Schauspielerin, Sängerin und Liedermacherin, entstammt einer bekannten Hamburger Künstlerfamilie. Sie profilierte sich besonders mit eigenen Bearbeitungen und Interpretationen norddeutschen Liedguts und niederdeutscher Poesie.

Gesa Krell, geboren 1951 in Kiel. Nach dem Studium an der Pädagogischen Hochschule als Lehrerin an einer Kieler Grund- und Hauptschule tätig. Zusätzliche Ausbildung zur Beratungslehrerin; sie schreibt seit der eigenen Schulzeit überwiegend Gedichte.

Doris zur Linden ist in Flensburg geboren, Journalistin und Mutter von fünf Söhnen. In ihrer Freizeit engagiert sie sich seit Jahren auf einer chirurgischen Krankenstation, um Patienten zu unterstützen und zu begleiten.

Dieter Mayer-Simeth, geboren 1941, Journalist beim Bayerischen Rundfunk, Frankreich-Spezialist, Autor von Radio-Features, zahlreiche nationale und internationale Journalisten- und Medienpreise. Er lebt und arbeitet in München und Paris.

Rainer Meier wurde in Köln geboren. Heute lebt er als Redakteur in Hamburg und genießt seine freie Zeit vornehmlich bei guten Speisen und Getränken oder Jazz. Nach seinen Kochkünsten zu fragen lohnt sich ohne Wenn und Aber.

Thomas Migge wurde 1960 in Hagen geboren. Der Politikwissenschaftler und Historiker arbeitet in Rom als Italien-

Korrespondent für den Deutschlandfunk und deutsche Tageszeitungen und Zeitschriften. Für den Bucher-Verlag in München schrieb er verschiedene Reiseführer zum Thema Italien.

Barbara Mürmann, geboren 1946 in Goslar, lebt heute als Autorin mit Mann und Hund in Hamburg und leitet den kleinen Arezzo-Musikverlag.

Andreas Obster, geboren 1979. Nach Abitur und kaufmännischer Ausbildung war er in der Abteilung Stoffentwicklung einer Filmproduktionsgesellschaft angestellt. Seit Oktober 2003 studiert er an der Universität Bonn und beschäftigt sich in seiner Freizeit mit kreativem Schreiben. Seit über fünf Jahren gehört er der Brühler Schreibwerkstatt an. Veröffentlichungen u. a. in Anthologien (Rowohlt Verlag, Reinbek, und «wort und mensch-Verlag»).

Christine Pilot, geboren 1955 in Berlin, wo sie auch heute mit Mann und drei Kindern lebt. Sie arbeitet als Lehrerin in der Erwachsenenbildung.

Jeannette Porlein, geboren 1937 in Nürnberg. Sie war 35 Jahre lang Prokuristin und Finanzchefin. Seit 2001 genießt sie zusammen mit ihrem Mann den Ruhestand. Am liebsten schreibt sie Kindergeschichten für ihr Patenkind.

Heike Reiter, geboren 1969, schreibt vorwiegend Kurzgeschichten und Romane. Zahlreiche Veröffentlichungen in Anthologien und Literaturzeitschriften, im Hörfunk und anderen Medien. 2003 erschien ihr Roman «Jenseits des Wächtersteins», 2004 folgte «Traumscherben». Neu sind die Kurzgeschichtensammlung «Der Juwelengarten» und der Roman «Im Bann der Flöte»; alle erschienen im DüsselART Verlag, Düsseldorf.

SABINE RHEINHOLD, geboren 1947, ist Journalistin und Redakteurin in der Wirtschaftsredaktion des NDR mit dem Spezialgebiet Sozialpolitik; sie moderierte über ein Jahrzehnt die Fernsehsendung «Markt im Dritten», ist verheiratet und glückliche Stief- und Großmutter.

CHRISTINA RUSSMANN, geboren 1945 in Graz/Steiermark. Studium der Altphilologie und Archäologie, danach arbeitete sie viele Jahre lang als Journalistin und Redakteurin bei deutschen Tageszeitungen (u.a. Kölner Stadtanzeiger) und Zeitschriften (Brigitte und Stern). Geschieden, ein Kind. Seit 2005 freie Autorin. Lebt in Wien und Hamburg.

INGRID M. SCHÄFER, geboren 1950 in Salzgitter, ist gelernte Auslandskorrespondentin und Übersetzerin und lebt heute in Essen. Sie hat über viele Jahre als freiberufliche Autorin für den WDR in Köln gearbeitet.

REGINA SCHEER, 1950 in Berlin geboren, studierte an der Humboldt-Universität Theater- und Kulturwissenschaft. Heute ist sie Redakteurin bei der Studentenzeitung FORUM und dem Literaturalmanach TEMPERAMENTE. Veröffentlichungen in verschiedenen Zeitungen, Anthologien, Rundfunk usw. Eigene Bücher: «Awahah – das vergessene Haus» (1992), «Es gingen Wasser wild über unsere Seele» (2000), «Im Schatten der Sterne» (2004, alle im Aufbau Verlag). Im Propyläen-Verlag ist erschienen «Wir sind die Liebermanns – Geschichte einer Familie» (2006).

DIETRICH SCHILLING, geboren 1945; ist seit über 30 Jahren Redakteur beim Norddeutschen Rundfunk in Hamburg. Liebt die Literatur und Reisen nach Südostasien.

GABRIELE SCHULZE-SPAHR, geboren in Konstanz am Bodensee, ist Rechtsanwältin in Hamburg, spezialisiert auf Urheber- und Medienrecht; verheiratet mit dem Journalisten Wolfgang Spahr, mit dem sie Reisen, italienische Küche und französische Filme genießt.

Andrea Tapper lebte sieben Jahre als Korrespondentin in Kenia. Heute wohnt sie mit ihrer Familie in Hamburg und berichtet weiter regelmäßig für große deutsche Magazine und Zeitungen wie Park Avenue, Die Welt und Süddeutsche Magazin aus Afrika. Ihr nächstes Projekt: Sie wird als Beraterin beim Aufbau einer Radiostation im Südsudan mitwirken.

Patricia Tiedtke, geboren 1969 in Hamburg, Schauspielerin. Nach einem kurzen Studium der Germanistik und Theaterwissenschaften folgte die Schauspielausbildung am Max-Reinhardt-Seminar in Wien, dann Theater- und Studienjahre in London und Paris. Engagements in Kiel und Krefeld, dann freie Schauspielerin in Hamburg. Sieben Jahre spielte sie in Weihnachtsstücken der Hamburger Kammerspiele. Neben Theater-, Fernseh- und Kinorollen auch freie Regieprojekte in Hamburg. Sie ist verheiratet und hat drei Kinder.